天

Borderless

下

博稽古今 融汇天下

陈瑞华作品

法律人的思维方式

（第三版）

陈瑞华　著

法律出版社 LAW PRESS · CHINA
北京

作者简介

陈瑞华 北京大学法学教授，博士生导师。北京大学法学院学术委员会主任。兼任中国法学会常务理事，中国刑事诉讼法学研究会副会长，中国检察学研究会副会长。曾获得中国法学会第四届“全国十大杰出青年法学家”称号，教育部“长江学者奖励计划特聘教授”。主要研究领域为刑事诉讼法、证据法、司法制度、企业合规、法学方法等。主要著作有：《刑事审判原理论》《程序正义理论》《程序性制裁理论》《刑事程序的法理》《刑事诉讼法》《刑事证据法》《看得见的正义》《企业合规基本理论》《刑事诉讼的中国模式》。

第三版序言

在电脑上打出最后一个字后，我充满欣喜和期待，同时也如释重负。之所以充满欣喜之情，是因为今天是我的生日。《法律人的思维方式》第三版顺利完成修订，这可以算是我送给自己的一份生日礼物。同时，在责任编辑的再三催促和近乎苦口婆心的说服下，我终于清理了近几年来的学术家底，将五篇近期完成的演讲稿编入该书之中，增强了该书的法理思辨色彩，也给读者提供了能够反映法律制度最新变化的理念和思考。这是我之所以充满期待和如释重负的理由。

《法律人的思维方式》初版于2008年，曾在2011年经历过一次小规模的修订。该书自面世以来，有幸得到了众多读者的青睐。很多朋友不仅对该书所阐述的理念产生了兴趣，更是对笔者所倡导的“读万卷书”“行万里路”“做万场讲座”，给予了肯定和支持。如今，在读者的鼓励下，在法律出版社学术分社孙东育社长的鞭策下，在该社资深编辑屈瑶女士的帮助下，本书的第三版终于诞生了。

该书的第三版所收录的十一篇演讲稿，大多

是笔者在大学讲堂、培训课堂以及公共论坛上的演讲实录。该书保留了第一版中原有的《法律人的思维方式》《人权视野下的刑事诉讼》（现改为《刑事诉讼中的人权问题》）等两篇演讲稿，也保留了第二版增加的《法官的思维方式》《程序法的基本理念》《证据法的九大原理》等三篇演讲稿，在此基础上，新增加了《刑事诉讼中的公平正义理念》《辩护律师的思维方式》《检察官的思维方式》《刑民交叉案件的法律适用问题》《行刑交叉案件的法律适用问题》《涉案企业合规改革的困境与出路》等六篇讲稿。之所以要进行如此修订，主要是考虑到《法律人的思维方式》是一个非常好的品牌，具有一定的生命力，值得继续在这一主题之下，为读者奉献一系列新的思想和心得。相对于前两版而言，本书第三版更加注重思想性和思辨性，强调法学家既要投身于法律制度的改革和发展，更要扎扎实实地研究问题、总结教训和提炼规律，从社会科学的角度做一些概念化的工作。这样的工作如果做得成功，完全可以对人们的观念产生一定的启发，对于制度变革也可以起到理论上的指导作用。

笔者通过整理本书的三个版本，真真切切地感觉到，演讲的次数和场合虽然越来越多，但真正历久弥新、富有思想含量的演讲，还是非常稀少的。今后在学术研究和奔波演讲之余，应当沉下心来，提炼出若干篇具有持久生命力的作品。如此，则问心无憾了。

陈瑞华

2023年2月13日于北京大学中关园

湿壁画：《正义女神》，德国画家 **Gustav Adolph Spangenberg**（1828~1891）创作，绘画位于马丁路德·哈勒维腾贝格大学。哈勒维腾贝格大学是 16 世纪宗教改革运动的知识中心及 18 世纪德国辩证学的发源地。1933 年，为纪念杰出校友——宗教改革之父马丁·路德，学校改名为马丁路德·哈勒维腾贝格大学。

第一版序言

光阴荏苒，时光如梭。转眼间，我在大学法学院任教已经近12个年头了。作为一名研究法律问题的学者，我以学术研究作为专门职业，在书斋里伏案写作已经成为我的基本生活方式。不过，基于交流学术、传播思想的考虑，我很少拒绝为法律本科生、研究生做学术讲座，也经常接受全国各地的邀请，为法官、检察官、律师甚至其他相关人士做学术报告。于是，每当接受一项邀请，在合理安排好自己的工作之后，我就怀着激动和喜悦的心情，踏上了学术传播之旅。

“读万卷书，行万里路。”这是一个学者取得学术成功的必由之路。但今天看来，身处社会转型期的中国，一个法律学者要对社会做出更大的贡献，还要做一件同样重要的事——“做万场讲座”。

在大学做讲座，使我有机会向学生讲述自己的研究成果和学术感悟，取得学生的各种反馈，从而无形之中印证自己较为成熟的思想，修正自己或有偏颇的观点。在法院、检察院做讲座，我可以结合案例提出一些问题，揭示问题产生的内在原因，提出一些改进司法的思路，听取法官、检察官的内心苦衷，加强对“中国问题”的准确把握，并从那些纷繁复杂的经验事实中提炼出理论思路来。为律师做讲座，更是一件值得期待的盛事。作为一个越来越走向民间化、社会化的法律职业群体，律师对司法中的问题都有着较为敏锐的感触，对问题的分析更是一针见血，对自己的观点也是毫不隐讳。通过与律师的交流，我经常可以痛切地体会到司法制度的深层问题，逐渐抛弃那种为思辨而思辨的学院式写作风格，形成一种从问题出发、根据经验事实提炼出理论的学术能力。按照胡适的说法，我们奉献给社会的，远远不如我们从社会所获取得多。通过学术演讲活动，我一方面向各类听众奉献了自己的学术思想、研究心得和观察问题的角度，另一方面也获得了更为宝贵的观点、批评、肯定、资料以及各种深刻的见解。在很多情况下，我所得到的确实要超过我所付出的。

本书是一部学术演讲稿，记载的是我十年来在全国各地所做讲座的实录。之所以将本书命名为《法律人的思维方式》，是因为我曾为多所大学的法律本科生做过同名的讲座，取得了较好的反响。随着国家司法考试制度逐步走向成熟和完善，法官、检察官和律师都要通过统一的“国家司法考试”，才能取得从事法律职业的资格，这为“法律职业共同体”的形成迈出了重要一步。但是，由于种种原因，同为法律人的法官、检察官和律师，经常对一些法律价值理念、逻辑推理方式和分析法律问题的角度产生各种分歧，甚至还出现一定程度的冲突和对立。这些从事不同法律职业的法律人，竟然在一些基本问题上无法达成共识，这无疑是中国法律人今天所要面对的最大挑战之一。不仅如此，一些社会公众基于对中国法治状况和个人经历的反思，对于这一套来自西方的法律思维方式也渐渐产生了怀疑，甚至还会因为不接受一些个案的裁决结果，而对法律人提出批评，进而对“来自西方的法律体系”提出挑战。对这些问题的深深感触，成为我近年来很多次讲座的灵感之源。

由于演讲的对象既有从事法律学习的本科学生，从事法律研究的研究生甚至高校教师，也涵盖了从事法律实务的法官、检察官和律师，因此，这些讲座的内容和角度也有明显的差异。有的讲座属于为初入法律之门的人士所讲的法律入门课，有的属于为法律实务人士所讲的职业技能训练课程，还有的讲座则涉及法学研究的前沿领域。表面看来，这些演讲稿具有一定的松散性，缺乏前后一致、贯穿始终的理论线索。但实际上，这些演讲都从不同角度涉及了“法律人的思维方式”问题。其实，无论是初入法律之门的学生，从事法律实务的人士，还是站在法律理论最前沿的研究人员，都需要对一些法律理念进行深刻的理解，对法律实施问题加以深入的反思，对法学研究的前沿课题进行总体的把握。或许，任何一种将本书的读者仅仅限定为初学者、实务人士或者研究人员的企图，都将是徒劳无益的。事实上，即使是一个初入法律之门的本科学生，迟早也会成为从事法律职业的实务人士，或者会成为从事法学研究的专业人员；一个从事法律实务的法官、检察官、律师，也同样需要重新思考那些最基本的法律理念，并对法学前沿问题有一定的了解；而一个从事法学研究的学者，也需要了解法律人的思维方式所面临的一些挑战，对司法实务状况有准确的把握。

演讲稿基本保持了一种较为流畅的口语化表述方式，避免了那种“三行一句”式的论文式体例。这样的行文风格可能会存在难以严格遵守汉语语法的问题，但是，对于读者的阅读来说，却也会带来一种独特感受。读者可能会产生“身临其境”的感觉，仿佛自己身处演讲会的现场，亲自聆听演讲者的娓娓道来。

整理自己的演讲稿，对于我的研究工作来说，属于一次不小的学术挑战。屈指算来，十年来我在全国各地做过百余次讲座，所涉及的演讲主题也有20种之多。对演讲稿的整理真可以说是人世间难度最大的工作之一。在一些情况下，讲座的邀请方可能会对演讲的内容进行录音甚至录像，然后又指派专人加以整理。这为我编辑本演讲录提供了一些方便。在好几所大学和法院的网站上，我甚至都可以直接查询和下载我的演讲整理稿，并查看具体的点击率和有关的评论。有时候，演讲者刚刚离开演讲的地方，演讲的内容就被邀请方热情地发布到互联网上了。当然，更多的演讲稿还是由我的研究生经过录音整理完成的。比如2006年，我前后在北大法学院、中国政法大学以及各省律师协会做过十余次讲座，并请学生进行了录音。为了避免以往演讲过于随意的问题，力求使讲授的内容尽量富有条理，我在演讲前都草拟出大致的纲要，准备好相关的案例。通过查看学生整理的演讲初稿，我发现这样经过精心准备的演讲，要比以往的即兴讲授具有更好的效果。

最初，我对整理个人演讲录没有太当一回事，以为这种整理无非是文字上的加工和表述方式上的调整而已。但是，“事情唯有亲历方知其甘苦”。首先，学生在听课的基础上，对录音做逐字逐句的整理，之后还要根据自己的理解，对稿件做一字一句地修改。根据学生们的经验，一篇演讲稿从着手整理到完成初稿，平均要花费三天甚至更长的时间。要知道，这可是实打实的几个日夜啊。收到演讲初稿之后，我要字斟句酌地对演讲稿进行加工和修改。在很多情况下，一个演讲者要在现场向听众表达一种观点，简直太容易了。只要有了思路，找到相应的案例，然后用一种流畅的语言把它讲述出来就可以了。但是，这些演讲的内容要变成“白纸黑字”就不是一件容易的事了。对于较为敏感的案例，经过再三斟酌，要决定是否予以保留；对于过于口语化和随意化的表述，要尽量从语法上加以修饰，但同时又不能过于书面语化；对于引用的一些名言和数据，要仔细加以核实，防止以讹传讹，造成不可弥补的缺憾……在很多情况下，对于一些演讲的内容不是十分满意，就只好大段地予以删除，然后再想象演讲时的情景，按照演讲时的语境进行重写。在遴选和整理演讲稿陷入困境的时候，还会心生沮丧之情，甚至有过放弃的念头。在本书的初步规划中，本来是准备编入十篇稿件的，但有两篇稿件距离自己心目中的理想稿件差距太远，最终选择了放弃。当然，没有坚持不懈的精神，任何事情都是难以做成的。

陈瑞华

2007年2月4日于北大中关园

目　录 CONTENTS

第一章

法律人的思维方式

壁画:《正义女神》。画家伊列·德洛内（Elie Delaunay, 1828~1891）创作于1868年。画中，正义女神右手拿着的权杖叫“正义之手”，这种权杖仅见于法国的正义艺术表现中，大概从12世纪开始，代表着王权正义。原作位于法国巴黎正义宫的最高法院翻案庭（La Cour de Cassation）法庭天花板上。法国最高法院翻案法院是民事和刑事的最终上诉法院。翻案法院在法国大革命期间于1790年在翻案法庭（Tribunal de Cassation）的名下被建立，它的初始宗旨是建立有下级地方特权法院的司法修正权的复审法院。

一、什么是法律人的思维方式

从事法学研究的人都有一个经验：随着时间的流逝，对于过去所学过的很多法律知识，可能都渐渐淡忘了。尤其是那些在本科阶段为应付考试所“背诵”过的法律规则、制度、知识乃至理论，由于长期不再接触和使用，便与我们形同陌路了。我本人长期从事刑事诉讼问题的研究，所接触的多是刑法、刑事诉讼法、证据法、司法制度等方面的问题，当然有时为了从事交叉学科的研究，也会涉猎民事诉讼法、民事侵权法、人权法、宪法、行政法等法律学科的理论，而对于国际公法、国际经济法、国际私法、合同法、金融法、证券法、专利法、商标法等领域，现在感觉越来越陌生，也越来越难以跟上知识的更新和理论的发展了。但是，自进入法律之门以来，我们通过学习各种具体的法律知识，逐渐掌握了一整套独特的概念、观念和逻辑推理方式。或许，我们对一些技术性的法律知识可能有所遗忘、有所忽略，但随着时间的推移，这套“法律人的思维方式”却在我们心中生根发芽、逐渐成长，成为我们认识这个世界的一种思维工具。“法律人的思维方式”，犹如一束光线，从一个独特的角度，照耀着我们的心灵，影响着我们对各种社会问题的看法，并帮助我们获取了越来越多的新知识和新理论，也使我们在看待同一问题时，与一般的“非法律人”有了更多的不同视角和见解。

什么是“法律人的思维方式”？在我看来，这包含一套十分复杂的概念体系、价值体系、逻辑推理方式，也蕴含了一系列涉及权利、义务和责任的分配体系。我们可以将普通人的思维方式作为一种参照系，通过比较分析，来对法律人的思维方式做出清晰的认识和界定。

法律人的思维方式包含一套完整的概念体系。任何思维都离不开概念，概念是逻辑思维的起点和最小的细胞。举个例子来说，民法中有一个非常重要的概念是“法人”，与它相对的概念是“自然人”。迄今为止，我们发现一些媒体还有这样的表述：“某某法人赵某某。”其实这种表述是错误的，因为法人不仅是一个有别于自然人的“团体”，而且其成立还需要具备一系列的法律条件，并在成立后独立地行使权利和承担义务。那些不具有“法人资格”的机构最多只能是“非法人团体”，而那些具备法人资格的团体则可以有“机关法人”和“企业法人”的区分。可见，通过使用“法人”、“自然人”和“非法人团体”等专门的概念，我们就可以在民法意义上进行法律思考了。这些专门概念如果被使用到其他社会情境之下，就很难为人们所接受。例如，假如我们说“自然人赵某某”“非法人团体某某公司”，就要闹笑话了。

1996年以前，刑事诉讼法没有区分“罪犯”“人犯”“犯罪嫌疑人”“被告人”等术语称呼，对于那些接受调查的嫌疑人，经常动辄称其为“人犯”甚至“罪犯”。这种概念的使用与中国古代的用语是一脉相承的。《水浒传》中经常有这样的描述：某某官员开堂问审，将一干人犯押上堂来。在古代司法制度中，任何人只要被怀疑犯罪，就可以被称为罪犯了。通过1996年的刑事司法改革，这种情况发生了重大变化：那些受到刑事追诉的人在检察机关提起公诉之前，只能被称为“犯罪嫌疑人”；在法院审判阶段，被追诉者则具有“被告人”的地位。这里所说的“犯罪嫌疑人”“被告人”就属于专门的法律概念，它们的使用要受到一系列的严格限制。

在证据法中，涉及单个证据之资格的概念有“证据能力”和“证明力”之分；而与证据的综合运用密切联系的则有“证明对象”“证明责任”“证明标准”“推定”等一系列十分复杂的概念。在证据法的限制下，那些因为取证手段违法而被排除证据能力的“非法证据”，可以被排除于法庭之外；那些“传闻证据”“非自愿的供述笔录”等，也会在证据能力上受到辩护方的挑战。

类似上面提到的法律概念还有很多。可以说，几乎每一个部门法律都包含着极为丰富的法律概念。这些法律概念成为法律人分析案件和进行法律思考的逻辑工具。

法律人的思维方式包含一套独立的价值理念体系。我们都知道，法律制度之所以能够发挥社会控制的功能，就是因为它通过大量的规则，对人们的行为作出了各种各样的限制和规范，确立了人们的权利、义务以及与此相对应的行为模式，并确立了不遵守规则所带来的法律后果。但是，法律规则的建立，并不是杂乱无序和没有章法的。在这一系列法律规则的背后，有很多寓意深刻的价值理念在发挥着作用。正是这些基本原则、理念和价值标准的存在，才决定了法律规则的基本框架，并影响着法律规则的发展和变迁。正因如此，法国学者勒内·达维才会作出这样的断言：使法律成为一门科学的并不仅仅是法律条文本身，还有法律条文背后的因素；立法者大笔一挥，法律条文就有可能被增加、删除或者修改，但法律条文背后的因素则不会轻易地发生变化。

刑法中的罪刑法定原则，要求“法无明文规定不为罪，法无明文规定不处罚”。这意味着，一个人的行为即使具有社会危害性，如果法律没有将这一行为明确设定为犯罪行为，那么，法院就不能对这种行为加以定罪和处罚。这种思维方式对于那些不从事法律职业的普通人而言，经常构成一种不可接受的挑战。

刑事诉讼中的无罪推定原则，则强调在法院定罪之前，尽管一个人可能涉嫌犯罪，或者可能处于被告人的状态，但是他仍然被推定为无罪，也就是在法律上处于无罪公民的地位。这对普通人的思维方式也足以带来震撼。比如，一个人抓住了一个正在偷东西的小偷，将他送到派出所，他肯定相信他抓住的这个人就是罪犯。但按照法律人的判断，这个人在法律上只能处于“犯罪嫌疑人”的地位，而不具有“罪犯”的身份；只有经过公正的法庭审判，并在法院作出的有罪判决生效之后，一个犯罪嫌疑人、被告人才能被转化为法律意义上的“罪犯”。

英国著名的法律史学家梅因爵士在《古代法》一书中曾作出这样的总结：人类社会的进步就是从身份到契约的过程。的确，从以封建特权和身份为标记的社会关系，转化为以平等的契约关系为基础的社会关系，这是人类社会进步的一个基本标志。但不要忘记，梅因爵士的上述论断主要是就私法领域而言的。在公法领域中，在涉及国家公权力与个人私权利的关系问题上，还有两个非常重要的判断，也是社会进步的重要标志：

一是从无限地授予权力到逐步地限制权力；二是从为达结果不择手段，到强调正当的法律程序和公正的法律实施过程。过去在司法诉讼过程中，司法官员为了追求所谓的“理想结果”，可以不择手段，不考虑诉讼过程的正当性、人道性和公正性。中国古代历朝都建立了专门的拷讯制度，将刑讯逼供作为合法的调查取证手段。例如，根据《唐律疏议》的记载，唐朝法律对于拷讯手段的适用作出了近乎繁琐的规定，对于拷讯的时间、拷讯的方式、拷讯的次数和所针对的身体部位等，都有详细的规定。不仅如此，司法官员一旦采取了不当或过量的拷讯措施，上级官员还有权对其实施惩罚。

当然，发现真相本身并没有错，也只有在真相得到揭示的前提下，法官才能正确地适用法律，并确保法律正义价值的实现。在包拯所处朝代，法官办案时要明辨是非，发现真相，甚至为此可以采取各种类似今天的侦探所从事的调查手段。再往前追溯，中国典籍中记载过著名的“皋陶治狱”的故事。根据传说，皋陶在办案时，可以得到一只神兽的帮助，“遇不平，令神兽触之”。这是一种头上长有独角的怪兽，史书上将它称为“豸”。时至今日，很多中国法院都将这种独角兽作为司法正义的象征，这与那种蒙着遮眼罩、手持天平和利剑的西方“正义女神”的形象，形成鲜明的对比。皋陶之所以要引领一只神兽来断狱，就是要明辨是非，揭示真相。可以说，古往今来人类发现真相的司法目的并没有发生变化，发生变化的只是发现真相的手段、方法和过程。

在今天的司法制度中，那种为达目的不择手段的诉讼理念已经逐步地被废弃。诉讼程序的文明性、人道性和公正性开始得到越来越普遍的强调。这不仅体现在刑事诉讼领域之中，也是整个公法领域取得进步的象征。对于国家公共权力的严格约束，对于正当法律程序的强调和推崇，已经成为法律人思维方式的基本组成部分。一个人即使“罪大恶极”，甚至被视为“万民皆曰可杀”的公敌，也要经过正当的司法裁判程序，才能被生效判决宣告为“法律意义上的犯罪人”。

法律人的思维方式还包含着一种独特的逻辑推理方式。法律人具有不同于普通人的推理方式，这种推理方式可能是普通人所难以接受的，甚至会与普通人的生活经验和常识存在隔膜，有时还会发生误会和冲突。对于这一点，我们可以举例说明。

在刑事法领域中，有两个概念是要严格区分的：一是“事实上有罪”；二是“法律上有罪”。刑事法律实施的过程，其实就是将一个人从事实上有罪转化为法律上有罪的过程。在这个转化过程中，法律设置了一系列障碍。我们经常讨论这样的问题：为什么要制定刑法？刑法为什么要规定犯罪概念以及犯罪构成的要件？其实，按照李斯特的说法，刑法是犯罪人的大宪章。刑法的最大功能在于限制国家的定罪和量刑行为，要求司法机构只有在确认一个人的行为符合法律规定的构成要件和特定罪名时，才可以将其转化为法律上的罪犯。与此同时，国家要对一个公民定罪，还必须有确实充分的证据证明其行为符合某一特定的犯罪构成要件，否则也无法实现这种转化。除了实体法、证据法上的约束以外，刑事诉讼法还从诉讼程序的角度对国家的定罪做出了限制。未经正当的法律程序，任何一个事实上有罪的人都不可能完成向法律上有罪的人的转换。从这个角度上说，刑法、证据法、刑事诉讼法都有一个共同的功能，那就是限制国家将公民从事实上有罪转化成法律上有罪，防止国家对公民任意定罪。

法律人的思维方式还体现在证据问题上面。在证据法领域中曾有这样一句著名的格言："在法庭上凡是有证据证明的事实，应视为是存在的；凡是没有证据证明的事实，则视为不成立。"这就意味着，一个案件事实如果没有证据加以证明，那么它即便有再大的可能性，也只能视为不存在。我们都知道"以事实为根据，以法律为准绳"的基本原则，这样的表述并没有错。但是这里所说的"事实"究竟从何而来呢？如果没有证据加以证明，所谓的"事实"也只能是一种假定，或者说是神明眼中的事实。

举个具体的例子。某一官员因涉嫌犯有重大受贿罪行，在检察机关对其立案侦查之前，突然畏罪自杀了。对于这样一个人人痛恨不已的"贪官"，我们可以思考以下问题：一是他的行为究竟符合刑法上的哪个条文？构成刑法上的何种罪名？二是如果说他是罪犯，那么他的"犯罪行为"经过法庭上的司法证明了吗？没有法庭上充分的证据证明，他能转化成法律上的罪犯吗？三是认定他是罪犯，有没有经过正当程序？我国刑事诉讼法规定，对于一个人的刑事追诉，需要经过立案、侦查、起诉、一审以及二审等程序，而对于他，实际上没有进行过任何刑事程序。根据我国刑事诉讼法的规定，犯罪嫌疑人、被告人在诉讼中死亡的，诉讼必须终止，他的身份没有转化为罪犯，对他的结论只能是畏罪自杀、涉嫌犯罪而已。

按照这样的逻辑进行推理，那会不会有人因此而受到各种各样的宽纵，甚至逃脱法律的制裁呢？其实，法律制度的建立本身，就排除了那种赤裸裸的同态复仇；国家更不能像犯罪受害人那样，仅仅将追求复仇作为刑事诉讼的目标。在这一方面，刑事法中的很多制度都具有类似的功能。比如，刑法中有追诉时效制度，这意味着过了法律规定的年限，一个人的犯罪行为即使被发现，法律也不再追究；现代刑事诉讼法确立了一事不再理原则，强调对于那些已由生效裁判加以确定的事项，检察机构不得再提起公诉，法院也不得再行审判和作出有罪裁判。如果说犯罪时效制度是对国家刑罚权在时间上所作的限制的话，那么，一事不再理原则以及相应的刑事再审制度，则属于对国家刑罚权在追诉次数方面所作的限制。

最后，法律人的思维方式还包括独特的责任分配体系。众所周知，法律规则无论是授权性的、义务性的还是禁止性的，无非是权利、义务和责任的分配体系。在违法行为发生之后，法律还要确立专门的制裁方式。其中，在法律制裁方式上，法律人有一套独特的思维方式。大体上，法律制裁可以分为两种方式：一是令行为人承担不利后果的责任追究方式；二是使行为及其结果同时被宣告为无效的追究方式。前者是实体法上的制裁方式，包括刑事制裁、民事制裁和行政制裁等；后者则属于程序法的制裁方式，包括绝对的无效、可补救的无效（可恢复原状的无效）等。我们下面依次讨论惩罚性赔偿、精神损害赔偿以及程序性制裁的问题。

首先来看民法中的惩罚性赔偿。美国曾拍摄过一部名为《永不妥协》的电影，讲述的是一个律师事务所的女律师助理，在接受一个关于环境诉讼的侵权赔偿案件之后，以永不妥协的精神去帮助受害人获得赔偿的故事。几经努力，诉讼双方最终以2亿美元的数额达成庭外和解。据说，这部电影的原型就是美国有史以来赔偿数额最大的民事和解案件。这个影片的故事让我们知道，民法中有一种独特的制裁方式——惩罚性赔偿制度，美国法庭判决过的惩罚性赔偿数额可以达到超过损失数十倍、数百倍甚至数千倍的标准。我国现行的《消费者权益保护法》中也确立了惩罚性赔偿制度，但这里规定的赔偿数额只是“一赔二”，这种规定正在受到社会各界的批评，并被认为是中国民事侵权法不发达的重要标志。

当初我在本科学习民事侵权制度的时候，就曾大惑不解：按照普通人的理解，民事侵权责任的追究方式应当是“赔偿”，也就是对于受害者的经济损失给予成比例和相适应的赔偿，这才符合公平正义的原则。惩罚性赔偿在责任追究方式上早已远远超出“赔偿”的需要，如此严厉的民事责任追究方式究竟具有怎样的正当性呢？其实，惩罚性赔偿制度的主要功能不是补偿，而是带有明显的威慑效应——既促使侵权者将来不再实施侵权行为，也对其他人的那些潜在侵权行为进行有效的遏阻。

其次来看民法中的精神损害赔偿制度。在上海曾经发生过一个案子，一个女孩在超市被怀疑偷了东西，受到了强制搜身检查，但结果却证明她是清白的。后来，这个女孩向法院提起诉讼，要求超市赔偿精神损失。案件经过两级法院审判，最终由二审法院判决被告给予被害者1万元的精神损害赔偿。还有一件发生在北京的案件。受害人贾某宇到饭馆吃火锅，因卡式煤气炉爆炸而身受重伤，面部惨遭毁容，精神上长时间受到极大痛苦。几经周折，法院最终判决被告赔偿受害人10万元的精神损失。这一影响重大的案例还被收入《最高人民法院公报》之中。

其实，精神损害赔偿并不是一种严格意义上的“赔偿”。因为人的精神和尊严是无价的，受害人所遭受的精神创伤，单靠经济赔偿也是根本不可能得到补偿的。既然如此，民法中为什么还要建立精神损害赔偿制度呢？这里主要有两个理由：第一，这种赔偿具有惩罚的功能，名义上是补偿或赔偿受害者，而实际上是惩罚侵权人，使侵权人以后不敢再有这样的行为。第二，这种赔偿还有抚慰的功能。根据民法理论，民法、侵权法中的救济应当具有抚慰被害一方的功能，对于一个人所受到的精神创伤，虽然是金钱无法补偿的，但是向被害一方支付一定的金钱，毕竟可以给予其一定程度的心理抚慰。这一切都同法律人特殊的思维方式有关，由于有了这样的思维方式，才产生了特殊的权利、义务和责任分配体系。

最后一个值得讨论的问题是违反法律程序的法律后果问题。程序法的制裁方式就是宣告无效，也就是宣告违反法律程序的诉讼行为及其诉讼结果都失去法律效力。有人可能会问：为什么违反程序法的行为要被宣告无效呢？为什么不去制裁那些违法者本人，却要宣告他所实施的诉讼行为和结果失去法律效力呢？在2003年的刘涌案中，这个问题就被很多人提了出来。在这一案件中，一审法院判处被告人刘涌死刑立即执行，而辽宁省高级人民法院二审却改判死缓，后来最高人民法院又以提审的方式，将刘涌改判为死刑立即执行。这个案件当时在全国引起了很大反响，也引发了法律人与社会普通民众的激烈争论。按照法律人的思维方式，刘涌本人受到了刑讯逼供，而刑讯逼供是一种严重的程序违法行为，它违反了侦查讯问程序，因此刑讯逼供得来的口供应当被认定为无效，法院应当将这些口供排除于定案根据之外。法律人认为这种规则的适用是理所当然的。

为什么违反了程序法的证据要被宣告无效呢？其实这种

规则的背后体现着这样的逻辑：违反了规则，就要宣告违反这种游戏规则的结果无效，否则，违反规则的人就将不受制裁，违反规则的行为也就等于得到了承认和激励。这种游戏规则在体育比赛中体现得淋漓尽致。在程序法的实施过程中，也只有对那些违反程序的行为作出无效之宣告，才能确保程序法的有效实施。否则，程序法就将变成一种不可实施的法律，甚至处于被架空、被规避或者被搁置的状态。

二、实体法中的思维方式

通过前面的分析，我们已经了解了法律人思维方式的基本构成要素，接下来我将就实体法和程序法的思维方式分别加以讲解。为了避免这种讲授变成非常生硬的法条介绍，我想结合法律人所熟知的一些格言或谚语，来揭示法律人的思维方式与普通人的思维方式究竟具有怎样的差别。

我们先来看一下实体法的思维方式。出于研究领域和个人兴趣的原因，这里主要以刑法为例进行分析。从刑法的角度来看，有三句非常重要也非常著名的格言，体现着法律人的思维方式，它们是学习法律的人所要深刻体会和理解的。

第一句，法无明文规定不处罚。作为现代刑法各项制度之基石的"罪刑法定"原则，来自古罗马法的一句格言——法无明文规定不为罪，法无明文规定不处罚。长期以来，刑法学家总是倾向于将罪刑法定原则视为刑法所独有的基本原则，并局限在刑法理论视野下对这一原则的正当性和适用范围加以论证。几乎任何一个学过刑法的人都可以指出这一原则的含义：法律的规定必须明确而具有可预测性，要禁止不确定的罪状，禁止类推，禁止溯及既往，禁止那种不确定的刑罚幅度，等等。但是，在这一原则的背后，其实存在一种针对国家公权力的法律授权理念，也就是在国家机构侵犯和剥夺个人权利的时候，法律要求这种侵犯和剥夺必须以法律明确授权为前提，否则，超出这种明确授权的侵犯和剥夺，就属于非法的和不正当的。

在行政法领域，也存在各种形式的法无明文规定不处罚原则，很多人将其概括为合法性原则。行政法作为一门公法，同样涉及国家公共权力剥夺个人权利的问题，如征用土地、拆迁房屋、剥夺从业资格、限制人身自由等。这是在刑法领域之外对公民权利剥夺程度最为严厉的一个领域。很多学者在讲授行政法时都会谈到，任何行政处罚的设定都必须有法律的明文规定和授权，否则就是违法的，因此有人把这个原则称为法律保留原则。

在刑事强制措施制度中，这种合法性原则也有极为重要的体现。中国的强制措施体系是以剥夺人身自由为核心的，其中最为严厉的强制措施是拘留和逮捕，除此之外还有取保候审、监视居住、拘传以及由《警察法》所设定的留置措施。这些以剥夺或者限制公民自由为标志的强制措施，都应当有法律的明文授权，不仅是正当性的授权，还包括理由和期限的授权，没有授权而实施强制措施，对官方来说就是违法的。

这种合法性原则还可以上升到宪法领域，成为宪法旨在限制和约束国家侵犯个人权利的基本原则。大家有兴趣可以研究一下《德国基本法》第一章，其中明确规定，在国家公权力侵犯公民权利的时候，必须有法律明文的授权，德国人称为

“法律保留原则”。在这一法律保留原则的约束下，任何未经明确授权即剥夺个人权利的官方行为，都属于非法的和不正当的。

合法性原则使我们想起了法国《人权宣言》所确立的基本原则：“对国家公权力机构来说，凡是法律未授权的，都是禁止的；对公民个人而言，凡是法律不禁止的，都是允许的。”表面来看，这两句话好像属于一种语言游戏，但其实这里面有很深的道理，体现了法律人的基本思维方式：

其一，对国家公权力来说，法律的功能就是限制。人类社会在公法领域中进步的标志，是从授予权力到限制权力，只有法律明文规定授予国家行使的权力才是合法的，这是合法性的前提要件。我们可以假设一下，我们在一个地方生活，国家工作人员随时可以闯入，任意侵犯公民的自由、财产乃至生命，我们在这样的环境中会有安宁感吗？为了公民生活的安宁，必须对国家权力予以限制。

其二，这里体现了法律人多年来的一种理念：对国家公权力深深的不信任。英国哲学家霍布斯有一本名著——《利维坦》。利维坦是《圣经》中的一个怪兽，无所不能，常年潜伏在海底，一旦浮出水面，附近所有的船只、人员都会葬身海底。霍布斯就是用利维坦来形容国家公权力，当国家公权力得不到有效遏制时，就会形成暴政。所以法律制度存在的最大价值就是限制国家公权力，这才是法律存在的正当性理由。如果我们都相信国家权力不会被滥用，信任警察、信任检察官、信任法官，那么我们还要诉讼法干什么？当年德国著名的法学家李斯特有一句名言——“刑法典是犯罪人的大宪章”，这意味着刑法典存在的一个重要功能是保护罪犯的正当权利。可以设想一下，假如没有刑法典的约束和限制，国家实施刑罚不就可以恣意妄为吗？“文革”期间没有刑法典，照样可以打击犯罪，但是人权保护状况却出现了极大的问题。从此可以看出，打击犯罪并不是刑法典的主要功能，而限制国家打击犯罪的手段和方式，可能才是刑法典存在的正当性依据。那么，刑事诉讼法典的制定具有什么功能呢？我们借用李斯特的格言来进行概括，“刑事诉讼法其实是犯罪嫌疑人和刑事被告人的大宪章”。没有刑事诉讼程序，国家机构在追究犯罪时可能会恣意妄为，不遵循正当的法律程序，容易造成冤假错案。刑事诉讼法的存在，能够有效约束国家打击犯罪的行为。这些法律制度的存在背后，都体现着对国家公权力的约束和限制。

其三，对于公民个人来说，为什么法律不禁止的就是允许的呢？原因在于，任何公民不需要了解自己可以从事什么活动，而只要清楚哪些属于自己不可从事的就足够了。我们应当接受这样的逻辑：任何公民的权利和自由都是天然具有正当性的，并不需要国家法律的授予；相反，任何旨在限制和剥夺公民权利的国家公共权力及其措施，都必须有法律明确的授权。没有这一点做保障，那么，我们每个人都无法在未来的生活和工作中对自己行为的合法性进行起码地预测。

事实上，只有国家公权力才需要法律的明确授权，法律制度犹如一个带有强制约束力的禁锢机制，将国家公共权力限制在某一区域之中。国家权力一旦未经允许越出了法律的边界，法律就应宣告其为非法的和无效的。相反，对于公民个人权利，法律只需要划定违法的范围，要求个人不得实施法律所禁止的行为，而在这一“禁区”之外，公民则可以从事任何他想从事的行为，而无须任何个人和机构的许可。只要是法律没有明确禁止的，公民的任何行为都应当是法律所允许的。有一次，某大学法学院的本科生组织辩论赛，有一场辩论的主题是："权利是否需要授予？"结果，一方的观点就是"公民权利不需要授予，只有国家权力才需要明确授权"，但是所有提供的理由并不能足以让人信服。其实，就公民的基本权利来说，宪法和部门法的使命就在于划定国家公共权力的边界和范围，只要法律不禁止，公民权利就不应受到限制和剥夺。因为公民权利受到严重侵犯之时，往往都发生在国家公共权力机构滥用权力之际。当然，对于那些需要国家机构通过积极作为才可以实现的经济权利、社会权利和文化权利来说，法律确实需要明确加以授予和保障。

第二句，国家公权力侵犯公民权利，应当符合成比例原则。一些国家的宪法就确立了这样的原则。所谓成比例，首先是指国家只有在必要的情况下，才能实施惩罚，如果不是必要，就不需要进行惩罚，这被称为必要性原则。其次是指狭义的相适应原则，也就是强调违法行为的严重程度应当与惩罚的严厉程度相适应。比如，对于盗窃1万元与盗窃2000元的行为，法律在量刑中必须有所区别。大家学过刑法就会知道，刑法中有罪刑相适应原则，体现着成比例原则的精神，它强调定罪和量刑要同被告人行为的社会危害程度相适应，否则人们对整个定罪量刑活动就会作出负面的评价。我们可以对比两个案件：一个被告人贪污了900多万元，结果被判处死缓；而另一个人贪污受贿不到100万元，结果被判处死刑立即执行，这两个案件间隔不超过2个月，引起了极大的争议。通过比较，人们认为这样的判决不公平，没有贯彻成比例原则，因为罪行越重量刑应当越重，但这个案件却是"反其道而行之"。

成比例原则并不是刑法领域所独有的。即使是在行政法领域中，行政处罚也要与行政违法行为的严重程度成正比。在刑事强制措施制度中，对一个嫌疑人采取的强制措施种类以及未决羁押的期限，必须同他可能被判处的刑罚相适应，这同样体现了成比例原则。因此，在很多国家，成比例原则成为刑法、行政法、刑事诉讼法乃至宪法的基本原则，它成为约束国家公权力的最基本手段。

为什么要强调成比例原则呢？这里主要有两个理由：一是没有成比例原则，就会破坏人类意识中最基本的均衡感。由于惩罚行为涉及剥夺公民的权利和自由，它总是会带来不利的后果，因此人们对惩罚行为非常敏感，国家在适用惩罚时必须做到均衡，才会让人们心服口服。否则，重罪轻判、轻罪重判，会遭到人们的质疑。二是对国家公权力进行数量、幅度限制的需要。国家对比较轻的违法行为可能不予追究，而对于比较重的犯罪，追究的力度会比较大，法律必须根据违法行为的幅度对刑罚作出不同限制，这是约束国家公权力的需要。

第三句，对同样的情况应当同等对待。这一点又被称为形式正义，在英语中的表述是“formal justice”。有句格言充分体现了该原则的含义，“同样的情况同样对待，不同的情况要有相应的差别对待”。换句话说，如果同样的情况存在差别对待，人们就会感觉不公平，一种受到歧视和不公平待遇的感觉会油然而生，甚至会导致对整个法律实施过程产生抵触。

大家可能也注意到了，最近一段时间新闻媒体都在报道一个案件：辽宁某地的一位企业家，同时也是省人大代表，开车时同一个行人发生了争执，然后开车追逐行人，最后将其撞死。一审法院以故意杀人罪判处被告人死刑，二审法院却改判死缓，改判的理由主要有二：一是被告人认罪悔过，二是他对被害人家属给予了高额赔偿。我们要思考一下，这两条理由是否能够成为免除被告人死刑的理由呢？我们再来看前一段时间受到广泛关注的某“亿万富豪”雇凶杀人案。被告人被指控雇用了三个人去杀一个人，最后法院判处该被告人与另外两个被雇佣者死刑立即执行。同样是杀害一个人，一个案件中判处了一个死缓，另一个案件中却判处了三个死刑立即执行和一个死缓。对于这样两个案件，我们固然不能做简单的数量对比，但至少要关注其中的差别对待问题。

同样的道理，对不同的情况要给予相应的差别对待。对于这一点，我们可以称之为“比较的正义”，它往往是在对两个案件或者两个当事人进行比较时产生的正义感。通过对两个案件进行比较，我们会发现这个案件中被告人受到了优待，而在另外的案件中被告人受到了歧视。我们可以再举一个例子。某一涉嫌受贿的被告人，被法院认定受贿的数额是500多万元，但由于“在法庭审理中拒不认罪，无理狡辩，认罪态度极差”，而被判处死刑立即执行。另一案件的被告人则被认定受贿金额高达1000多万元，却由于“认罪态度较好，有悔过表现”，最终被改判死缓。当然，这种判决可能有它自己的道理，因为两个被告人确实存在认罪态度的问题，判决存在差距也在情理之中。但后者的受贿额是前者的两倍，两者仅仅因为认罪态度好坏的问题，就受到了如此大相径庭的量刑，这种情况真的就没有问题吗？这会不会破坏人们朴素的均衡感呢？

同样情况同等对待的原则，在宪法中也是有所体现的，这就是“法律面前人人平等原则”。最近一段时间，我国司法实践中出现了一种适用刑事和解的动向。在一些可能判处被告人3年以下有期徒刑的轻伤害案件中，对于被害方与被告方达成和解协议的，检察机关可以作出相对不起诉的决定，法院也可以判决免予刑事处罚。对于那些犯有重大罪行的被告人，只要在二审生效裁判产生之前，被告方向被害方作出高额经济赔偿，从而促使被害方明确放弃对被告人适用极刑之请求的，法院可以将本应判处死刑的案件改判为死缓甚至无期徒刑。当然，这种判决的背景是很复杂的，我们不能一概而论。毕竟，按照最高人民法院的司法解释，被告人自愿履行附带民事赔偿义务的情况，可以作为法院从轻量刑的重要情节。但是，如果在另一个情况完全相同的案件中，被告人仅仅因为家境贫寒，无力赔偿被害人的损失，法院就对其适用死刑，这就会造成一种“法律面前人人不平等”的现象。于是，在同等情况下，富人由于拿出高额的赔偿而被判处死缓，而贫穷的人由于拿不出赔偿而被判处死刑立即执行，这有可能带来一种司法非正义。

三、程序法中的思维方式

按照法律人的思维方式，国家要剥夺任何人的自由、财产乃至生命，都必须经过正当的法律程序。这种对正当程序和公正审判原则的强调，构成了现代程序法的理论基础。从静态的角度来看，程序是一套规则体系，是维持游戏公平的规则，它是指为达成某一法律决定所要经历的步骤、方式和程式。从动态的角度来看，法律程序无非是一种旨在达成某一法律决定的过程，程序正义又被称为过程正义，它强调的是正当的法律过程。正如前面所说的那样，人类社会在公法领域进步的标志之一，就是从结果到过程，强调即使为了所谓的“理想结果”，也不能不惜一切手段，而要注重正当的法律过程。

中国当年有一位著名的作家萧乾，是唯一一位在欧洲采访第二次世界大战的中国战地记者，他对纽伦堡审判也做了全程报道。在《一个中国记者看二战》一书中，萧乾回忆道，他当时对这样的审判大惑不解，根据中国人的思维方式，这些沾满人民鲜血的刽子手，杀十次都不过分，为什么还要给他们那么冗长、繁琐而且昂贵的审判呢？经历了历次政治运动，特别是经历了不堪回首的“反右”和“文革”之后，萧乾逐渐醒悟了。在他看来，“即使一个人罪大恶极，也要给他申辩的机会”，“纽伦堡审判过去半个多世纪了，没有一个战犯要求平反昭雪，没有一个人提出申诉，所有的案件都办成了铁案”。这是他从一个作家的角度所得出的结论。从法律人的角度来看，纵然是那些犯有战争罪行的纳粹战犯，战胜国的法庭也要确保他们获得最低标准的公正审判。为了使大家了解程序法中的思维方式，我们将对四句著名的法律格言逐一作出分析。

第一，听取双方的陈述。这是英国自然正义中的第一法则，强调裁判者在作出裁判之前，要听取控辩双方的陈述。后来这条格言演变成公正审判原则，并发展了诉权理论。所谓诉权，是指那种诉诸司法裁判的权利，英语中表达得比较清楚——the right to be heard，这意味着获得审判成为一种权利。可以设想一下，中国从古至今有没有这样一套思维方式？在传统法律文化之中，审判总是带有一定程度的贬低和否定评价的意味。当我们说把某人“押上历史的审判台”的时候，总有把这个人押上行刑台的意思。大家应该都看过描写抗日战争的电影，这类电影往往会出现这样的镜头：当侵略者举起屠刀砍向游击队员的时候，这时一声枪响，侵略者应声倒地，此时话外音响起，“这就是中国人民对侵略者的审判”。很明显，在中国人的传统观念里，审判经常被等同于镇压和惩罚，而不是一种权利。

获得庭审的权利变成了一项诉权，它经常被视为第一人权，是所有人权赖以实现的中介和桥梁。那么，诉权为什么被称为第一人权呢？其实道理很简单：没有诉权，公民的权利受到侵犯后就没有办法获得救济。所以英国人有两句格言，即“没有救济就没有权利”“没有救济的权利根本不是权利”。这种说法可能听起来不可思议，但是大家仔细想一下，这种说法又何尝不是一种经验和常识呢？我们可以看看我国《宪法》中规定的公民基本权利，它们的列举已经达到较为详尽的程度，它们在内容上也基本涵盖了现代宪法权利的主要方面。但是，中国的法律实践已经表明，我们缺乏的不是权利的列举，而是权利的救济。在一项权利被剥夺或侵犯后，法律如何提供一种有效的救济途径，使那种侵权行为受到有效的制裁，使那些被侵权者获得公正审判的机会，这可能是最值得关注的问题。比如一个人的房屋被拆迁了，他有权告到法院，法院要受理并开庭审判；农民的耕地被征用了，补偿款不符合要求，他们有权告到法院，法院同样应当开庭审理。这种能够及时诉诸司法裁判的权利，对于公民权利的实现才是最为重要的。

听取双方的陈述，要求裁判者致力于“裁断，而不是发现”。前几年在重庆綦江发生了一起“虹桥垮塌案件”，几名对此负有责任的被告人接受了法院的审判。其中，法院对第四被告人赵祥忠的定罪引起了不小的争议。检察院指控赵祥忠犯有玩忽职守罪，而辩护律师则认为被告人不属于国家机关工作人员，因而不构成玩忽职守罪的主体。最后法院认同了律师的辩护意见，却判定赵祥忠的行为构成另一项新的罪名——工程重大安全事故罪。这一新的罪名没有经过检察机关的起诉，也没有经受专门的法庭调查和法庭辩论，甚至就连被告人阅读起诉书、辩护律师进行防御准备的机会都给剥夺了。没有经过起诉，没有经过辩论，没有经过审判，这一新的罪名是不是就属于法院强加给被告人的呢？这样的审判既剥夺了辩护方对于新罪名的辩护权，也规避了整个法庭审判过程，其正当性是严重成问题的。但一些法官则认为，变更罪名是法官的权利，他们的论证逻辑是：法院的独立审判权决定了法院享有独立的定罪权，这就意味着法院定何种罪名，完全属于其职权范围内的事项。尽管最高人民法院在司法解释中最终确认了这种变更罪名的权力，但上述分歧仍然没有得到消除。

听取双方的陈述，不仅要求裁判者给予那些利害关系人诉诸司法裁判的机会，而且还要求裁判者“听取另一方的陈述”，避免听信一面之词，更不得与一方进行“单方面接触”。当前，法官的庭外调查是影响其听取双方陈述的重要问题。庭外调查的典型方式，是法官带着一方当事人进行调查取证，甚至可能出现法官与某一方当事人“同吃、同住、同旅行”的极端情况。有一个基层法院的法官，受理了一起重婚诉讼，女方控告男方在婚姻关系存续期间有重婚行为。法官为查明事实真相，就带着原告方的律师到外地进行了调查，搜集了几份证据笔录，结果发现被告人的重婚行为确实存在。但当辩护律师查阅到这几份由本案审判长调查取得的讯问笔录时，问题就出现了：法官单方面调查所得的证据，是否具有证据能力呢？法官在未经控辩双方同时在场、未经双方提出质证意见的情况下，就接触了那几份证据，并根据那几份证据，对本案的事实产生了内心确信，形成了先入为主的预断。

由此可见，听取双方的陈述绝对不是一句简单的格言，它包含一套独特的思维方式，意味着在整个刑事诉讼过程中，只要涉及剥夺一个人的权利、自由的问题，法官都要给他申请听审的机会，要举行听证会，否则法官就无法做到“听取双方的陈述”。这样的要求在民事诉讼、行政诉讼中同样适用，甚至在大学中处罚一个违纪的学生，也要给予这个学生申请听证的机会。因为要处罚一个人，必须给他机会表达自己的想法、理由和不满，只有经过这样的听证，最后的处罚才能让他心服口服，这种处罚才具有正当性。否则，即使结果再正确，不给利害关系人参与的机会，也无法让他对裁判过程和结果产生尊重和信服。

第二，任何人不能担任自己案件的法官。根据这一自然正义的基本法则，法官不能处理任何与自己有利害关系的案件。这一原则后来被引申为一个基本理念——法官要在控辩双方之间保持中立。具体来说，这一原则具有四个层次的含义：法官和案件没有利害关系；法官对任何一方都不能有偏见——法官作为裁判者如果有偏见，那么公正裁判是不可能存在的；法官不能对案件存在先入为主的预断——如果法官在审判之前对案件的判决有了自己的判断，审判就失去了意义；法官在外观上不能让人有合理的怀疑——一位法官在外观上让人产生合理的怀疑，这时就会使当事人产生不信任之感。

前几年在陕西省某中级人民法院曾发生过一起案件。一名妇女找到了该中级人民法院的院长，要求解决她的案件，双方由于言语冲突发生了争执，最后扭打在一起，院长受到了一些轻微伤。几名法警和法官闻声赶来，将闹事的妇女送到了派出所。警方经过调查，发现该名妇女是在该中级人民法院某现任法官的指引下前来闹事的，该法官明确说："你找院长去闹，一定能闹出点名堂来。"最后，该市检察机关向该中级人民法院提起公诉，指控前述法官和闹事妇女构成故意杀人罪。这样一个发生在法院院长办公室、被害人是法院院长、主要证人是本院法警和法官的案件，就在该中级人民法院进行了审判，法院最终以故意杀人（未遂）罪，分别判处两名被告人有期徒刑15年和13年。两人上诉到陕西省高级人民法院，理由是审判不公正，整个一审中级人民法院都应当回避，陕西省高级人民法院以中国不存在法院回避制度为由，驳回了被告人的上诉。但由于此案引起社会各界的强烈批评，经过律师的努力，此案最终被最高人民法院以提审的方式启动了再审程序。

在这个案件中，法庭审理的是以本法院院长为被害人的案件，主要证人为本院的法警和法官，案件还牵涉院长与被告人之间的恩恩怨怨。可以说，该法院的任何一名法官审理此案，都难以保持从容不迫的心态和公正无私的精神。即使本案的三名法官确实对此案进行了秉公审理，对于法律的适用也没有太大的偏差，但这种由本院法官审理案件来为本院院长"讨回正义"的做法本身就足以令人产生强烈的合理怀疑。稍有常识的人都知道，在我国现行的法院管理体制下，法院院长作为本院的行政负责人、审判委员会的主持者以及法院党组的组长，对于任何一个普通法官都具有领导和指挥的权威，并可以通过各种方式决定普通法官的前途和命运。唯有将案件转交另一法院进行异地审理，才能使法官摆脱这种不尴不尬的局面，并避免公众对审判的公正性提出合理的质疑。毕竟，这家法院的法官事实上就是在充当“自己案件的法官”。

有人可能会反问：很多媒体不是在宣传铁面无私、大义灭亲的法官吗？这同“不能担任自己案件的法官”原则是否存在冲突呢？中国古代有着“包青天崇拜”现象。我们应该对“包公铡包勉”的京剧故事耳熟能详。按照京剧的故事设计，包拯从小父母双亡，由哥哥、嫂子抚养长大，与侄子包勉一起读书并高榜得中。后来包拯到开封府做官，包勉担任一个县的县令。有一年天下大旱，朝廷拨出赈灾款，并派出包拯巡查暗访。包拯根据举报，查明包勉私吞赈灾款项，且贪赃枉法，于是就根据皇帝授予的“随机处断”之权，将包勉判处了死刑。包公的嫂子闻讯之后，千里迢迢赶来，对其痛加责备。包公为自己辩白，说自己是为了维护“国法”。争执之下，嫂子要撞柱而死，包拯将她拦下，跪在地上直呼“嫂娘”，承诺为她“养老送终”，以弥补她丧子之憾，嫂子这才悔恨交加地回家乡去了。这出戏在民间有很大的影响，它代表了中国古代青天文化的巅峰。

但是我们不禁要问：这样的审判能让人放心吗？这造成了一种“两面硬币”效应：一方面，包拯铁面无私，大义灭亲，冒着亲人误解、责骂甚至断绝亲情关系的巨大代价，对包勉“正确适用了刑律”；另一方面，包拯亲手处死自己的侄子，没有将案件转交给与案件当事人没有任何关系的其他司法官员处理，甚至连正式的司法程序都没有经过，就擅自将包勉处死，这能让人心服口服吗？人们有理由提出一种合理的怀疑：包勉的案情是否已经“水落石出”？包勉是否还有同案犯尚待查明？包勉的赃款赃物是否已经全部追查清楚？……为了避嫌起见，也为了避免自己的政敌抓住这一问题大做文章，包拯理应有最基本的政治敏感性，将包勉交由别的司法官员处理，以显示自己的公正无私。我们都不要忘记，中国古代不只有“包公铡包勉”的故事，而且还有“高俅审林冲”的闹剧。同样是发生在北宋，高俅的儿子高衙内霸占林冲的妻子不成，设计陷害林冲。所谓“高俅审林冲”，不过就是“挟嫌报复”的代名词。但是，无论是“包公铡包勉”还是“高俅审林冲”，在制度设计上都存在同样的问题：作为裁判者的司法官员与案件存在利害关系，他们的审判都难以回应人们的合理质疑。基于传统的文化观念和深层次的道德判断，一般人容易接受“包公铡包勉”这类的司法豪情，认为这属于典型的大义灭亲之举；而对于“高俅审林冲”，则本能地断定其属于“小人陷害忠良”，并给予道义上的否定。但是，通过文化和道德的迷雾，我们如果理性地看待这两起刑事大案，作为裁判者的包拯和高俅，不都是在充当自己案件的法官吗？

为什么任何人都“不得担任自己案件的法官”？原因就在于这样的法官与案件或者与当事人产生了利害关系，无法保持不偏不倚的态度，也不能在控辩双方之间做到超然和中立，无论最后的裁判结果如何，这样的审判都难以让人产生信服，并容易导致人们对审判的结果产生各种各样的怀疑。需要注意的是，如果一个法官不能消除人们对审判公正性的合理怀疑，这种审判可能就不是成功的。我们今天的很多教训都是由此而产生的。比如在刘涌案中，为什么那么多的民众对判决提出了质疑？原因可能是多方面的，但其中有一点是确凿无疑的：二审法院没有对改判刘涌死缓给出任何足以令人信服的理由，而是不负责任地说，“考虑到本案的具体情况……因此改判刘涌死缓”，引起了社会公众的强烈怀疑，这样的判决结果难以取信于民。事实上，公众对刘涌案的质疑，首先针对的是这一案件的审判程序，然后便“殃及”这一案件的裁判结果。让我们都记住一点：当人们对审判程序的正当性产生怀疑的时候，人们对审判的结果就难以接受；无论裁判结果正确与否，是否合乎实体法，这都是没有意义的。

第三，天平倒向弱者。在司法裁判过程中，法庭应当对控辩双方一视同仁，给予平等的对待。这就是所谓的“控辩双方平等对抗原则”。但是，司法诉讼的实践证明，控辩双方经常在对抗能力和论辩水平上无法处于势均力敌的状态。面对一方太强、另一方明显处于劣势的情况，裁判者如果仍然仅仅关注双方形式上的对等，就无疑会导致事实上的“恃强凌弱”，而无法做到真正的公平游戏。例如，在刑事诉讼中，被告人要面对强大的国家公诉机构的追诉，他即使获得辩护律师的帮助，也与公诉方处于天然不平等的地位；在那种以“民告官”为标志的行政诉讼中，作为相对人的原告，无论如何也无法与作为行政管理者的行政机关处于平等的地位；而在民事诉讼中，那种个人对个人的诉讼固然可以保持大体上的平等对抗，但是，一旦诉讼的一方是产品制造商、销售商，而另一方是普通的消费者，或者一方是财力雄厚的医疗机构，另一方为诉称受到医疗侵权的患者，那么，控辩双方的对抗能力就显然不可相提并论了。

按照法律人的思维方式，遇有控辩双方难以平等对抗的情形，无论是立法者还是司法机构，都应当秉承“天平倒向弱者”的理念，给予弱者一些特殊的诉讼保障，并赋予强者一些特殊的义务，从而人为地制造一种确保双方平等对抗的司法环境。换句话说，在一般情形下，法律制度可以要求控辩双方保持形式上的平等对抗。但在控辩双方靠其自身难以做到平等对抗的时候，司法裁判者就应当给予适度的干预，通过一种表面看来属于不平等对待的程序设置，来确保双方进行实质上的平等对抗。

这种维护实质上“平等对抗”的理念，还可以称为“平等武装”(equality of arms)原则。这里有一个历史典故，显示出平等武装原则的产生过程。在中世纪的欧洲，一度盛行司法决斗制度，诉讼双方在裁判者面前，通过武力进行决斗，最后获胜者胜诉，战败者被判为败诉。这种司法决斗的理论基础是“上帝站在有理的一方”。最初，决斗的双方配备了相同的战斗武器，但司法决斗的实践表明，如果参与决斗的一方为老者，另一方为年轻人，或者一方体格强壮，另一方体格虚弱，那么，双方如果手持完全相同的武器，就肯定会造成实质上的不平等对抗。于是在一些欧洲地区，就出现了这样的决斗规则：让体格健壮的人手持刀剑，但不拿盾牌，而让体格弱的人不仅手持刀剑和盾牌，还要穿上盔甲。这样，表面看来双方的武器是不平等的，但由于双方在决斗能力上存在先天的差距，这种“武器的不平等”又恰恰可以弥补双方在对抗能力上的不平等。后来，一些地区甚至出现了妇女参与决斗的情况。但一般而言，女性在与男性决斗中肯定不占优势，为了避免决斗变成“弱肉强食”，一些法官就责令男性站在事先挖好的坑道里，而让女性站在坑外，然后双方展开决斗。随着时代的变迁，司法决斗制度最终被废除了。然而，这种体现“天平倒向弱者”之精神的平等武装原则，却被作为程序正义的标志，保留在法律程序的设计之中。

我们可以看到，“天平倒向弱者”的理念，已经渗透到各种诉讼制度之中。在民事诉讼中，一般的诉讼程序奉行“谁主张，谁举证”的原则，但是，在控辩双方无法保持平等对抗的情形之下，法院可以按照“举证责任倒置”的原则，责令被告方承担举证责任。按照我国最高人民法院的司法解释，以下案件可以采取举证责任倒置的规则：一是医疗事故诉讼——患者告医院，医院应当承担证明责任，证明医院并没有造成医疗事故；二是产品质量诉讼——消费者指控产品的制造商和销售商，后者应当承担证明责任，证明所制造和销售的商品不存在缺陷或者瑕疵；三是环境污染诉讼——原告指控某一企业制造环境污染，被告要承担证明责任是“天平倒向弱者”的一种体现。因为不管是患者、消费者还是环境污染被害人，相对于强大的被告方而言，都属于诉讼上的弱者。他们不仅在占有的信息资源上难以与被告方保持均衡，而且在取证能力上也远远不及被告方。因此，与其让患者、消费者和污染受害者证明侵权行为发生了，并且这些侵权行为直接造成了他们的损害后果，倒不如由医院、产品制造商、销售商、环境污染者承担证明责任，证明侵权行为没有发生，或者侵权行为与他们所受的损害后果没有因果关系，这更为合理和可行。正因为如此，最高人民法院的司法解释才扩大了举证责任倒置的适用范围。行政诉讼的情况与此十分类似。所谓“民告官”的案件，一律要由被告承担证明责任，证明自己所实施的行政处罚行为的合法性。

在刑事诉讼中，被告人身陷囹圄，没有任何防御能力，如果他没有能力自己聘请律师，那么在符合法律援助条件的情况下，法院就要给他指定律师。我们还注意到，目前法官、检察官和律师在争论这样一个问题：被告人一旦以侦查人员存在刑讯逼供为由，申请法院排除非法证据，那么，究竟应由何方承担证明责任。很多人认为按照“谁主张，谁举证”的原则，应当由被告人证明刑讯逼供不仅发生了，而且有关的证据确实属于刑讯逼供所得的。但是，我们认为这种分配证明责任的做法是不公平的。因为被告人的人身自由受到限制，又缺乏证据意识，不具备举证能力，而且基本上无法获得律师的有效帮助，这种情况下他怎么承担证明责任呢？所以很多国家针对刑讯逼供问题，都确立了口供自愿性的证明责任倒置规则，也就是公诉方一旦将被告人所作的庭外供述作为有罪证据在法庭上提出来，那么，经被告方申请，公诉方就需要提出证据，证明该口供是被告人自愿提供的。

第四，正义根植于信赖。这是一句著名的法律格言，说的是司法正义的实现要依赖人们对司法程序的信任，没有这种信任，公众对于司法程序及其结论就难以产生尊重。按照法律人的思维方式，法院的司法裁判可以有一系列固有的公正标准，诸如根据证据认定案件事实、正确地适用实体法等，都可以算作司法裁判所要达到的目标。但是，司法官员不要以为只要这些司法正义的标准在裁判结果中充分地体现出来，这种裁判就肯定会取得人们的尊重和信赖。事实上，很多这样的裁判并没有取得司法裁判者所预期的社会效果，也就是说没有取得最基本的公信力。究其原因，主要是法院作出这一裁判的程序出了问题，没有办法赢得公众的信任。于是，一种为司法官员所司空见惯的问题就出现了：司法程序本身的瑕疵开始影响公众对于司法裁判结论的接受，哪怕这种裁判结论是“正确的”和“合乎实体法的”。

如果做一下纵向比较，我们会发现今日的司法裁判较之过去虽然取得了长足的进步，但是，公众对司法的不信任问题依然存在，并对司法改革的深化产生了很大的影响。例如，对于辩护律师提出的通知证人、鉴定人出庭作证的申请，法庭通常都予以拒绝，并没有给予令人信服的理由。尽管从2006年7月1日开始，各高级人民法院对于死刑二审案件开始实行开庭审理，但迄今为止，对于绝大多数非死刑二审案件，法院仍然采取书面和间接的审查方式；对于辩护律师提出的启动对被告人进行司法鉴定（如司法精神病鉴定）的申请，法庭通常都以“没有必要”为由，予以拒绝……在这一系列影响司法公信力的问题之中，裁判文书的说理问题，又显得非常重要，所存在的问题又是格外突出的。

我国的宪法和诉讼法中都确立了一项基本原则——审判公开原则。实际上，判决书说理就是审判公开的延续。审判公开有两个基本要素：一是审判过程的公开；二是裁判结果的公开。除此之外，审判公开还应有第三个要素，那就是判决理由的公开。如果法官不公开判决的理由，我们就无法知道判决结果是如何得出来的，对判决结果的正当性就难以信服。正因为如此，判决书说理又可以被称为“判决理由的公开”。

我们可以从三个角度来论证判决书说理的正当性问题：首先，只有判决书说理才能让人们了解判决书产生的过程和逻辑推理方式，使判决具有公信力。要想使公众接受一个判决结果，就要明确地说明这一结果是如何得出来的，从而以理性、经验和良心来说服公众。在有些案件中，法院的判决书作出了重大改判，却以“考虑到本案的具体情况”作为这种改判的理由，这种裁判方式就使人无法接受。还有的判决书经常有这样的表达："被告人及其辩护人在法庭上认为，本案事实不清、证据不足……本院认为，本案事实清楚、证据确实充分。"这种裁判方式直接否定了辩护人意见，又没有给出任何理由，根本无法让人信服，也无法使判决具有公信力。其次，判决书的说理实际上是对社会负责任。旁听的群众有权利知道审判的过程和结果，也有权利知道结果产生的正当理由和根据，这是司法民主的标志，否则，法院就等于强加给公众一个裁判结果。而且，法院判决不说理，公众就不知道结果是如何产生的，公开审判原则就完全失去了意义。最后，判决书说理有助于确保当事人的知情权，使其更加理性地行使诉讼权利。只有知道判决结果产生的依据，当事人才能真正了解判决理由，理性地决定是否上诉。判决书不说理，被告人的诉讼权利就无法得到保障，而且可能会促使被告人动辄提起上诉，甚至导致被告人对判决结果的不信任。

四、法律人面临的困境

我们已经讨论了法律人思维方式的一些具体方面。其实，这种分析永远是开放的，而无法穷尽实体法中的基本理念，也难以完全揭示程序法中的基本观念。但是，这些法律人的思维方式几乎无一例外地都属于来自西方的"舶来品"，它们尽管随着长达一个世纪的移植西方法律运动而被引入中国法律之中，却很难与中国的固有法律文化完全兼容。以刑事诉讼领域为例，包括无罪推定、控审分离、禁止强迫任何人自证其罪、禁止重复追诉以及程序正义在内的一系列基本理念，尽管为法律人所普遍接受和信仰，它们在理论的正当性上也没有原则性的问题，但是，这些理念一旦要落实到具体的立法设计和司法实践之中，就会面临各种各样的非议和批评。

在近年来有关刑事诉讼法修改问题的讨论中，法学学者提出了一系列旨在改造中国刑事司法制度的立法设想。例如，为了遏制侦查人员的刑讯逼供行为，法学学者主张确立嫌疑人、被告人的沉默权，使其享有供述和不供述的自由；为了有效地制裁包括刑讯逼供、超期羁押、剥夺律师辩护权利等在内的程序性违法行为，法学学者普遍建议确立非法证据排除规则，使那些非法侦查行为连同由此产生的非法证据一起，被法院做出无效之宣告；为了确保嫌疑人有效地行使辩护权，并对侦查行为施加有效的程序限制，很多法学学者倡导确立“律师在场权”，使辩护律师在侦查人员预审讯问过程中可以始终在场；为了确保交叉讯问规则的实施，有效地解决证人、被害人、鉴定人以及侦查人员出庭作证问题，绝大多数法学学者都主张确立传闻证据法则，原则上否定公诉方提交的询问笔录的证据能力……

值得注意的是，这些立法设想在法学圈几乎取得了众口一词的赞同，并对立法者和一部分司法界人士产生了较大影响。然而，这些理念和立法构想却始终面临一种重大的争议：这种立法思路会不会造成放纵犯罪的后果？在很多人看来，几乎所有刑事诉讼理念都是以保护嫌疑人、刑事被告人为宗旨的，这些理念在立法中贯彻得越充分，刑事诉讼制度越是发展和完善，人们就越会担心打击犯罪不力的问题。更强烈的异议在于，法学者动辄强调保障嫌疑人、被告人的权利，但犯罪被害人的权利怎样得到保护？社会公众的安全感如何得到保障？

另外，随着数起冤假错案的披露，公众对于刑事司法制度提出了各种各样的批评，这一方面为司法与社会的良性互动提供了难得的契机，另一方面也使司法机构面临前所未有的压力和挑战。于是，发现案件事实真相、确保案件的“正确处理”、防止冤枉无辜者，开始成为法院、检察机关所要追求的头号目标。这尽管非常符合社会公众的口味和诉求，却也使本来就十分脆弱的程序正义理念，受到更加严峻的挑战。作为西方“舶来品”的程序正义观念，原本是被引入中国的法律理念，其基础还很不牢固。但在普通民众的质疑和司法界人士的挑战下，甚至在个别法学学者的理论非难之下，越发显得“曲高和寡”，甚至就连其正当性都面临危机。处于这种“反程序正义运动”潮流之中的大多数法学学者，似乎对于这种挑战和非议，也并没有给予足够的估计和理论准备。结果，一旦遇到那种带有爆炸性的刑事个案出现，一种法律人与普通人的观念冲突就不可避免地发生了。当然，这种对决的结果，几乎肯定是那种掌握着舆论话语权的普通人的思维方式占据上风，一些随风而动的“公共知识分子”，也借机对诸多法律人的思维方式提出非难和挑战。几乎不可避免地，法律人连同他们所信仰和坚守的基本理念都处于危难和困境之中。

法律人所面临的这种困境，在2003年的刘涌案中得到了充分的显现。在这一案件中，辽宁省最高人民法院认定刘涌构成组织黑社会性质组织罪和故意伤害罪，但“考虑到本案的具体情况”而改判死缓。由于刘涌案与当时的一起涉及高官贪腐的慕（绥新）马（向东）案件有着密切的联系，再加上刘涌本人具有特殊的身份和社会关系，这一改判迅速受到民众的质疑和批评。

民众对这份判决书的批评，主要集中在以下几点：一是对于刑讯逼供问题，判决书做出了模糊认定，在确认“不能从根本上排除刑讯逼供可能性”的同时，又“考虑到本案的具体情况”，因此作出改判，这很容易使人产生“因为刑讯逼供，所以改判死缓”的观感，但这种裁判逻辑显然是不能成立的。二是判决书没有充分说理，其中对改判刘涌死缓的原因只是表述为，“考虑到本案的具体情况，因此不宜判处死刑立即执行”。有人批评说，这样的改判死缓难以让人心服口服，容易使人产生强烈的合理怀疑。三是刘涌本人所具有的特殊背景，足以使人怀疑这种改判的正当性。在强大的舆论压力下，最高人民法院决定以提审的方式启动再审程序，最终对刘涌改判死刑立即执行。但对于最高人民法院的再次改判，法学界又提出了新一轮的质疑和批评。

法律界人士对最高人民法院的判决书主要提出了以下批评：首先，有人认为最高人民法院最终宣告刘涌死刑，也宣告了“一事不再理”原则的“死刑”。“一事不再理”是现代刑事诉讼的一项基本原则，强调对于任何已决案件，不能做不利于被告人的变更。在刘涌案中，二审判决已经生效，刘涌被判处死缓，而最高人民法院又以再审的方式作出了对被告人不利的改判，这显然违反了“一事不再理”原则，使被告人因为同一行为受到多次重复的刑事追诉。

其次，这份判决也堵塞了非法证据排除规则的发展空间。在刘涌案之前，非法证据排除规则的适用一度出现了积极的动向，一些地方人民法院已经开始对刑讯逼供得来的口供，作出否定性的评价。但最高人民法院的判决书认定“刑讯逼供没有发生”，理由是：沈阳市公安机关的预审人员和看守人员提供了没有实施刑讯逼供的证明；沈阳市公安医院的医生证明没有发现刘涌身上有伤；刘涌及其辩护人提供的证人证言之间存有矛盾，以其作证不符合有关规则。很显然，这份判决书坚持“谁主张，谁举证”的逻辑，也就是被告人及其辩护人不能证明刑讯逼供发生的，法院就认定案件中没有发生刑讯逼供。按照这种思维方式，非法证据排除规则将根本没有存在的空间。

最后，如此重要的、受人关注的案件，法院在审判时没有传唤任何证人出庭作证，持续一天的法庭审判基本上都是在宣读侦查机关所作的案卷笔录。根据统计，最高人民法院认定刘涌犯下近30项罪名，其中2/3罪行的认定都使用了侦查机关的讯问笔录，而没有使用刘涌当庭的陈述。这一事实表明，侦查案卷笔录不仅是地方人民法院而且还是最高人民法院认定案件事实的基础。人们不禁要反问，这种审判方式真的能发挥事实复审之功能吗？联想到现在最高人民法院已经收回死刑复核权，各高级人民法院对死刑案件也开始普遍进行“二审开庭”，但如果开庭仅仅意味着宣读一遍侦查案卷笔录，这种开庭还有多大意义呢？

通过刘涌案改判所发生的争论，我们可以看出，普通民众和法律人在价值理念、思维方式上发生了激烈的冲突，法律人的思维方式正在面临一种来自普通民众的批评和挑战。对于法律人而言，这场争论不仅涉及刘涌案在判决上的是非曲直问题，而且更意味着那些法律制度及其所蕴含的理念，究竟能否得到普通民众的接受和容纳的问题。

值得注意的是，法律人的思维方式不仅容易受到普通民众的批评，而且还难以为普通的法官、检察官所接受。在一些案件的司法裁判过程中，那种违反基本法律理念的裁判结论，还是会屡屡发生的。2001年发生在广东的莫兆军案，就显示出这方面的问题。被告人是一个基层法院的民事法官，他审理了一起民事欠款纠纷案件，被告是一对夫妇，被要求归还欠款，但他们都诉称原告向法庭提交的关键证据——借条，虽然有被告夫妇的签名，但却是在原告胁迫下签订的。由于被告没有证据证明签字时受到了胁迫，因此，法庭按照“谁主张，谁举证”的原则，判决被告败诉。在判决执行过程中，被告夫妇在法院外服毒自杀。案件发生后，当地政法委员会对死者家属给予了经济赔偿，公安机关经过侦查，也确认死者在借条上的签字确为原告强迫所为。随后，检察机关以莫兆军草率判案、玩忽职守并致两名当事人死亡为由，对其予以逮捕并提起公诉。一审法院以被告人对当事人自杀不能预见、不存在不履行工作职责的行为、死亡结果与被告人履行职务行为之间不存在刑法上的因果关系为由，宣告被告人无罪。在检察机关提起抗诉后，广东省高级人民法院最终维持原判。

莫兆军案尽管最终以法院宣告无罪而结束，但这一案件对广东省乃至全国法官的审判工作产生了很大影响。按照刑法上的犯罪构成理论，被告人莫兆军不构成玩忽职守罪，这是没有太大争议的。但为什么对于如此明显无罪的案件，检察机关仍然提起公诉，并对法院的无罪判决再次提出抗诉呢？很显然，这里有一种非法律人的思维方式在发挥作用，导致案件一直被按照犯罪案件来加以处理。特别是在出现人身伤亡的不幸事件之后，有关部门总是强调追求“司法工作的社会效果”，为平息所谓的“民愤”，动辄追究办案人员的法律责任。可以说，这种启动刑事诉讼程序的做法，无非是有关部门更多地考虑了所谓的“平息众怒”“维护社会稳定”“避免群体事件”等政治需要，但这属于一种“政治家的思维方式”，而不是法律人的思维方式。

法律人的思维方式面临严峻挑战的另一个问题，在于如何对待“疑罪从无”的态度问题。例如，在杜培武案件中，法院认定被告人对两名警察的死亡承担刑事责任，却将被告人判处死缓；在佘祥林案件中，一审法院的两次死刑判决都被上级法院撤销原判，发回重审，但案件最终被变更了审判级别管辖，由中级人民法院终审维持有罪判决，但仅仅判处15年有期徒刑。这种“疑罪从轻”的裁判方式，几乎已经形成了一种司法惯例，导致刑事诉讼法所确立的“疑罪从无”规则几乎变得无法实施。我们在一些法院做调查时就发现，每当问到法院“有多少无罪判决”的问题时，法官总是显示出十分惊讶的神情，仿佛刑事审判中根本就不应该有无罪判决似的。但是，现行刑事诉讼法本来就明确规定：对于证据不足的案件，法院可以作出证据不足、指控不能成立的无罪判决。由此看来，由于受到重重压力和阻碍，法院无法做到独立审判，这一条文也就无法得到实施了。

当然，也有人从经济学的角度来思考法律问题，认为法院作出这样的判决符合其自身利益最大化的考虑。但我们不妨反思一下：经济学强调成本投入的最小化和所获产出的最大化，如果仅仅用这种理论来解释法律问题，会得出很多让人无法接受的结论。比如，伊拉克对萨达姆案件的审理，不是严重违反经济学原理的吗？如果要实现惩罚罪犯的目的，还需要经过那么繁琐的程序，花费那么多人力、物力、财力吗？我们要看到，审判不能成为国家赤裸裸的复仇行动，它必须要维护司法的正义，提高民众对审判的尊重和信任。第二次世界大战结束后由战胜国组成的法庭在纽伦堡进行审判，审理对象是三十多个甲级战犯。在审判过程中，一共有几百位证人出庭，被告人都获得了法学专家为其提供的辩护，整个审理时间持续了1年。最后，1/3的被告人因证据不足被判无罪，1/3的被告人被判死刑，1/3的被告人被判有期徒刑。大家想一下，战胜国审理战败国的战犯，还要花费1年多的时间，要动用大量的人力、物力和财力，这符合经济学的基本原理吗？法律在实施过程中可能要考虑节约成本、提高诉讼效率的问题，比如美国的辩诉交易，处理了90%的刑事案件，我国现在也有很多刑事案件要适用简易程序解决。但是法律中还有更为重要的考虑，那就是要实现司法正义。比如，我们对一个罪大恶极的被告人也要给予他充分辩护的权利，这是经济学能解释的问题吗？经济学是分析法律问题的很好工具，但是如果我们只从经济学的角度看问题，就会与法律人的思维方式发生冲突。

法律人所面临的另一个困境是，很多人经常以道德上的义愤代替最基本的法律思考。有时，不仅普通民众容易产生这种道德义愤，甚至就连一些法律职业者也可能以此作为思考问题的出发点。

前些年有一个著名的职业打假人王海，他通常会调查清楚商家卖的是真货还是假货，在确认某一商品为假货的情况下，就大批量购买，然后诉至法院要求赔偿。我国消费者权益保护法对销售假货的行为做出了“假一赔二”的规定。他就是利用这个法律规定，向法院提出索赔请求，以便获得超出商品价值一倍的经济赔偿。最初，一些地方法院还受理这种诉讼请求，并判决王海胜诉。但后来不少法院将王海视为“不受欢迎的人”，对其诉讼请求不予立案，或者即使立案后也会判决王海败诉。不仅如此，在这一问题上还出现了非常耐人寻味的现象：一些法官开始质疑王海的动机，认为法院不应为这种动机不纯的人提供司法保障。我曾经在报刊上看见一些法官写的文章，他们认为王海的索赔诉讼是出于牟利的考虑，而不是那种单纯的维权，因此法院不应支持其诉讼请求。当然，按照一般的公共道德标准，王海的打假动机确实存在一些问题，但是，消费者权益保护法在保护消费者的权益方面，是否还要区分消费者的动机？难道法律保护消费者的权益，还要考虑他是出于消费的目的，还是为了营利的企图吗？如果两个人都去商场买同样的东西，也都买了假冒伪劣产品，并将商家诉诸法院，法院赔偿了其中一个“消费者”，却拒绝对另一个购物者进行赔偿，理由仅仅是这个人“明知是假货还要购买”，并且“购买数量太多，存在以此牟利的动机”，难道这样的逻辑能够成立吗？

法律人的思维方式还面临一个挑战，就是公共舆论和新闻媒体的冲击。在20世纪90年代曾发生过这样一个案件：四川某县的技术监督部门以某企业造假为由，对其进行了行政处罚。被处罚的企业认为这一行政处罚显属违法，对县技术监督局提起诉讼，法院受理了这一行政诉讼案件。当时很多媒体都报道了这一案件，并宣称这是一起“造假者控告打假者”的案件。法院受理这个案件后，在当地引起了强烈反响，一些媒体也对此作出了报道。在四川省人大会议上，人大代表也要求该县法院院长和四川省高级人民法院院长到场接受质询。在质询中甚至出现了这样的话语：你们受理这样的“造假者控告打假者”的案件，“这本身就是一种腐败”。但是根据法律的规定，如果行政相对人对行政处罚的合法性存在质疑，应当有权向法院提起诉讼，法院也应当受理。这是一个能否提交法院解决纠纷的问题，与最后的结果没有任何关系。但是普通民众、人大代表在新闻媒体的炒作下，对提起诉讼本身都无法接受。最后这个案件以原告撤诉告终。

举了这么多例子，我是想告诉诸位：法律人的思维方式在现实生活中还没有得到真正的普及，法律人在很多时候还处于很尴尬的境地。比如，中国民间一直有这样一种传统观念：“欠债还钱，杀人偿命。”现在很多老百姓到了法庭上就说这两句话，让法官觉得非常头痛。最高人民法院在关于民事诉讼法的司法解释中，明确规定了“谁主张，谁举证”“举证不能就败诉”等证据规则。但是在现实中，这些规则经常无法得到适用。有一年夏天，我到一个地方的中级人民法院进行调研，法官说现在很多情况下不能按照民事诉讼法的规定办案，因为如果原告无法举证就判他败诉，他会认为“自己有理却没有打赢官司”，肯定是法院判决不公，甚至认为法院存在司法腐败现象。有的当事人甚至因此走上申诉、上访之路。面对这种情况，一些地方权力部门出于维护社会稳定的考虑，希望案件不要演变成群体事件，于是会出面干预司法审判。因此，很多法官为了避免这种困境，在办案过程中就会主动进行调查。这种情况在基层法院比较普遍。但是，按照法律人的思维方式，“法官的使命是裁断，而不是发现”。法官不能动辄主动进行调查，因为调查所得的证据要么有利于原告，要么有利于被告，在这种情况下天平就发生了倾斜，法官的中立性不复存在，怎么能保障公正审判呢？由此可见，由于原告不能证明债权债务关系的存在，所谓的“欠债”就不一定会带来“还钱”的后果。也就是说，“欠债还钱”并不是天经地义的，而是有条件的判断。

再说“杀人偿命”问题。几年前北京曾发生过一起正当防卫案件。三名成年男子深夜强行闯入三名外地年轻女子的住处，对其中一名女子进行威胁、侮辱，且存在即将实施性侵犯的迹象。这名女子为了自保，持刀将带头行凶的男子捅倒在地，并造成该男子死亡。检察机关以该女子防卫过当为由，将其批准逮捕并提起公诉。在法庭审理中，检察官认为，尽管案发时是凌晨，被害人是砸门而入，还带着凶器，但是被告人用刀捅被害人时，被害人并没有进行实时的行凶行为，而且在当时的情况下，被告人应该能够控制自己的行为，对防卫的尺度能够把握。而辩护律师认为，这个案件中对不法侵害的判断，不能只看当时被害人是否行凶，从整个过程来说，被告人已经处于受到侵害的状态；而且考虑到当时的环境，如果我们还要求被告人在防卫时考虑打什么部位、打几下足以制伏行凶者，这是一种苛求。后来一审法院判决被告人无罪，检察院对无罪判决不服，提出了抗诉，最后被上级检察院责令撤回了。在法庭审判中，被害方提出了很多理由，要求严惩被告人，其核心的观点就是“杀人偿命”。但是大家想一下，“杀人偿命”能作为法律人思维方式中的一条定律吗？杀了人都需要偿命吗？如果一个人的杀人行为是正当防卫，这种情况下杀了人不仅不需要偿命，还要判处无罪。所以我们认为，法律人的思维方式和普通人的思维方式，在我国的政治、经济、道德、文化乃至舆论层面上，发生着各种冲突。在现实的背景下，要坚守法律人的思维方式是非常不容易的，我们需要有一定的定力。

五、如何应对现有的挑战

近些年来，我国的法治建设和司法改革正面临一系列的困难，如何成功地跨越这些困难，使普通社会公众逐渐接受法律人的思维方式，将是中国走向法治社会过程中所要解决的重大战略课题。

首先，必须充分增强司法的社会参与范围，使整个法律制度及其实施过程获得社会的尊重。

之前有关人民陪审员和人民监督员参与刑事司法过程的改革，无疑加强了民众对司法过程的参与程度。不仅如此，辩护律师的诉讼地位也逐渐得到了提高，判决书对裁判理由的公开度也得到了明显的加强。这些都是值得肯定的积极变化。但迄今为止，在扩大公众对司法的参与方面，似乎还有很大的改革空间。一国的司法体制如果想得到民众的尊重，必须让民众有参与的机会。只有这样，才能让民众了解司法制度，才有可能让民众对国家的司法体系产生尊重，这套法律人的思维方式才能慢慢地被民众所接受。

其次，要使法律人的思维方式得到普遍的接受，还需要进行进一步的司法改革，以消除民众对司法的不信任感，重建司法的公信力。近些年来的司法体制改革，尽管取得了长足的进展，但依然没有消除公众对于司法的不信任问题，这是值得每一个法律人进行深刻反思的问题。

出现这种情况，我个人认为有以下几个原因：第一，实践中确实存在一定的司法腐败现象。当个别的司法腐败被人们用放大镜放大之后，人们对司法的不信任感会油然而生。比如，以前有人说“衙门口朝南开，有理无钱莫进来”，现在很多人仍然这样认为。这说明人们对司法的不信任由来已久。第二，司法的行政化，加深了部分公众对司法的负面印象。有的时候法官给人的印象就是官员，衙门气十足，缺乏司法官员所应有的亲和力。比如，现在很多人不愿出庭作证，其中一个重要的原因就是人们对法院的不信任。第三，和法官的素质也有关系。到目前为止，我们还没有完全实现让社会精英担任法官的制度，尤其是基层法院，法官的素质亟待提高，这样的现状也会影响民众对司法的信任。当民众对司法缺乏信任的时候，我们如何期望民众能够接受法律人的思维方式呢？

最后，法学家和立法者应当关注普通民众的需要，了解整个社会公众对于法律制度的价值取向，而不应动辄引进一些脱离中国司法现状的改革方案。

目前，法学家确实存在脱离中国社会实际情况的问题，无论是所研究的问题，还是所提出的有关法律改革的方案，都疏于考虑普通民众的承受能力，这自然会招致公众的批评。例如，一些刑法学者提出的“率先在贪污贿赂案件中废除死刑”的建议，必然受到普通民众的责难；一些法学者鼓吹对于那些高额赔偿被害人经济损失的罪该处死的被告人，法院可以改判死缓，这也会引起民众的强烈不满；一些学者对于法院以侦查人员存在刑讯逼供为由，作出从轻判决的做法，不是采取一种谨慎的反思态度，反而无原则地予以赞同，这也是导致民众予以强烈批评的重要原因……

法学家们为什么会提出这些不切实际的法律改革建议呢？根本的原因是其带着一种“法律人的自负”，尊奉一些带有“教条主义”色彩的西方法律理念，忽略了中国社会的真正问题。我们必须深刻地反思：究竟什么样的制度才是富有生机的？为什么法学学者所竭力倡导的一些司法改革方案多年来都无法得到实施，而司法实践中自生自发的一些改革试验，反而具有无穷的生命力？

或许，在法治建设已经恢复多年之后的今天，我们需要认真研究：中国社会的真正问题是什么？我们的法律制度如何回应这些基本的问题？法律人如何以中国问题和中国经验为前提，重新构建一整套法律人的思维方式？

第二章

程序法的基本理念

德国最古老的城市特里尔（Trier）城中心的彼得喷泉雕塑（Hauptmarkt Petrus-brunnen）上的正义女神雕塑。值得一提的是，特里尔是伟大的革命导师卡尔·马克思的故乡。

德国法学家李斯特说过:“刑法是犯罪人的大宪章。”这意味着刑法具有对犯罪人的权利加以保护的功能。我国清末著名法学家沈家本也说过:“刑律不善,不足以害良民;刑事诉讼律不备,即良民亦罹其害。”相对于刑罚而言,刑事诉讼法是更为重要的人权法,它所保护的不仅是犯罪嫌疑人、被告人的基本权利,还保护被害人、辩护人、诉讼代理人以及其他诉讼参与人的基本权利。

一般而言,普通人对于刑法的一些基本概念和原理接受起来并不十分困难。但相比之下,在对刑事诉讼法的理解上,却一直存在普通人思维方式与法律人思维方式的明显差异。有些时候,对于刑事诉讼法的一些理念和概念,普通人甚至会与法律人在思维方式上发生一定的冲突。例如,对于事实不清、证据不足的案件,普通人认为需要继续调查事实真相,不能放过有罪的人,而法律人则坚持作出无罪之宣告;对于侦查人员违反法律程序的行为,普通人认为只要对侦查人员进行制裁就可以了,而法律人则认为需要实施程序性制裁,将侦查人员非法所得的证据予以排除;对于一个审判过程,普通人认为必须发现案件事实真相,正确适用刑法,追求结果的公正,而法律人则认为必须追求程序的正义,结果的正确要以程序公正为前提……因此，学习和研究法律的人，要真正进入刑事诉讼法的规范世界，就需要弄清楚刑事诉讼法的基本思维方式。这对于我们深入认识这部法律的精神和品格是非常重要的。

一、作为法律实施过程的程序

按照普通人的思维方式，“杀人偿命，欠债还钱”是天经地义的事情。法律只要确立了一项权利，司法机关就应严格无误地实现这一权利。按照实体法的思维方式，司法过程就是适用实体法规范的过程，它大体遵循演绎推理的程式，根据司法机关认定的案件事实，将实体法的规定适用到个案之中。至于案件事实，则被实体法视为已经查明的事实真相。至于诉讼程序，则无非是保障实体法得到实施的手段和工具而已。当年，英国哲学家边沁将实体法视为“主法”，而将程序法视为“附属法”，说的就是这个意思。

其实，这种观点只是将刑事诉讼法视为一种“静态的程序法”。静态意义上的程序法是相对实体法而存在的一套法律规范，也就是通常所说的保证实体法得到实施的方法、步骤和手续。但是，除此之外，法律程序还有“动态”的一面，也就是相对结果而言的法律实施过程。在这一意义上，诉讼过程的结果无非是事实认定和法律适用的结局。在法律程序启动之前，任何诉讼结局都具有一定的不确定性或不可预测性，要经过完整的诉讼过程之后才能最终形成。因此，动态的刑事诉讼程序对于案件诉讼结局具有塑造、影响甚至决定性的作用。

按照程序法的思维方式，程序法不仅是保障实体法实施的工具，它还具有自己的独立价值。实体法与程序法不仅具有目的和手段的关系，还具有结果和过程的关系。从动态的角度看，刑事诉讼程序一旦启动，就会按照刑事诉讼法所设定的步骤、方式、方法向前发展，并可能出现多种诉讼结果。通常的结果是，经过立案、侦查、起诉等审判前程序，并进一步经过第一审、第二审乃至死刑复核程序，案件最终被证明属于犯罪案件，被告人被认定有罪，法院最终根据认定的案件事实实施了刑法规范。但是，正如很多案件所显示的那样，法院经过审判，也可能认定案件事实不清，证据不足，检察机关指控的罪名不能成立，被告人被宣告无罪。这种无罪判决一旦宣告，即意味着检察机关指控的“犯罪事实”不能成立，被告人将被视为无罪的人。既然犯罪事实都得不到确认，那么刑法的适用也就无从谈起了。在此情况下，刑事诉讼程序还能被视为实施刑法的工具吗？

在刑事诉讼过程中，司法机关不仅可以作出事实不清、指控罪名不能成立的无罪判决，还可以对侦查人员违反法律程序的行为作出判决。例如，对于侦查人员通过刑讯逼供等违法手段所获取的有罪供述，法院就可以作出排除非法证据的裁决。不仅如此，二审法院发现一审法院违反法定诉讼程序，影响公正审判的，也可以裁定撤销原判，发回重审。这种审判既不存在认定被告人有罪的活动，也不包含对被告人科处刑罚的过程。这种审判的实质在于对侦查人员、一审法院违反法律程序的行为进行司法审查，并对这些违反法律程序的行为实施制裁。很显然，这种审判也不是为实施刑法而进行的司法活动，而被视为为保障刑事诉讼法本身的实施而举行的司法审查活动。

如此看来，刑事诉讼程序不仅属于保障刑法实施的活动，还属于一种自主性的法律实施过程。这一法律过程不仅可以将一个刑事案件的“犯罪”属性加以否决，将被告人的“犯罪人”身份予以取消，还可以对违反刑事诉讼法的行为本身加以制裁，追究法律责任。作为法律实施过程，刑事诉讼程序确实要以犯罪行为已经发生、行为人涉嫌实施犯罪行为为逻辑前提，但它一旦启动，就对案件的诉讼结果具有独立的塑造作用。可以说，没有经过一个完整的刑事诉讼程序，任何人都不能被转化为犯罪人，任何案件都不能被称为刑事案件，任何刑法规范也都无法得到实施。

二、“事实上有罪”与“法律上有罪”

按照普通人的思维方式，任何公民一旦被抓捕、侦查或者起诉，就都是犯罪人。但按照程序法的思维方式，要区分“事实上有罪”和“法律上有罪”的概念，未经法院作出生效判决，任何人都不能被视为犯罪人。即便有证据证明行为人“可能实施了犯罪行为”，司法机关也至多将其视为“犯罪嫌疑人”或“被告人”。只有在法院作出了生效判决后，行为人才具有“罪犯”或“犯罪人”的身份。

在法院生效判决作出之前，那些受到刑事追诉的行为人究竟具有怎样的身份呢？刑事诉讼法赋予他们“犯罪嫌疑人”“被告人”的身份。在杜培武案的审判过程中，一审法院将杜培武列为“被告人”，二审法院则将其列为“上诉人”。这些身份意味着行为人不仅不是“犯罪人”，而且还拥有程序法上的“辩护者”身份。

在整个刑事诉讼过程中，直至法院作出生效判决之前，被追诉者尽管可能“事实上有罪”，但都不是“法律上有罪”的人。侦查机关一旦决定立案，行为人开始具有“犯罪嫌疑人”的身份；检察机关提起公诉后，犯罪嫌疑人开始被称为“被告人”；被告人假如对一审法院的裁判不服，提出上诉，他在二审程序中就具有“上诉人”的身份。上述诉讼角色终止于法院作出生效判决之时。只有在法院作出生效的有罪判决后，被告人才正式地具有“罪犯”、“犯罪人”或“犯人”的身份。但假如法院所作的是生效的无罪判决，那么，被告人就立即变成无罪的人，其角色完全恢复到刑事诉讼程序启动前的状态。

三、定罪的法律障碍

按照普通人的思维方式，亲眼目击了“犯罪过程”的人，当然相信行为人实施了犯罪行为；当场抓获现场作案的歹徒的人，当然可以将其制服、控制并扭送公安机关，并确信其就是“凶手”。按照实体法的思维方式，只要一个人的行为具有社会危害性而又为刑法所禁止，该行为就属于“犯罪行为”。

但是，普通人所说的只是“自然意义上的犯罪”，实体法所说的“犯罪行为”也只是在刑法意义上构成了犯罪而已，行为人还不一定能转化为“法律意义上的罪犯”。所谓“自然意义上的犯罪”，是一般人根据逻辑、经验和常识对某一反社会行为所做的评价。这种评价可以促使人们举报、控告、起诉他们认为“构成犯罪”的人，也可以激发普通公民与“犯罪行为”

做斗争的道德勇气。但是,“事实上有罪”是一种容易出现错误的模糊判断,也不具有法律约束力。相反,“法律上有罪”则是一种权威的判断,是司法机关对一个人的行为所做的否定和谴责。“定罪”与“量刑”都属于国家对行为人追究刑事责任的法定方式。

按照程序法的思维方式,普通人要转化为“法律意义上的罪犯”,必须经历三个相对独立的评判过程:一是实体法上的评判,行为人是否违反刑法,构成某一法定的罪名,根据“法无明文规定不为罪”的原则,任何行为不符合特定犯罪构成要件,或者无法认定为任一罪名的,应被判定为无罪。二是证据法上的评判,行为人要被认定为犯罪人,其“犯罪事实”必须得到严格的证明,也就是由承担证明责任的一方,将被告人的“犯罪事实”证明到事实清楚,证据确实、充分,排除合理怀疑的程度。否则,法院应认定被告人的犯罪事实不能成立。三是程序法上的评判,行为人还必须经历完整的刑事诉讼程序,由法院的生效判决确定为有罪。

上述三个评判过程都构成了“法律障碍”,阻止国家将一个无罪的公民随意确定为有罪的人。这就有点像美国的帕克教授所说的“跨栏赛跑”一样,司法机关只有越过这些栏杆(法律障碍),才能最终到达终点(完成定罪的过程)。假如任何一个法律障碍不能越过的话,司法机关都不能将一个无罪的人认定为罪犯。

可以说,刑事诉讼程序为国家的定罪设定了两个法律障碍。即便一个人的行为符合刑法的犯罪构成要件,但假如他没有经过完整、正当的刑事诉讼过程,或者其“犯罪事实”没有被证明到事实清楚,证据确实、充分的程度,那么,国家的定罪过程就没有真正完成。正因为如此，国家专门机关所作的不立案、撤销案件、不起诉、终止诉讼等裁决，都是法律上无罪的决定。

四、程序法中的事实

按照普通人的思维方式，犯罪事实一旦发生，就属于不以人们意志为转移的“客观事实”。司法机关的责任就是运用证据，揭示、发现和证明这些客观事实，“使自己的主观认识符合客观实际”。迄今为止，刑事诉讼法仍然要求国家专门机关“忠实于事实真相”；一些诉讼法理论则受到某种认识论观点的影响，强调司法人员发挥“主观能动性”，实事求是，有错必纠。在这些观念中，无论被告人是否实施了犯罪行为，案件事实都是客观存在的，是司法人员努力探明的对象。在各种成文法中，“以事实为根据，以法律为准绳”成为司法人员要遵守的基本原则。

但是，按照程序法的思维方式，“无证据则无事实”。在法律程序中，凡是有证据证明的事实，应被视为真实的事实；而那些没有证据证明的事实，则应被视为不存在的事实。其一，在杜培武案中，尽管云南两级法院认定杜培武实施了故意杀人行为，但经过再审程序，昆明市中级人民法院认定两名被害人被杀系其他人所为，现有证据不足以证明杜培武实施了故意杀人的“犯罪事实”，即判定这一事实不成立，杜培武不构成犯罪。这就是证据裁判主义的体现。其二，对案件事实真相的探究要受到法律程序的限制，也就是要维护“手段的正当性”。其三，要区分事实真相的发现者和裁判者。法官的使命是裁断，而不是发现。法官没有义务去收集证据，揭示和证明犯罪事实，而是主要负责对检察机关指控的事实作出裁判。

事实要通过证据加以证明。那么，如何保证所揭示的事实符合客观真相呢？换言之，如何发现事实真相呢？

按照普通人的思维方式，事实真相需要由一个公正、聪明而智慧的司法人员主动去寻找证据，主动去发现事实，力求不枉不纵，甚至在发生错误认识时都要及时加以纠正。我国古代的包青天形象、神探狄仁杰的断案故事，都显示出一种对“发现真相”的民间追求。至今为止，我国三大诉讼法都赋予法官进行“庭外调查核实证据”的权利，甚至就连最高人民法院法官在复核死刑案件时，都要亲自前往现场，要么亲自提讯被告人，要么亲自接触证人，调查核实相关证据。这都是一种“直线式的探求真相方式”。

但是，按照程序法的思维方式，事实真相的发现需要由立场对立、利益冲突的双方分别提交证据、进行抗辩来进行。通过设置一个中立的第三方，充当裁判者，听取对立双方的观点、主张和论证过程，做到兼听则明，防止偏听偏信，这样才能尽可能地避免错误。显然，这是一种“对抗式的探明真相方式”。

那么，事实真相究竟从何而来呢？按照程序法的思维方式，事实真相要由裁判者根据两种相互竞争的事实陈述和诉讼主张，通过听取抗辩双方的举证、质证和辩论才能得到判定。

五、程序法中的责任

按照普通人的思维方式，无论是违法行为还是侵权行为，都应对违法者本人实施制裁，才能发挥最好的法律效果。传统法理学也将“责任自负”奉为基本的归责原则。所谓“责任自负”，就是由违法者本人承受消极的法律后果，司法机关要使违法者承受消极的后果或者利益损失。一般所说的“民事责任”“行政责任”“刑事责任”，都是这种归责原则的产物。按照这一思维方式，对于发生在刑事诉讼过程中的违法行为，也应直接追究违反法律程序的司法人员的责任。例如，对于刑讯逼供的侦查人员，滥用批捕权和公诉权的检察官，违法审判的法官，要么追究民事责任，要么进行纪律惩戒，要么追究刑事责任。

但是，按照程序法的思维方式，对于侦查人员、检察官、法官违反法律程序的行为，不能仅仅指望从实体法中引入制裁手段，而应采取一种宣告无效的程序性制裁方式。例如，对于侦查人员违反法律程序的行为，法院可以宣告侦查行为不合法，并作出排除非法证据的裁决；对于一审法院违反法律程序的行为，二审法院可以宣告该审判为违法审判行为，并作出撤销原判、发回重审的裁决。

这种以宣告无效为标志的程序性制裁方式，其实是一种独立于实体法的程序性法律责任。从逻辑构成来看，这种程序性制裁包含三个基本要素：一是对侦查机关、公诉机关和审判机关的某一诉讼行为作出违法之宣告，这本身就是一种对其行为合法性的谴责和否定。二是宣告该项诉讼行为不具有法律效力，也就是不能产生预期的法律效果，相当于自始至终没有发生过。三是宣告由该项诉讼行为所产生的结果不具有法律效力，如侦查人员通过违法侦查行为所产生的结果——非法证据，应被排除于法庭之外，不得作为定案的根据；法院通过违法审判活动所形成的结果——裁判结论，应被依法撤销，案件发回原审法院重新审判。

六、程序法中的权利

通常情况下，法律权利是指权利主体所享有的利益资格。按照普通人的思维方式，“杀人偿命，欠债还钱”之所以被认为是天经地义的，就是因为剥夺人的生命权的行为就应该予以制裁，侵犯人的财产权的行为就应该受到惩罚，由此才能实现基本的公平正义。宪法确立了大量公民基本权利，对公民政治权利、人身权利、经济权利、社会权利、文化权利的列举可谓不厌其详。但是，在国民的基本权利被侵犯时，被侵权者究竟如何获得救济呢？在公民的宪法权利受到侵犯时，宪法能为被侵权者提供什么样的救济途径呢？

刑事诉讼法中的权利，通常是一种程序性权利。这些权利大体由两个部分组成：一是“不受国家专门机关任意侵犯的权利”，二是获得司法机关司法救济的权利。前一权利可以被视为“消极权利”，是一种“诉讼特权”；后一种权利则是指“诉诸司法裁判的权利”，又被简称为“诉权”。

何为消极权利？英国政治学家以赛亚·柏林曾对“积极自由”与“消极自由”进行过区分，认为积极自由是指“可以做什么的自由”，而消极自由则是指“不受……剥夺或限制的自由”。与积极自由相比，消极自由是一种最低限度的自由，经常意味着一个人的利益不受他人或者国家机关任意限制、侵犯或剥夺的自由。

在刑事诉讼中，面对侦查机关和公诉机关的追诉活动，嫌疑人、被告人所享有的权利都是这类“消极权利”，也就是不被任意侵犯的特权。根据国家追诉机关可能侵犯的利益不同，这类消极权利可以有多种表现形式，如“不受强迫自证其罪的权利”“不受任意拘留和逮捕的权利”“不受任意搜查或扣押的权利”“不受无根据起诉的权利”“在法院作出生效判决之前，不被推定为犯罪人的权利”……

这些刑事诉讼中的消极权利通常被视为嫌疑人、被告人对抗国家专门机关的一种诉讼特权。之所以将其称为“诉讼特权”，是因为这些权利是法律专门为嫌疑人、被告人设置的权利，其他当事人都无权享有。同时，这些权利要得到有效的实现，就需要相关的国家专门机关履行特定的诉讼义务。例如，要保证“不受强迫自我归罪的权利”得到实现，侦查机关就不得采取刑讯逼供、威胁、引诱、欺骗等非法取证手段；要确保“不受任意拘留和逮捕的权利”得到实现，司法机关就应当严格把握逮捕条件，进行逮捕必要性的严格审查，必要时还要对羁押必要性进行持续不断的审查；要维护“不受任意搜查或扣押的权利”，法院对于侦查人员采取非法搜查或扣押所获取的证据，应当及时作出排除非法证据的裁决……

除了“消极权利”以外，刑事诉讼的很多权利还具有“诉权”的性质。按照程序法的思维方式，任何权利若仅仅被列举在法律条文之中，则不过是一纸具文而已。权利的生命在于救济，法律的生命在于实施。很多国家的宪法在列举公民基本权利之后，接下来就会确立一个宪法条款：对于侵犯公民宪法权利的行为，被侵权者可以向中立的、公正无私的法庭提出诉讼请求，获得该法庭的公正审判。这通常被称为“获得庭审的权利”。在诉讼法上，这被称为“诉权条款”。

所谓诉权，又称为“诉讼权利”，或者“程序性权利”，是指被侵权者诉诸司法裁判的权利。在刑事诉讼中，被告人经常会行使各种诉权，如申请召开庭前会议，申请排除非法证据，申请专家辅助人出庭作证，申请证人出庭作证，申请二审法院开庭审理，等等。与此同时，其他当事人也有可能行使这类诉讼权利，如辩护人提出申诉，申请检察机关提起抗诉，申请附带民事诉讼，等等。

诉权的实现，有赖于司法机关给予一定的程序保护。第一，权利主体需要具有诉讼行为能力；第二，权利主体需要提出申请或者诉讼请求；第三，法院需要对该项诉讼请求加以受理；第四，法院需要举行庭审，对此诉讼请求加以审理；第五，法院需要作出裁判，给出裁判的理由；第六，权利主体应获得向上级法院寻求救济的机会。

七、对诉讼程序问题的裁判

按照普通人的思维方式，刑事审判就是法官对被告人的刑事责任进行审判的活动。曾几何时，将某某人“押上审判台”还被视为对其加以惩罚的标志。

但按照程序法的思维方式，刑事审判具有多元化的形态。法院不仅要对被告人的刑事责任问题进行审判，解决被告人的定罪量刑问题，还有可能对案件的程序争议问题作出裁决。

例如，在现代法治国家，刑事追诉机关要对个人采取拘留、逮捕、取保候审等强制措施，或者实施查封、扣押、冻结等强制性侦查行为，都要向专门的司法工作人员申请许可令状，后者要对这种申请作出裁判；那些被采取错误、违法或者不必要的未决羁押措施的被告人，可以向更高等级的法院申请变更强制措施，或者申请“人身保护令”，后者就此举行带有司法救济性质的听证会，作出裁判；在法庭审理过程中，遇有被告人就某一侦查行为的合法性提出异议时，法庭要中止正常的审理活动，专门就侦查行为的合法性进行审理，这种被称为“诉中诉”“案中案”“审判之中的审判”的程序，带有程序性裁判的性质。

可以看出，现代的刑事诉讼程序，同时存在两条司法裁判线索：一是法院对检察机关提出的指控被告人有罪的申请作出裁判的过程；二是法院对于控辩双方就某一诉讼程序上的请求或者程序性争议进行裁决的过程。正是因为法院可以对诉讼程序上的争议问题进行受理，并通过法庭审理作出权威的裁判，刑事诉讼法才具有可诉性，围绕着刑事诉讼程序的争议才能得到及时解决，刑事诉讼法的实施就有了诉讼程序上的保证。

第三章

证据法的九大原理

绘画:《正义的权威》(The Reign of Justice),英国画家 Edmund J. Sullivan(1869~1933)创作于 1911 年。

法律出版社曾经出版过一本书——《刑事诉讼：控辩审三人谈》，对话者分别是时任最高人民法院刑庭庭长的张军、时任最高人民检察院公诉厅厅长的姜伟以及著名辩护律师田文昌。在这本书中，田文昌律师表述了一个观点：刑讯逼供是一个证据能力的问题，律师只是通过申请法庭确认刑讯逼供行为的存在要求法庭排除非法证据。姜伟则认为，法庭不应审理刑讯逼供问题，而应该由专门机关通过专门的程序对其立案侦查，在他看来，刑讯逼供并不是一个简单的程序和证据问题，而是刑事犯罪。张军的观点颇能代表中国法官的普遍态度，他认为，法庭审判的对象是被告人的刑事责任，刑讯逼供问题不属于案件的审理范围。可以看出，就连中国最高人民法院的法官、最高人民检察院的检察官与辩护律师都提出了截然相反的观点，我们就不难理解，为什么刑讯逼供的证明这样一个简单的程序问题，常常无法在法庭上得到认真的审查和对待。

观点对立的背后隐藏的是思维方式的分野和冲突。控诉、裁判和辩护三方尽管都在按照同样的法律从事和参与司法活动，却没有一套共同的话语系统。与其说问题的根源在于我国的证据法不发达，倒不如说是我们还没有建立起一套共同的证据法的思维方式。正因为如此，我们下面来讨论证据法的九大思维方式。这些思维方式相当于证据法学的基本原理，它们超越了国家和法系，具有一定的普适性，它们也贯穿于证据法的每个问题之中，构成了我们思维的底线。要想进行证据法学思维，就要把这些基本的理念作为思维的工具；而一旦偏离了这些理念，我们就无法从法律人的角度进行基本的法律思维。

一、证据裁判主义

罗马法时代曾有这样一句格言：“在法庭上，凡有证据证明的事实，即应视为存在；凡是没有证据支持的事实，则一律视为不存在。”这句格言所反映的思维方式可能和人们日常的正义观念有一定的距离。我们一般认为，杀人偿命、欠债还钱是天经地义的事情，但在司法实践中，至少有一部分案件的事实没有足够的证据加以证明，导致被告人究竟有没有杀人、当事人之间是否存在债权债务关系处于存疑的状态。因此，必须有一套证据法的思维方式指导法官裁判这类疑难案件。

我国三大诉讼法有着一项共同的原理——以事实为根据，以法律为准绳。公允地说，作为在“文化大革命”之后拨乱反正的结果，这一原则强调裁判应当以事实为基础，在一定程度上避免了以猜疑、推测甚至是政治需要作为定案的根据，有利于防止冤假错案，因此，具有一定的进步意义。但现在看来，这一原则已经逐渐开始面临理论上的挑战。我们需要反思两个问题：第一，裁判应当“以事实为根据”，但“事实”从何而来？难道会有一种孤立存在的事实，只要我们发挥主观能动性就可以发现并加以认定吗？情况恰恰相反，很多事实都是无法认定的，或者会认定错误。佘祥林案和杜培武案就充分表明，原审法院生效判决认定的事实是错误的。如果连事实都认定错误了，裁判还有可能是正确的吗？结论当然是否定的。第二，如果裁判不应以事实为基础，司法机关又该依靠什么作为裁判的根据呢？在远古时期，由于国家不发达，政府的力量并不强大，因而采取弹劾式的诉讼形态，证据制度则实行神明裁判。大多数国家都经历过神明裁判的历史时期。比如，决斗制度在长达两三个世纪的时间里一直都是欧洲解决疑难案件的一种证明方式，其理论依据非常简单：上帝会帮助有理的一方战胜无理的一方。以今天的眼光来看，仅仅根据一个人手拿烧红的烙铁而没被烫伤就判其胜诉，显然没有任何科学依据，是非理性的，两者之间没有任何因果关系。同样地，一个人在决斗中把对方打败了，也丝毫不能说明他的诉讼请求应当得到支持。到了14世纪，这种神明裁判逐渐被纠问制下的法定证据制度所取代。法定证据制度的核心是奉口供为“证据之王”。一个案件即使证据再充分，没有口供也不能定案。但人们后来才发现，口供并不比其他证据更加可靠，其真实性受外界影响过大，口供决狱制度是人类在认识证据问题上走过的一段弯路。所以，究竟是靠上帝的神明启示认定事实，还是依靠口供这种“证据之王”来认定事实，人类经过了长期的摸索才逐渐走到了今天。

那么，今天我们又是如何处理疑罪问题的呢？一个疑难案件，如果现有的证据能够证明被告人可能实施了犯罪，但又没有达到法定的证明标准，法官究竟应该如何认定案件事实，又该如何进行裁决呢？有些从事司法工作多年的法官和检察官，往往在面对一个证据不足的案件时，会根据经验而非证据认定案情。有一次，我以专家身份参与了某高院对一个案件的讨论。这是一起发生在当地国税局食堂的投毒案。警方认定食堂承包人田某是作案凶手，依据有以下四个：一是田某有作案的动机。田某是食堂里唯一的正式职工。他因为竞争办公室主任一职而与单位负责人发生过激烈冲突，并扬言要给食堂制造麻烦。二是警方在田某的办公室里搜出了灭鼠药，和食堂投毒的化学成分完全一致。三是田某购买过多达2000克的灭鼠药，而现在还剩下不到1000克。田某对另外1000克的用途不能作出合理的解释和说明。四是该食堂有两个窗口，其中供本单位职工就餐的那个窗口没有发生任何中毒现象，而另一个面向武警和税务学校实习学生的窗口却发生了集体中毒。警方推测，这是由于田某在该食堂工作了20多年，与本单位职工已经建立了一定的感情，因此没有对同事投毒。然而，法院也发现这个案件在认定事实方面存在一系列难以解释的疑点。据田某本人交代，他是将灭鼠药和滑石粉按照一定比例掺到米饭中实施投毒行为的，但是警方按照田某交代的方式进行了侦查实验，那些米饭连狗闻了以后都不吃，而把毒药撤掉后，只用滑石粉掺入米饭，结果让有关人员去尝，吃了一口就吐了出来。很明显，按照被告人交代的作案手段，是不可能发生如此大面积的中毒现象而不被发觉的。于是，一个难题就出现了：本案有相当数量的证据指向田某构成投毒罪，但侦查实验的结果却显示事实有重大疑点。本案应该如何裁判？在当地高院讨论这起案件的时候，一审法院的审判长，一个有20年职业经历的老法官就直接断言说：“各位学者不要纠缠表面上的证据问题，要透过形式看实质，如果这个案件不是田某干的，我愿意辞掉法官工作，我敢肯定这个案子百分之百是他干的。”尽管法官说得斩钉截铁，但法律人的思维方式告诉我们，判决绝对不能靠合理的猜测和简单的推论得出结论，而要看证据的体系。在很多疑难案件中，法官有时会以情理推断代替证据证明，以合理的猜测作为推理的基础和认定事实的依据，违背了证据裁判主义这一基本的证据法学的思维方式。该案最终还是以证据不足作出了无罪判决。2000年前后，该高院有20多个案件都因证据不足而宣告无罪，在全国产生了巨大的震动。我想通过这个案件告诉各位的是，认定案件事实应当以证据而不是猜测和情理为依据。

下面简单概括一下证据裁判主义的构成要素和主要内容：

第一，认定案件事实应以证据为基础。换句话说，一般情况下，证据的存在是支持一个事实成立的基础，没有证据就没有事实的成立。证据包含的信息结合起来才形成了案件事实的整体。对证据所包含的信息进行逻辑推理形成的事实便是案件事实，这是证据裁判主义的核心要素。

第二，证据裁判主义反对一切非理性的、没有证据支持的事实认定方式。比如古代的神明裁判，这种神明的启示与客观事实之间没有必然的因果关系，因而为证据裁判主义所不容。又如口供决狱制度，由于对口供的证据价值进行了不合理的夸大，因此，也为证据裁判主义所不容。在《圣女贞德》这部好莱坞影片里，我们会发现，有大量的证据证明贞德违背了当时罗马天主教的教义，但是，法庭却不厌其烦地审讯贞德，让她认罪。因为按照当时的法律，被告人认罪与否的处理结果是截然不同的，可见口供在诉讼中的作用十分重要。宗教裁判法庭审判物理学家伽利略的过程也是个很好的例证，由于伽利略供认了全部“罪行”，最后才得以被法庭从轻判处无期徒刑，而免于一死。

第三，与民事诉讼不同的是，刑事诉讼不应以当事人的自认和合意作为推理的基础。在民事诉讼中，只要当事人自认或者双方达成合意，就可以直接认定案件事实，而刑事诉讼则不同。因为刑事诉讼秉承的是国家追诉主义，这就决定了追究犯罪和认定事实，不以被告人和被害人的意志为转移，而要以客观证据为基础。被告人和被害人就案件事实达成的任何协商和合意，一般说来都不影响案件的事实认定。当然，刑事和解是个例外。但是，按照严格的证据裁判主义的原理，被告人的供述，被害人的谅解，本身是不能成为推理基础的。

那么，我们为什么要选择并坚持证据裁判主义的思维方式呢？

首先，证据裁判主义的思维方式具有科学的基础。尽管证据裁判主义远非完美，它无法使每个案件都实现正义，但不能否认的是，在大多数场合，证据裁判主义都能够最大限度地维护人类理性，最大限度地防止裁判错误。道理很简单，一个人坚信某一事实存在，与一个事实有充分的证据被证明存在是完全不同的两个概念。换句话说，证据裁判主义使案件事实的认定过程具有了可验证性。正如化学、物理实验的结论一样，之所以能够形成定律，就是因为任何人用同样的材料、同样的方法都能够完整地复原整个验证的过程。为何现代诉讼制度强调判决书应当说理，就是要让任何理性人根据裁判依据的证据都能得出同样的结论，只有这样才能让人心服口服。正是这种基于证据的可验证性和可重复性，实现了案件事实认定过程最大限度的科学性。

其次，证据裁判主义可以最大限度地消除疑惑和不满，减少公众和当事人对裁判公信力的质疑和挑战。除此之外的任何方式都难以平息某一方对裁判结果的不满和不信任。比如神明裁判，其结果具有很大的偶然性，这次用火审没有受伤，可下次就不一定了。用口供决狱也是一样，有的人忍受不了身体的折磨作出了有罪供述，可有的人却顶住了压力没有作出口供，因而逃脱了法律制裁，该结果也具有很大的偶然性。如果允许用猜测和推论定案，每个法官都会得出不同的结论。所以，不以证据为定案根据，就有很大的或然性和偶然性，不具有让人心服口服的公信力。所以，我们认为，证据法要解决的核心问题就是将被告人有罪的问题加以证明，使人心服口服。其是否有罪这一结论并不是最重要的，最重要的是这一结论是否能够得到反复的验证。

证据裁判主义可以说是现代证据法最为根本的思维方式，这一思维方式在以下几个场合可能会对我们的推理有所帮助：

其一，应当根据证据裁判主义的要求处理疑难案件。疑难案件往往意味着没有足够的证据证明事实的成立，因此应推定该事实不存在。在南京彭宇案中，老太太究竟是被别人撞的，还是被彭宇撞的，原、被告双方各执一词，没有第三人的证明，法官只能严格遵守证据裁判主义，判断本案能否达到法定的证明标准，如果达不到，彭宇就应承担民事责任，否则就不应该承担责任。可是该案法官却认为，如果不是彭宇撞的，他就不可能把老太太送到医院，也不可能垫付医药费，并以这一所谓的生活常识作为判决的基础。判决一出，舆论哗然。这一案件甚至被媒体评为2007年“十大奇案”之首。由此可见，如果法官违背了证据裁判主义这一基本的思维方式，就必然得出荒唐的结论。

其二，证据裁判主义区分了客观事实和法律事实。客观事实，即一个事实究竟客观上是否真的存在，它仅具有哲学本体论上的意义，而在认识论上却没有实质的意义和价值。法律真正所关注的是一个事实在法律上是否成立，强调的是按照法律程序，按照一定的条件、方式，在证据基础上最后形成的事实。我们应该承认，在司法领域，人类认识能力是有局限的，所以，一部分客观事实，没有办法转化成法律事实，正如有一部分客观的犯罪行为，最终不一定被法律追究一样。客观事实要转化为法律事实必须具备一定的条件。

其三，证据裁判主义也区分了刑事诉讼和民事诉讼中事实认定的方式。民事诉讼奉行当事人的处分主义，不太强调客观真实，所以在证据裁判主义上存在例外，双方当事人一旦自认和和解，客观事实就不再重要了。相反，刑事诉讼秉承的是国家追诉主义，被告人和被害人作为当事人双方，可以表达自己的诉讼请求，但是无权决定案件事实的认定，最多只是案件事实认定的两个来源。被害人即使谅解被告人也不能阻止国家对其进行追究和审判，因此客观真实非常重要，即使被告人认罪，仍然需要加以证明。当然，刑事和解是个例外。

二、证据的法律准入资格

证据法要解决的核心问题是什么？无论是英美法，还是大陆法，其证据规则大多是为法庭设置了证据的准入资格。对于法庭而言，一个证据被提交之后，要转化为认定事实的基础，同样需要具备两个条件：

第一，内在条件，即可靠性、真实性和相关性。一份物证本身必须是可靠的、真实的、客观存在的，而不能是伪造的；一份口供必须证明的是真实情况，而不能表明虚假的信息。证据还必须具备相关性，能够证明案件事实存在或不存在，否则这种证据就没有任何意义。一个证据的可靠性、真实性和相关性就是证据的内在条件，又称为实体条件。但是，一份证据具有了可靠性、真实性和相关性，就一定可以作为证据使用吗？当然不行，它必须同时具备外在条件，又称为程序条件。

第二，外在条件。如果一份口供是通过刑讯逼供得来的，就不能作为证据加以使用，而必须作为非法证据加以排除。此外，证人所作的证言必须是本人亲自感知的事实，转述别人陈述的传闻证据在某些国家是不得作为证据提交法庭的。

现在我们可以尝试着对刚才提出的问题作一解答了。证据法到底要解决什么核心问题呢？证据法一般来说并不解决证据的实体条件问题，举凡证据的真实性、可靠性和相关性一般都是由裁判者依据理性、经验和良心加以自由判断的，法律一般不作干涉。这在历史上曾经有过深刻的教训，法定证据制度限制了证据证明力的大小强弱，束缚了法官的自由裁量权，带来了一种非理性主义的思维方式。证据法规范的只是证据的形式要件和程序条件，换言之，就是证据转化为定案根据的资格问题。例如，通过刑讯逼供得到的口供不得作为证据使用，而必须将其排除于法庭之外，使用非法手段获取的证人证言和鉴定结论不能够转化为定案根据，不具有证据资格。又如，一份没有见证人签名的勘验检查笔录，也不具有进入法庭的资格和条件。正因为如此，世界各国的证据法普遍将证据资格问题作为规范的对象。

那么，证据法为什么要限制证据的准入资格而不对其实体内容加以规范呢？原因如下：

第一，证据法的主要目的是防止发生误判。有人认为，证据法是保证发现真相的法律，我个人不同意这种观点。证据法并不能帮助我们发现真相，有时反而会成为发现真相的阻碍。任何法律对发现真相都会产生程度不同的限制作用，要想更为有效地发现真相，最好完全摆脱法律的束缚。正如要想更为高效地打击犯罪，最好不要刑法一样，证据法也是对发现真相的限制。其实，我们只能说，证据法在一定程度上可以防止对事实的错误认定。正是由于刑讯逼供等非法手段获取的言词证据的虚假可能性更大，我们才设置了非法证据排除规则以防止误判的发生。

第二，保护弱者的价值理念。面对强大的国家，犯罪嫌疑人、被告人作为被追诉者，根本无法与国家平等对抗，处于天然的弱者地位。因此，需要在证据法中贯彻平等武装的理念，让国家追诉机构承担一系列的特殊义务和责任，而赋予被告人一定的特殊权利和保障，以和国家进行平等的对抗和理性的对话。

第三，维护公平的游戏规则。证据法可以让控辩双方在公平理性的氛围内进行诉讼活动，以维护公平的审判。正因为如此，证据法绝对不是一个保障发现真相的法律。我们应当区分两个概念：事实认定过程和司法证明活动。一个侦查人员收集证据并用其破获案件，这是事实认定活动，这一活动当然以发现真相为最高目的。但是司法证明活动却有所不同，证据法对诸如证明对象、证明责任、证明标准等证明要素的规范,显示出它对发现事实真相的过程乃至结果施加了多方面的限制。

三、证明力的自由判断

在人类裁判史上,曾经出现过神明裁判制度,即依靠上帝和神明的启示来认定案件事实、裁决疑难案件。中世纪时出现了纠问式诉讼,法官集侦查、起诉、审判等权力于一身,享有极大的裁量权,为了限制法官权力,法定证据制度应运而生。法定证据制度,又称形式证据制度,由立法者在法律中对证据的证明力,即真实性、可靠性和相关性问题,作出明确的规定,设定不同证据证明力的大小和强弱,其主要功能是约束和限制法官在认定事实上的自由裁量权。比如,按照中世纪的《卡罗琳娜法典》的规定,一个神职人员的证言相当于若干份普通证人的证言,因为在立法者看来,神职人员是上帝的仆人,代表上帝传播宗教信仰,因此其证言更为可靠。又如,将口供奉为"证据之王",无论案件证据是否充分,只要没有口供就不能定案;而只要有口供,即使其他证据不足也可以定案。在法定证据制度之下,不同的证据居然根据证人的身份、地位和证据的表现方式不同,而被划为三六九等,并以这种方式来约束法官的自由裁量权,其本质其实是用非理性的证据规则来约束法官非理性的诉讼行为。

随着时间的推移,法定证据制度逐渐成为历史,取而代之的是那种强调法官自由判断证明力的自由心证原则。但是,值得注意的是,近来这一制度在我国又出现了某种程度的复兴。比如，最高人民法院在有关司法解释中，就作出了这样的规定：在故意伤害案件中，与当事人有利害关系的证人证言，其证明力要小于没有利害关系的证人证言。在大多数情况下，这一规则当然是正确的。但是，法律一旦将其上升为普遍的规则就有问题了。证人即使与当事人没有利害关系，也会由于记忆等方面的认识错误和不清晰，从而作出不尽准确的证言；而与当事人有利害关系的证人慑于法律的威力，也完全可能作出更为真实的证言。现在很多公检法机关都希望证据规则能像数学公式一样将证据的证明力规定得一清二楚，这种观念代表着法定证据制度在我国某种程度的复兴。又如，某省高院在其证据规则里也作出了类似的规定：原始证据的证明力大于传来证据的证明力、直接证据的证明力大于间接证据的证明力。这些规定反映出，无论是地方法院还是最高人民法院，人们都迫切渴望得到证据规则的指引，但非常不幸的是，这些规则制定者们忘记了，证据规则的功能只能是为证据进入法庭设定准入资格。对证据证明力的大小作出明确规定，尽管有时的确符合经验法则，但却未必适合上升为一般规则。正是出于这一原因，在法国大革命以后，随着司法制度的改革和人类理性能力的提高，人们开始逐渐抛弃法定证据制度而采纳了自由心证的原则。

所谓自由心证，是大陆法系国家采纳的一种证据原则，意味着法律对证据证明力的大小强弱不作任何规定，而是交由裁判者根据经验、理性和良心加以自由判断。英美证据法并没有自由心证这一概念，但却接受了自由心证的核心理念，即法官对证据的真实性、可靠性和相关性可以自由加以判断。在英文中，该原则又被称为自由评价证明力原则。所以在美国，陪审团认定事实不需要说明理由，而只需要扪心自问："根据已有的证据，是否能够确信其实施了犯罪？"

所谓"证据证明力的自由判断"，通常包括以下三层含义：

第一，一般情况下，法律不对证据的证明力作出明文规定，而是交给裁判者自由判断。裁判者无须熟悉法律，只要具有基本的社会生活阅历，有一定的逻辑推理能力，就可以充当事实的裁判者，因为证据的证明力不是法律问题，而是逻辑问题、经验问题和良心问题。

第二，裁判者在认定事实上的自由也受一定的限制。这种判断证据证明力的自由不能违背经验法则、逻辑法则和良心法则。所谓经验法则，即要求裁判者根据常识和经验对证据证明力加以判断。一个人的经验只能靠年龄和阅历加以培养，所以在英美法系国家，要想成为法官必须从事律师职业达到一定年限。所谓逻辑法则，则要求裁判者必须具有一定的理性思维能力和逻辑推理能力，并据此对证据证明力进行判断，而这需要通过教育加以培养。在香港回归之前，当地陪审员曾经被要求必须会说英语，否则不能充当这一角色，这一条件把很多人都排除在外。这一规定或许不尽合理，但是从保证裁判者具有一定理性能力的角度而言，又确实有一定的道理。毕竟一个人的理性能力与其受教育水平是大致成正比关系的。所谓良心法则，则要求裁判者应当具有一定的正义感和追求公平的气质并据此对证据证明力加以判断和取舍。一个富有经验的人可能因生活而变得狡猾，一个受教育程度很高的人也可能心术不正。所以，经验、理性最终都要靠良心来加以调整。一般情况下，判断一个证据的证明力是不需要良知系统的，但也不尽然。比如，一个案件只有一个证据证明被告有罪，应该如何处理？根据经验法则，既然被告人本人多次供述自己实施了犯罪行为，而且前后供述高度吻合，也没有受威胁、引诱、欺骗等情况，应该是可以定罪的；而根据理性法则，被告人的供述合乎情理，能够自圆其说，应该也可以定罪。但究竟是否定罪，最终的决断只有依靠良知系统了。孤立的证据无法证明自身是真实的、可靠的。尽管在民事诉讼中孤证或许能够定案，但在刑事诉讼里绝对不被允许。因为良心法则要求我们在对被告人定罪处刑时，必须达到最高的证据标准。再如，在认定证据证明力时，有疑问时要作有利于被告的解释，这也是良知系统指导证据评价的体现。在杜培武案中，警方想用被告人裤腿上的泥土与犯罪现场昌河牌客车上的泥土进行比对，以证明杜培武开过这辆载有尸体的车从第一现场来到第二现场，但非常遗憾的是，警方无法证明客车上泥土来源的真实性。一个说不清楚来源的物证，即使经过化学鉴定证明和被告人裤腿上的泥土的化学成分是同一的，也不能作为定罪的根据，因为有疑问时应作有利于被告人的解释。在一起盗窃案件中，警方在现场找到了一枚犯罪嫌疑人的指纹，根据经验法则和逻辑法则，这份证据证明价值很大，可以认定为关键证据；但根据良心法则，这枚指纹无法说清来源，无法排除是通过非法手段获取的，因此不能作为定案的根据。

第三，尽管我们强调证明力问题一般不需要法律明文规定，但是考虑到特定的价值和利益，可以对某些证据的证明力从反面作出排除性的规定。换句话说，就是从否定或消极的角度来限制证据证明力。这是世界各国证据立法中出现的一种新的动向，我们称之为“消极性的法定证据主义”。比如，被告人的口供如果是孤立存在的，得不到佐证、印证，就不能认定被告人有罪。这又被称为口供补强规则。该规则吸取了过去口供作为“证据之王”的教训，其立法目的是避免口供价值被无限夸大。又比如说，孤证不得定案。例如，某地一位教育局局长被控受贿，涉案总金额是115万元，其中有35万元据称是一位行贿人送的，律师在辩护中就运用了孤证不得定案的基本原理。他认为，行贿人对行贿被告35万元的细节交代得非常清楚具体，其陈述在受贿案件中属于证人证言，但由于没有任何其他证据予以佐证、印证，被告人也拒不承认，因此该证言不能证明自身的真实性，应当对控方指控的35万元受贿金额不予认定，法院最后采纳了他的观点，将115万元受贿额降低到80万元。这个例子告诉我们，经验法则、逻辑法则和良心法则也可以有例外，将来我们完全可以在立法中确立一种消极性的法定证据规则。这种体现消极的法定证据主义理念的证据规则还有以下方面：被告人之前实施过的相似行为一般来说不能证明被指控犯罪的成立；某人购买保险使自己成为受益人，与被保险人意外死亡之间没有相关性；某人事后的施救行为不能证明其实施过加害行为；等等。

四、无诉讼则无证明

我最近一直在思考两个问题：第一，死刑案件的证明标准问题；第二，逮捕的证明标准问题。这两个问题在诉讼法学界争论得非常激烈，而且一直没有取得共识。有人认为应当提高死刑案件的证明标准，甚至有人主张应当将“排除合理怀疑”

作为死刑案件的定罪标准，而对判处死刑的量刑证明标准确定为“排除一切怀疑”。也就是说，让死刑量刑的证明标准超过定罪的证明标准。这种观点现在很有市场。但是人们不禁会产生疑问：定罪活动可以在公开的法庭上以诉讼化的方式进行证明，因此可以靠证明标准加以约束，但是，作为量刑活动的死刑适用却是由法官阅卷的方式秘密决策的，在不存在专门量刑听证的情况之下何来证明过程？既然没有证明过程，证明标准又从何谈起呢？逮捕也是如此，1996年修改《刑事诉讼法》时，尽管法律明确将逮捕的证据标准从“主要犯罪事实已经查清”降低为“有证据证明有犯罪事实”，但我认为，我国的逮捕活动与量刑活动一样，是由批捕部门坐在办公室里通过阅卷审查的方式作出决策的，同样不存在诉讼化的形态，没有控辩双方的参与和证明活动，因此同样没有所谓的证明标准。以上两个例子说明：诉讼形态是证明活动的前提条件，无诉讼即无证明，当然更谈不上所谓的证明标准。

“无诉讼则无证明”这句格言，可以从两个角度来加以认识：

第一，所谓证明，是指承担证明责任的一方在裁判者的参与下，证明本方诉讼主张成立的一种诉讼过程。它具有以下几个特征：首先，证明的主体是证明责任的承担者，即我们平常所说的“谁主张，谁举证”。法官不承担证明责任，自然也不是证明的主体。其次，证明的对象是裁判者。裁判者要参与证明活动，由证明责任承担主体说服法官接受这一主张。如果没有裁判者的参与，最多只能算是双方的争辩而不能称为诉讼。最后，证明的过程同时伴随着证伪的活动。对方要证明举证方的观点不成立，因此证明活动是证明和证伪的对立统一体，必然伴随着辩论活动。如果仅仅是法官单方面作出裁判，就不能称为证明，最多只能称为逻辑推理。

第二，如果没有诉讼化的构造，就没有证明活动的存在。比如，立案是侦查人员独立进行的封闭活动，不具有诉讼化的形态。因此，所谓立案标准就只能是“证据标准”，而不能称为“证明标准”。批捕过程没有诉讼形态，因而也没有证明标准，至于侦查终结、提起公诉也都无所谓证明标准。一言以蔽之，中国审前阶段不存在诉讼化的形态，因而都没有证明标准。那么，量刑阶段有没有证明标准呢？尽管现在最高人民法院已经在酝酿量刑程序的改革，但目前改革的模式和方向还不十分明朗，按照目前的法律规定，庭审活动同时解决定罪和量刑问题，量刑程序依附于定罪程序。换句话说，在量刑问题上，没有独立诉讼形态的保障，控辩双方无法通过举证和质证影响法官的心证，因此也不存在量刑证明标准。由此可见，证明活动只存在于控辩裁三方共同参与的司法过程之中，如果不存在诉讼化的构造，在行政处罚程序、侦查程序、审查起诉程序、批捕程序、审委会讨论程序、院庭长审批等这些带有行政色彩的活动中，就没有证明活动，也就没有所谓的证明标准。

那么，“无诉讼即无证明”这一原理又有哪些实际价值呢？首先，中国未来的刑事诉讼要想解决逮捕和量刑的证明标准问题，唯一的办法就是构建诉讼形态，让控辩裁三方共同参与，建立最低限度的诉讼构造。其次，证明活动可以有效约束法官自由裁量权的滥用。否则，法官完全可以通过阅卷、庭外调查等非正式的方式行使自由裁量权。证明活动最大的好处就是让控辩双方通过行使诉权约束裁判权。这种方式可以有效弥补通过法院内部的行政审批活动限制法官权力的局限性，也是限制法官自由裁量权的必由之路。

五、严格证明与自由证明

司法证明根据所要证明的对象不同，有严格证明和自由证明的分类。对于较为重要的待证事实，需要确立较为严格的证明方式，建立复杂的证明程序，并设置较高的证明标准。相反，对于那些相对不重要的证明对象，则确立较为宽松的证明方式，设立较为简易的证明程序，并设置较低的证明标准。比如，在裁决被告人是否构成犯罪的证明活动中，任何国家都要求以最严格的方式进行，如实行控方举证原则、设置较高的证明标准、确立严格的证据准入资格等。但在量刑环节，不少国家都确立了自由证明的规则体系。

我曾经参加过一次量刑程序国际研讨会。在这次会议上，美国马萨诸塞州的一位退休法官演示了一个真实案件的量刑过程，该案被告已经被认定构成故意伤害罪。在量刑听证环节，法庭宣读了三份听证材料：第一份是被告人前妻的证词。其前妻证明，3年前法官判处他们夫妻离婚，并判处被告每月为他们的孩子提供1500美元的生活费，这位前妻强烈建议法院不要判被告实刑而判缓刑，否则被告就会失去经济来源，而无法给孩子提供足额的生活费。第二份是雇主的书面证词，证明被告平常表现一贯良好。第三份是专家证言，证明被告不酗酒的时候非常正常，而一旦酗酒就会产生暴力倾向，案发当天被告是在喝了酒的状态下对别人实施伤害的。法庭在证人并未出庭的情况下，仅仅根据这三份书面材料对被告人进行了量刑。我们可以看到，在这一案件的量刑程序中，并没有诸如传闻证据、交叉询问等证据规则的严格适用，也没有要求量刑阶段的证明必须达到最高的证明标准。

有了一些具体的感知之后，我们可以探究严格证明和自由证明的内涵了。严格证明是指对重大的证明对象，按照严格的程序运用证据证明事实的过程。严格证明的“严格”主要体现在以下几个方面：第一，证明过程严格，必须遵循正当的法律程序。第二，证明规则严格，要适用最严格的证据排除规则，非法所得的证据、意见证据、传闻证据等都要排除，证据的准入门槛非常之高。第三，证明标准严格，必须达到该国证据制度中最高的证明要求。在英美法系要达到排除合理怀疑的程度，在大陆法系要达到内心确信。一般而言，定罪的事实都需要严格证明。在某些国家，对法定加重处罚情节也应适用严格证明。而其他量刑事实，一般规定只需要自由证明即可。

相反，自由证明中的“自由”主要体现在以下几个方面：第一，诉讼程序较为灵活，不用遵循严格的正当法律程序，不需要进行交叉询问，法官只需要通过阅卷或要求双方提交书面意见即可完成证明活动，诉讼程序和证明方式较为简易和灵活。第二，证明规则较为简单，没有大量的排除规则，证据资格也没有过高的要求。第三，证明标准较低，一般来说，只需要达到民事诉讼的优势证明标准就可以了。

一般来说，证据法对定罪问题普遍要求严格证明，而对量刑问题一般都只要求自由证明。实体问题要求严格证明，而程序问题则只需要自由证明；检察官承担证明责任时需要严格证明，而被告人承担证明责任时则只需要自由证明；审判阶段一般适用严格证明，而审前活动一般适用自由证明——这些现象的背后究竟有什么可以为我们所遵循和把握的规律呢？严格证明和自由证明的区分标准究竟是什么呢？我们可以尝试着作一总结：第一，以证明事项的重要程度作为区分标准。凡是证明事项非常重要的，都需要严格证明；凡是证明事项相对次要的，就可以适用自由证明。这样可以有效合理地配置司法资源，避免资源浪费。第二，以证明事项的复杂程度作为区分标准。有些证明事项比较简单，不需要过于复杂的证明，因此不需要规定较高的证明标准，也不用复杂的证据规则。比如，程序问题相对于被告人有罪、无罪等实体问题解决起来要相对简单一些，因此只需要进行自由证明即可。第三，以天平倒向弱者的价值理念作为区分标准。在国家机关承担证明责任时，应用最高的证明标准，最为严格的证明方式，以防止国家滥用权力。相反，出于保护弱者的考虑，对被告人的证明，则可以放松证明要求，采取较为灵活、宽松的证明方式。

对严格证明和自由证明进行适当区分的思维方式对于司法证明活动究竟有什么意义呢？第一，相对于定罪裁判程序而言，未来相对独立的量刑程序采取自由证明即可，而不需要过于严格的证明方式。事实上，中国量刑听证程序的改革方案也的确采取了较为简易、自由的证明方式，当然，死刑案件是个例外。为了限制死刑的适用，可以在建立严格的量刑听证程序的基础上适当提高证明要求。第二，相对于实体性裁判活动来说，未来程序法争议的解决采取自由证明即可，比如非法证据的排除，不需要进行严格的证明，也不需要举行复杂的听证，只进行书面审理即可。第三，相对于公诉人承担证明责任的情形而言，在被告人承担证明责任的场合适用自由证明即可。出于犯罪控制的需要，未来刑事立法中推定规范必然会逐渐增多，这必然导致被告人承担越来越多的证明责任，出于保护被告人的考虑，不宜为辩方的证明活动设置过于严格的证明要求和证据准入资格。在我国，法庭对于辩方证据的准入资格限制得比控方要严格得多，这是很不合理的现象，将来应当加以改变。实际上，西方很多国家对于辩方证据是没有过多证据资格要求的。即使是非法所得的证据，只要能够证明被告人无罪，都可以得到采纳，这值得我们借鉴。第四，相对于审判程序中的证明活动而言，未来中国审前程序中的证明活动应采取自由证明的方式。

六、谁主张，谁举证

"谁主张，谁举证"是一句从古罗马时代流传至今的法律格言，它是证据法学中非常重要的一种思维方式。那么，这句话究竟应当如何理解呢？我们可以从以下三点来考虑：

第一，内涵。提出积极主张的人，需要提出证据证明主张的成立和事实的存在。所谓积极主张，又称肯定主张，即肯定某个诉讼请求成立的主张。因此，"谁主张，谁举证"的意思就是，肯定一个主张成立的人应当承担证明责任，否定一个主张成立的人不用承担证明责任。比如，原告发现自己的肖像在未经本人同意的情况下被某照相馆作为广告展出，侵犯了自己的肖像权，于是向法院起诉被告侵权，这就提出了一个积极的主张，原告必须证明其肖像被被告人侵犯的事实确实存在。又如，在刑事诉讼中，被告人针对指控所作的消极辩护一般无须承担证明责任，但如果被告提出自己的行为不构成犯罪，而属于正当防卫，就等于提出了一个新的积极主张，此时必须用证据加以证明。

第二，后果。提出积极主张者如果不承担证明责任就会导致败诉后果。当然，严格来说，这一表述是不够严谨的，对于程序问题的证明，如果举证不能的话并不必然导致败诉，因此，更为准确的表述应当是“承担证明责任的一方如果举证不能，其主张就不被法庭接受”。

第三，性质。这句格言是对诉讼证明责任的概括，但证明责任究竟是权利还是义务，理论界一直没有定论。义务说认为，无义务即无责任，不承担证明责任就会面临败诉风险，因此证明责任是义务。权利说则认为，提出主张是在行使诉权，而举证则是用证据证明诉权成立的事实请求，它与权利如影随形，无诉权则无责任，因此证明责任应当属于权利。当然还有人认为，证明责任是一种风险，其理由是：在举证不能的情况下主张者应承担败诉风险。我们认为，举证责任不单纯是权利或义务，更不单纯是风险，它是一种伴随着责任的权利，是权利、义务、责任、风险的结合体。

所谓权利，就是享有利益的资格，因此，任何诉讼权利都只是一种资格。比如，被告人有辩护权，其实就是有辩护的资格。作为辩护人，他有在法庭上交叉询问证人的权利，但这仅仅是资格而已，如果证人不出庭，是无法实现这一资格的。德国法学家耶林教授有一篇著名的论文——《为权利而斗争》，深刻地揭示了权利唯有通过诉讼机制才能实现的道理。作为一种利益资格的“权利”与在现实中得以实现的“权利”，两者并不能完全等同，必须通过诉权的行使才能实现二者的转换，因此，诉权是一切权利的中介和桥梁。没有诉权就没有权利，

《为权利而斗争》就主张为自己的利益而行使诉权。要想行使诉权必须提出主张，要提出主张就要承担证明责任，如果没有举证或者举证没有达到法律要求就要承担败诉的风险。所以，举证责任问题不单纯是权利、义务和责任，而必须在利益、资格和权利实现的大背景下才能解释得清楚。换句话说，权利必须通过诉权这一中介才能最终得到实现：

首先，举证责任是对诉权的保障。一个人提起一个主张就是在行使诉权，为了行使诉权必须拿出证据来证明该主张所依赖的事实成立，举证责任一般而言是为实现诉权而服务的。

其次，一旦不能证明主张成立，就要面临败诉的风险。相对于承担的败诉风险而言，举证责任是一种义务；相对于诉权而言，举证责任是权利的保障，是保障诉权实现的工具；但对于风险而言，举证责任又是一种义务，不承担举证责任就会面临败诉风险，不但诉讼主张不能成立，诉讼请求也无法得到实现。比如，巨额财产来源不明罪，该罪的基础事实是被告人有超过合法收入的巨额财产，法律在被告人无法说明其合法来源的情况下将其推定为非法所得，如果被告人提出的是合法所得的积极主张并以自由证明的方式加以证明，就可以推翻犯罪。在这里，由被告人证明该差额财产是合法所得，究竟是权利还是义务？我们认为，对于其提出的主张而言，这种证明等于是在行使辩护权，是权利的保障。所以，“谁主张，谁举证”这句格言告诉我们，任何权利的实现都需要有证明责任加以保障。

那么，“谁主张，谁举证”在诉讼法中又有何意义呢？应该承认，作为传统证明责任分配原则的例外，证明责任转移和证明责任倒置的大量出现，使“谁主张，谁举证”的诉讼意义已经日益下降。比如，最高人民法院在民事证据规则中就规定，在消费者权益诉讼、产品质量诉讼中，由于产品质量问题造成的伤害，要由销售方、制造方承担证明责任，即“我主张，你举证”，实行证明责任倒置。比如，甲购买了一个电饭锅，由于产品质量问题在使用过程中突然爆炸，对其身体造成了伤害。甲是消费者，同时又是被侵权者。根据最高人民法院的证据规则，甲无须证明产品质量存在缺陷，而只需证明自己受到了产品的伤害就可以了，证明产品质量没有缺陷的责任转移给销售方和制造方承担。在行政诉讼中也是如此，比如，甲被行政机关违法拘留，如果他想起诉行政机关违法行政，一般情况下应该“谁主张，谁举证”，由原告承担证明责任，但行政诉讼法却规定，由行政机关承担证明其行政行为合法的证明责任。在民事诉讼、行政诉讼中这种举证责任倒置情形的大量出现，极大地影响了“谁主张，谁举证”这一传统原则的诉讼意义。还有人认为，在刑事诉讼中无罪推定作为主流的、主导性的理念，决定了证明责任由检察官承担，证明标准最高而且不能转移给被告，既然如此，“谁主张，谁举证”在刑事诉讼中的意义也十分有限。

我们应该如何看待这一现象呢？我们认为，“谁主张，谁举证”只是一般性的思维方式，它并不排除在三大诉讼法中会有一些特殊规则的出现。凡是特殊规则适用的场合，“谁主张，谁举证”就不再适用了。比如，在民事诉讼举证责任转移和倒置的场合，就不再适用“谁主张，谁举证”这一原则。行政诉讼证明责任由被告承担，也不再适用“谁主张，谁举证”。即使在刑事诉讼中，对被告人有罪事实的证明，也不再适用“谁主张，谁举证”这一原则，而是代之以无罪推定。但是，在很多场合下，“谁主张，谁举证”仍能发挥着重要的作用。比如，在刑事诉讼中，程序问题就仍然实行“谁主张，谁举证”的基本原理，谁申请回避，就应由谁举证；谁申请变更管辖，就应由谁举证。在民事诉讼中，尽管出现了大量例外，但“谁主张，谁举证”仍然是一个基础性的原则，原告首先要承担证明责任，证明自己的主张，然后才能在此基础上进行转移和倒置。对刑事诉讼而言，所有无罪推定不适用的场合，一律适用“谁主张，谁举证”原则。比如未来在量刑问题上，原则上就适用“谁主张，谁举证”的证明责任分配原则。该原则在量刑程序改革、程序法的实施、被告人证明责任的承担、审判前诉讼化改造等问题上为我们提供了一种思维方式。

七、有疑问时作有利于被告人的解释

“有疑问时作有利于被告人的解释”，是一句罗马法时代流传下来的格言。该原则有两个方面的内涵：第一，当一个事实成立后，在定罪的罪名和量刑情节上有疑问，形成了实体法上的疑罪时，适用“罪疑唯轻”原则。也就是说，在实体法的适用上产生疑问时，应按较轻的罪名、较轻的量刑来加以裁断。第二，当被告人是否实施犯罪行为这一事实存有疑问，形成所谓证据上的疑罪时，则应适用“疑罪从无”原则。

为什么有疑问时要作有利于被告人的解释呢？这是出于以下原因：第一，平衡公权力的需要。当强大的国家对弱小的个人发动刑事追诉时，双方力量悬殊，根本无法形成真正的平等对抗，所以，要对国家强权给予一定的限制，对个人给予一定的特殊保护。基于天平倒向弱者的考虑，一个案件在存有疑问时，应作有利于被告人的解释。第二，证据裁判主义的例外。如果某一事实有证据加以证明，当然应以该事实作为裁判的基础；但是如果没有证据加以证明，案件事实处于疑罪状态时，就要根据天平倒向弱者的价值理念进行利益的考量和价值的选择。第三，诉讼效率的考虑。从经济的角度来看，任何诉讼都不可能无休止地进行，一个刑事案件，为了发现真相，无休止地反复重审、反复撤回起诉，是对诉讼资源的巨大浪费，因此，在有疑问时应作出有利于被告人的解释，而不能为了发现真相重复发动追诉程序。

八、法官的使命是裁断而不是发现

在罗马法时代，有一句广为流传的法律格言："法官的使命是裁断，而不是发现。"对于这一格言，可以从多个角度加以理解。如果从控诉与审判的关系角度来看，它意味着法官应当不告不理，只对检察机关指控的案件事实加以审理，而不应超越起诉的范围；如果从上诉审查的角度来看，法官只能对控辩双方提出上诉的部分进行审理，而不能主动审查双方没有提出上诉的部分。但在司法证明方面，法官不应像侦查官员那样积极主动地搜集证据，发现所谓的"事实真相"，而应依据控辩双方提交的证据，来裁断双方提出的事实是否成立。可以说，只有裁断而不是发现，法官才能充当中立的裁判者，而不是积极的司法调查官。正因为如此，法官只能在控辩双方提出对立事实主张的情况下，对事实作出裁断，而不能单方面地探求事实真相。

人类社会发现事实、寻找真相有两种方式：一种是直线式。行政活动就是典型的直线式的真相发现活动，由一个单一的主体搜集证据，然后运用经验、逻辑法则探求事实真相，最后作为行政行为的依据。公安机关、检察机关在侦查活动中使用的也是一种直线式的思维模式。在直线式的真相发现方式下，证据收集者同时又是证据的裁判者，调查者可以穷尽一切资源搜集证据，获取案件事实信息，只要有新的证据就可以改变原来对事实的认识。另一种是对抗式。也就是由诉讼双方分别构建和陈述各自的事实版本，而裁判者则对这两个相互对立的故事进行判断和取舍。在这种对抗式的真相发现方式下，两种关于事实真相的描述同时存在、相互对立，裁判者的使命不是积极地发现真相，而是消极地居中裁判。相比之下，直线式方式可以最大限度地发现真相，这是其优势，但也有可能造成错误；对抗式方式可以最大限度地防止错误，但又有可能漏掉真相。实际上，侦查活动和审判活动就是这两种真相发现方式最典型的例证。侦查活动更接近直线式发现真相的方式，因而发现真相的可能性更大，但如果警察不考虑其他可能性，就会出现错误；而审判活动则要严格遵循正当法律程序，用对抗式的方式尽可能地防止发生错误，但法官往往有可能无法发现事实真相。

当然，法官有时会在庭外调查核实证据。特别是意大利、日本这些原大陆法系国家，在引进英美法系的对抗制后仍然保留了法官的调查权。我国1996年改革了审判方式，也保留了法官庭外调查核实证据的权力。既然法官的使命不是发现真相，为什么还要调查核实证据呢？我们认为，法官庭外调查的本质仍然是在履行审判权，是以调查的方式核实控辩双方的说法。如果发现了新的事实，就应通知控辩双方共同到场，因此，法官的庭外调查并不意味着法官也应承担证明责任。可以说，“法官的使命是裁断而不是发现”这一思维方式可以帮助我们科学认识法官在证明责任分配中的地位和作用，而法官的角色恰恰是中国证明责任体系中最不确定的因素。如果这一问题解决不好，就会破坏证明责任体系。

九、证据法是规范法庭审判的规则体系

一个国家如果没有构建以法庭审判为中心的诉讼构造，证据法就不会有其存在的空间。所谓“证据法应当以法庭审判为中心”的思维方式，主要是指证据法给控辩裁三方提供一套法庭游戏规则。要想在法庭上提出证据、进行证明，就必须有一系列规范证据资格和证明活动的游戏规则，否则，法庭要么陷入混乱，无法有序进行，要么陷入专断，任意扩大行使自由裁量权。说到这里，有的法官可能会不以为然，认为在现行的院庭长审批制度、审判委员会讨论制度和两审终审制之下，法官是没有太大权力的。尤其是有些社会影响重大的案件，不但要经过政法委讨论，公安机关和检察机关还会通过各种途径对判决结果施加影响，民众也通过网络对裁判结果进行监督，这时更加不会存在所谓滥用自由裁量权的问题。其实，上述辩解只在一定的前提下是成立的。

我们可以举几个例子加以说明：

第一个例子，被告人在庭前作出过有罪供述的笔录，一旦当庭翻供，法官究竟是采纳庭前供述还是采纳当庭作出的辩

解，就没有任何规则可供遵循，完全由法官自由裁量。有的法官可能比较开明，会按照传闻证据的原理否定庭前的有罪供述笔录；有的法官则可能坚持传统的观点，只要无法证明庭前供述笔录是虚假的就予以采纳。

第二个例子，一个证人就同一问题先后作了三份证言，但彼此之间相互矛盾，法官应当采纳哪一份证言也没有任何规则可供遵循。一个证人先是作了对被告人不利的证言，证明被告人有罪，后来出庭时又推翻了原来的证言，改作证明被告人无罪的证言，法官究竟应当采纳当庭证言还是采纳其庭前证言笔录也没有任何规定。

第三个例子，在有的案件中，被告人当庭翻供，提出庭前笔录是在被逼无奈的情况下签署的，但法官往往对该笔录的自愿性不作任何审查，仅仅以签字即有效为由直接加以采纳。

通过以上例子可以看出，我国刑事诉讼法所规定的“事实清楚、证据充分”由于没有证据规则的支撑而难以发挥标准的作用。所以，为了防止上述现象，最好的办法就是建立以审判为中心的证据规则体系，它至少可以发挥以下两个方面的功能：第一，为法庭提供证据规则，在一定程度上限制法官认定事实的自由裁量权。第二，为法官提供裁判规则，以间接约束侦查和审查起诉活动。

证据法应当以法庭审判为中心，它本身无法直接规范和约束侦查和审查起诉活动，证据法只能规范法庭的审判活动，审前行为应当通过诉讼程序加以规范。但是，这并不等于证据法对审前活动就无所作为，它可以通过为法官提供裁判规则的方式间接约束侦查和审查起诉行为。只要坚持以法庭审判为中心，为法庭设立严格的证据准入资格，为法官设定严格的证据采纳标准，就自然能够树立审判权的权威，并最终间接约束侦查行为和审查起诉行为。比如，证据法虽然不能直接约束警察的刑讯逼供行为，但只要在法庭上确立严格的非法证据排除规则，警察的刑讯逼供行为就自然会得到一定程度的遏制。又如，证据法也同样不能直接约束检察机关滥用公诉权的行为，但如果证据法规定，滥用公诉权的行为得到的证据违法，从而宣告该行为无效，检察机关滥用公诉权的行为自然会得到合理的约束。

很显然，证据法存在的空间就是要有以裁判为中心的诉讼构造。如果没有以司法裁判为中心的诉讼构造，在强大的警察制度和检察制度下的裁判权，是无法为证据法提供存在空间的。所以法谚说："证据法是给强大的司法权所准备的。"没有权威的司法权，就不会严格贯彻证据规则。最简单的例子就是非法证据排除规则，如果连非法证据都无法排除，刑讯逼供就更加难以得到遏制。请问，在这样的司法体制下，证据法制定得再好又有什么用处？所以，从这个角度来说，证据法不单是一个技术规则，它与诉讼构造有极为密切的关系。

第四章

刑事诉讼中的公平正义理念

正义女神雕塑（左）与和平女神雕塑（右），作品位于德国巴伐利亚州拜罗伊特的侯爵歌剧院（Margravial Opera House Bayreuth）舞台一侧的半空。该剧院是巴洛克剧院建筑中的杰作，建于1745年至1750年。意大利著名剧院建筑师 Giuseppe Galli da Bibiena（1696~1757）承担了设计工作。

在司法领域中，公平正义是一种重要的法律价值，是立案、审判、上诉、再审、执行等各个程序、环节都要一体遵循的价值目标，也是衡量一种司法活动是否具有正当性的价值标准。尤其是在刑事诉讼活动中，侦查机关实施那些可能剥夺个人权益的侦查行为和强制措施，公诉机关作出提起公诉的决定，法院作出定罪量刑的裁判，都要将公平正义作为上述刑事诉讼活动的基本目标。对于违反公平正义价值的侦查行为、公诉决定和有罪裁判结论，无论是当事人还是辩护人、诉讼代理人，都应获得权利救济的机会，司法机关也应对那些违背公平正义理念的程序性违法行为，作出宣告无效的裁决，甚至对那些采取不公正诉讼行为的司法人员，采取责任追究的措施。

在刑事诉讼法学领域，作为法律价值的公平正义一般统称为“司法正义”，这种正义可以体现为“实体正义”、“程序正义”和“形式正义”三个方面。实体正义又被称为“结果公正”，是指司法机关所作出的任何可能影响个人权益或命运的决定或者裁决，都应符合公平正义的标准。我们通常所说的“发现事实真相”“正确适用刑法”“依法惩罚犯罪人”“保障无罪的人不受刑事追究”等，就是实体正义的基本要求。程序正义则被称为“程序公正”或“过程公正”，是指司法机关在作出一项可能影响个人权益的决定或裁决过程中，应当确保利害关系人参与到上述过程之中，对案件决定或裁决结果发挥积极有效的影响，并使利害关系人获得人道的和有尊严的对待。我们一般所说的“听取另一方的陈述”“不做自己案件的法官”“平等武装”“迟来的正义为非正义”，就是这种程序正义的外在表现。在实体正义和程序正义之外，司法机关还要致力于实现一种“形式正义”，也就是对一切当事人和对所有案件“一视同仁”，“使其获得无差别的对待”。这种形式正义又被称为“比较的正义”，是两个以上的当事人和案件通过比较所体现的公平正义理念，意味着“对同样情况平等对待”，“对不同情况给予适当的不同对待”，由此维护实体正义和程序正义。

根据法学界的主流观点，刑事诉讼法学意义上的“司法正义”，主要是指实体正义和程序正义。围绕着这两种公平正义理念，刑事诉讼法学界进行了大量研究工作，提出了诸多创新性学术观点，对于刑事司法改革、刑事诉讼立法和刑事司法活动产生了较大的学术影响，为诸多诉讼制度的孕育、探索和确立提供了理论支撑，形成了一种独立的理论空间和话语系统，这也是刑事诉讼法学产生社会和政治效益的重要标志之一。在以下的讨论中，我将结合我国刑事司法制度的最新发展，对实体正义和程序正义问题的学术研究发表一些初步的看法。

一、司法正义的概念和价值

对于司法正义的概念和价值，法学界最初借鉴了欧美学者的研究成果，作出了一些理论总结和归纳。随着我国司法制度改革的逐步推进，刑事诉讼制度不断发生变化，司法正义理论已经成为支撑这些制度变革的重要动力，也成为解决我国司法实践问题的重要理论依据。在此背景下，一种根据中国法治经验总结提炼司法正义理论的学术环境，开始逐步显现出来，我国学者已经有条件提出自己的学术观点，作出独立的学术贡献。

司法正义是一个主观性较强的研究课题。对于何为“实体正义”，何为“程序正义”，为什么要坚持司法正义，人们基于自己的生活经验和价值偏好，经常会存在不同甚至相反的看法。为避免过于主观的讨论，确保对这一问题的研究具有一定的客观性，我们可以从三个角度提出和论证司法正义理论：一是从主观司法正义的角度，研究民众对于司法正义的主观感受，发现人们内心接受和赞同的实体正义和程序正义理念，验证某些已经为人们所接受的有关司法正义的论断；二是从“非正义感”的角度，揭示那些为人们普遍反对的司法制度和诉讼实践，从中发现那种“程序不公正”和“实体非正义”的情形，然后从相反的角度总结出程序公正和实体正义的要素和标准；三是从我国刑事诉讼制度改革的角度发现制度变化的轨迹和规律，从中提炼出支撑这种制度变革的价值根基。

1.作为独立价值的程序正义

在程序正义的学术史上，曾出现过“程序工具主义”和“程序本位主义”的长期争论。边沁曾提出过“绝对工具主义”的观点，认为“实体法”的目标是实现最大多数人的最大幸福，是“主法”，程序法是保障实体法实施的工具，是“附属法”。德沃金提出了一种“相对工具主义”的观点，强调每个人都享有不受错误定罪的“道德权利”，公正审判的主要价值就在于避免司法人员作出错误的有罪判决。坚持“程序本位主义”观点的达夫、萨默斯、马修等学者则认为，程序正义并不依附于实体正义而存在，它既具有独立的内涵，也具有独立的价值，其核心内涵是利益相关者获得“听审”或“参与”的机会，对裁判结果施加积极有效的影响，其独立价值在于维护那些被裁判者的人格尊严和诉讼主体地位。当然，目前越来越多的学者支持“折中论”，认为程序正义同时具有工具价值和内在价值，并且承认程序正义价值的独立性。

在刑事诉讼领域中，程序正义具有若干独立的价值要素，这些要素成为我国刑事诉讼立法和司法过程的重要价值支撑。根据公认的观点，这些要素至少包括以下四项：一是“程序参与”，也就是那些利益处于被裁判状态的当事人，应当充分地参与有关诉讼决定的制定过程，对该项决定的形成施加积极有效的影响。我国刑事诉讼法对律师辩护所提供的制度保障，包括会见权、阅卷权、调查权、举证权、质证权等的制度安排，对庭前会议制度的确立，对非法证据排除规则的实施，对交叉询问机制的确立，对上诉权的保障，对辩护律师参与死刑复核程序的逐步保障等，无一不体现着“程序参与”的价值要求。我国社会各界之所以强烈呼吁落实证人、鉴定人出庭作证制度，扩大二审法院开庭审理的范围，也都是出于这一方面的价值考虑。

二是“裁判者中立”，亦即那些决定当事人利益和命运的“裁判者”，无论是法官、检察官还是侦查人员、监察调查人员，都应在诉讼过程中保持中立无偏的地位，而不能和案件存在利害关系，也不能形成预断或者对某一方存有偏见。我国刑事诉讼法所建立的回避制度、变更管辖制度，以及下级法院对上级法院发回重审的案件另行组成合议庭的制度，都体现了“裁判者中立”的价值要求。法学界之所以对法院变更起诉罪名、法院主动启动再审的做法提出异议，也是因为其认为这些做法违背了这一价值要求。

三是“控辩双方平等武装”，即在任何诉讼活动中，控辩双方既要保持“形式上的对等参与”，也就是有平等参与的机会，也应保持“实质上的对等参与”，也就是有平等参与的能力和制度保障，必要时裁判者应“将天平倒向弱者”，赋予弱势的一方以一些必要的“诉讼特权”。刑事诉讼法之所以强调保障被告人获得指定辩护的机会，保障被告人的阅卷权、会见权和调查权，强调证明被告人有罪的责任由公诉方承担并要求相关证明达到最高的证明标准，确立上诉不加刑原则，都是出于维护控辩双方平等武装的价值考虑。法学界之所以提出控辩双方在认罪认罚案件中应进行平等协商和实质性协商的观点，之所以批评难以有效参与量刑协商过程的值班律师制度，之所以对个别公诉机关的“报复性抗诉”提出异议，也是出于这一方面的考虑。

四是“程序理性”，也就是司法人员形成裁判的过程应当符合理性的要求，既要全面地听取控辩双方的举证、质证和辩论，审慎地进行评议，冷静地通过庭审过程形成裁判结论，又要给出作出裁判的理由和根据，包括当庭说明裁判理由和通过裁判文书详细阐述裁判理由。我国司法改革决策者之所以强调推进“庭审实质化”改革，强化“当庭宣判”，推动裁判文书说理，重视“让审理者裁判，使裁判者负责”，都是出于实现这一价值要求的考虑。

2.实体正义的两个含义

一般来说，实体正义主要是指案件的处理结果要符合公平正义的要求。在哲学中，实体正义又分为“分配的正义”和“矫正的正义”，强调应“给人以应得的对待”，并纠正那些不给人以“应得对待”的做法。在刑事司法领域，实体正义通常具有“发现事实真相”“准确应用刑法”“惩罚犯罪人”“保障无罪的人不受追究”等基本要求。但是，从实体正义旨在实现的价值目标来看，它有积极实体正义和消极实体正义这两个基本含义。

积极意义上的“实体正义”，是指法院对刑事案件的裁判结果必须符合三个方面的条件：一是裁判应是“正确”的，也就是所认定的事实要有确实充分的证据加以支持；二是裁判应当是“合法”的，亦即裁判者对犯罪构成要件的裁断和刑罚的适用应当合乎刑事实体法的规定；三是裁判应当在严格遵守法律规则与行使必要的自由裁量权之间保持平衡，也就是裁判者要适度地行使自由裁量权。简言之，这一层面的“实体正义”要求裁判者对被告人的定罪和量刑，必须符合罪刑法定、罪刑均衡和刑罚谦抑性原则的要求，而不能是没有事实根据和法律依据的，也不能是过度的和不必要的。

消极意义上的“实体正义”，主要是指司法人员应当尽量避免两种非正义的结果出现，也就是“放纵有罪的人”和“冤枉无辜的人”。这一层面的实体正义概念又可以被简称为“不枉不纵”。放纵有罪的人，也就是对一个有罪的人作出无罪的裁判，这显然无法达到惩罚犯罪的目的，属于刑法上的非正义。同样，冤枉无辜的人，也就是使一个可能无罪的人受到不公正的定罪处罚，这不仅会导致国家刑罚权的滥用，还在客观上放纵了真正有罪的人。这显然属于一种更为严重的非正义。上述两种非正义固然都属于刑事诉讼活动所应避免出现的结果，但是，司法机关经常会陷入“非此即彼”的两难选择境地，也就是在被告人可能有罪、也可能不构成犯罪的情况下，如果作出有罪的裁决即可能“冤枉无辜”，而如果作出无罪的裁决则可能“放纵犯罪”。

与此同时，消极的实体正义还具有另一种含义，也就是“不得实施过于严厉的刑事处罚”和“不得处以过于宽缓的刑事处罚”。过于严厉的处罚违背“刑罚谦抑性原则”，也不符合罪责刑相适应的基本要求。过于宽缓的处罚则难以实现刑罚的报应功能和预防功能，甚至有放纵犯罪之嫌。不仅如此，刑事处罚无论是过于严厉，还是过于宽缓，都可能违背形式正义的理念，造成不合理的差别对待，影响司法裁判的公信力。

二、程序正义与实体正义的关系

对于程序正义与实体正义的关系问题，我国法学界根据司法制度改革的经验，也曾进行过专门的研究，大体形成了“实体正义优先论”、“程序正义优先论”和“实体正义与程序正义并重论”等多种不同的观点，这在很大程度上推进了对这一问题的学术讨论。当然，有关的学术研究仍然有进一步展开的空间，我们可以从新的视角，重新揭示这两种司法正义价值的关系。

罗尔斯在《正义论》中曾根据程序正义和实体正义是否存

在客观标准的角度，提出过三种程序正义的概念。其中，“纯粹的程序正义”，是指评判程序公正的标准是存在的，但没有结果公正的客观标准，只要遵循了公正的程序，所产生的结果就应被视为是公正的。“完善的程序正义”则意味着，无论是程序公正还是结果公正，都存在相互独立的公正评价标准，只要遵循公正的程序，就可以实现符合客观公正标准的结果。在这两种概念之外，还有一种“不完善的程序正义”，是指程序公正和结果公正都存在客观的评价标准，但是公正的程序却无法永远产生公正的结果。罗尔斯认为，这种不完善的程序正义主要存在于刑事审判之中，在这一领域中，程序公正的标准是存在的，如各方积极参与诉讼过程，裁判者保持中立，控辩双方平等对抗，等等；结果公正的标准也是存在的，如发现事实真相，惩罚犯罪人，保障无罪的人不受追究，等等。但是，裁判者即便遵循公正的审判程序，也不可能永远实现公正的裁判结果，因为放纵有罪的人，造成冤假错案的结果，是不可能杜绝的。

罗尔斯提出的上述概念，无疑具有较大的启发意义。但是，他将刑事审判视为“不完善的程序正义”，并得出公正的程序不可能永远产生公正的结果的结论，这种论断可能过于绝对了。事实上，通过观察刑事审判的实践情况，我们可以发现一种现象：一个刑事案件的裁判结果也不是一成不变的，而是存在很大程度的不确定性。尤其是考虑到实体正义的标准存在相互矛盾的两种面向，司法人员在作出刑事处理时享有一定的自由裁量空间，再加上刑事司法制度中越来越多引入了协商和妥协的成分，因此，程序正义不可能处于完全附庸和被动的地位，而可以对案件实体结果产生不同程度的能动作用。根据实体结果不确定性的具体情况，我们可以将其区分为“确定的实体正义”、“相互矛盾的实体正义”以及“不确定的实体正义”。针对上述三种类型的实体正义结果，我们可依次发现程序正义对于实体正义可以发挥的三种能动作用：一是程序正义对实体正义的保障作用；二是程序正义对实体正义的选择作用；三是程序正义对实体正义的塑造作用。下面对此依次作出简要分析：

1.程序正义对实体正义的保障作用

在公正结果具有明确标准的情况下，公正的程序对公正结果的形成具有很大的保障作用，程序正义也具有一种明显的“工具价值”。当然，司法人员遵循公正的程序并不必然会产生公正的结果，程序正义对于实体正义的实现，在逻辑上更多地属于一种必要条件，而不是充分条件，更不可能是充要条件。

经验表明，假如将实体正义目标简单定位为“发现事实真相”和“正确适用刑法”，那么，一种公正的诉讼程序较之不公正的诉讼程序而言，对于产生上述公正结果具有更明显的保障作用。例如，辩护律师的充分参与，法官保持中立不偏的地位，控辩双方具有平等对抗的可能，法官充分说明裁判理由，等等，这既符合程序正义的要求，也当然有助于法官兼听则明，发现事实真相，准确地适用刑法。当然，公正的程序并不会在任何情况下都产生公正的结果。毕竟，公正结果的形成，除取决于程序公正这一因素以外，还有可能受制于其他多方面的制约因素，如法官是否具备优秀裁判者的素质，案件是否存在一些不可抗力因素，辩护律师是否具有有效辩护的能力，等等。在这一点上，罗尔斯的分析是可以成立的。

2.程序正义对实体正义的选择作用

在实体正义存在多个面向、具有两个以上相互矛盾的要素的情况下，程序正义对实体正义可以发挥一种自主的选择作用。具体而言，对于两种以上的不同公正结果，司法人员通过公正的程序可以选择其中一种；在诉讼程序符合公正标准的情况下，司法人员更有可能选择那种倾向于维护个人利益的实体公正结果，也就是优先选择不冤枉无辜者和避免不公正的量刑结果。

根据前面的分析，实体正义具有多方面的构成要素，但这些要素存在两个相互对立的面向：一种面向是站在“国家主义”的角度，强调有效实现刑事处罚的报应功能和预防功能，注重发现犯罪事实，对构成犯罪的人加以定罪，并科处较为严厉的刑事处罚；另一种面向则是秉持“自由主义”的立场，重视个人利益的有效保护，防止无罪的人受到刑事追究，避免冤假错案，防止被追诉人受到不公平的刑事处罚。在上述两种面向的实体正义目标无法兼顾的情况下，程序正义可能就有选择某种实体结果的可能性。

刑事司法活动的经验表明，相对不公正的程序而言，公正的程序更有利于保障被追诉人获得有利的裁判结果，包括免受无根据的定罪，防止受到不合理的刑事处罚。例如，在辩护律师作出有效辩护的案件中，公诉方的证据体系更有可能受到削弱乃至推翻，公诉方证明被告人有罪的难度大大增加，那些“事实上无罪”的被告人被刑事误判的可能性也随之大为降低。又如，在法官不存在预断和偏见、大体能够关注控辩双方观点的情况下，被告人及其辩护律师提出的量刑情节和量刑辩护意见，更有可能得到法官的采纳，被告人被科处不公正的严厉处罚的可能性也会大为降低。

3.程序正义对实体正义的塑造作用

在实体正义存在不确定性的情况下，程序正义可以对实体正义结果产生较为明显的塑造作用。尽管实体正义在理论上具有“客观的标准”，但在具体诉讼活动中，受两个重要因素的影响，案件的裁判结果具有程度不同的不确定性：一是司法人员自由裁量权的存在，在选择入罪与出罪、严厉处罚与轻缓处罚方面存在一定的现实空间；二是对话、协商和妥协因素的存在，造成诉讼双方存在处分案件实体结局的现实可能性。在这两种情况下，一种公正的诉讼程序可以对司法人员的实体决定产生较大的影响，并直接塑造甚至改变案件的实体结局。在一定程度上，程序正义这种对不确定案件实体结局的塑造作用，可以发挥与“纯粹的程序正义”相类似的功能。

在检察机关适用附条件不起诉的案件中，检察机关在两个程序环节上享有较大的自由裁量权：一是启动监督考察程序，二是根据监督考察评估结果作出不起诉的决定。其中，在未成年人刑事案件中，检察官要根据未成年嫌疑人所采取的措施诸如承认犯罪事实，停止犯罪活动，积极配合刑事调查和监督考察活动，积极赔偿被害人，有效参与教育、矫治和监督考察活动，来作出是否不起诉的决定。在涉案企业合规考察案件中，检察官则要根据涉案企业认罪认罚、停止犯罪活动、赔偿被害人、作出合规整改、实施有效合规计划等因素，作出是否提起公诉的决定。这两类案件的诉讼过程都显示出，在检察机关享有较大自由裁量权的情况下，案件存在“入罪”和“出罪”两种可能。检察机关只要确保附条件不起诉程序的公正性，赋予被追诉人最低限度的自愿认罪权、程序选择权和参与教育矫治整改的机会，使其在监督考察评估中取得较好的效果，检察官对其作出宽大刑事处理的空间就会大大增加。

在另外一种场合下，一种协商性司法机制的存在，意味着案件的实体结局也具有一定的不确定性。在认罪认罚从宽机制的适用过程中，控辩双方的量刑协商对于案件裁判结果具有很大的影响。在值班律师参与的量刑协商过程中，由于被追诉人通常得不到有效的律师帮助，不具有给检察官施加压力的有力筹码，只能被动地决定是否接受检察官提出的量刑方案，因此，检察官很难作出量刑妥协，法院也难以改变量刑的结局。相反，假如被追诉人较早地获得辩护律师的帮助，辩护律师充分地进行阅卷、会见和调查，掌握了一些新的量刑事实和量刑情节，在与检察官协商中就可以提出强有力的量刑筹码，促使检察官不得不提出幅度较低的量刑方案，并最终说服法院接受这种对被告人更为有利的量刑裁判结果。这显然说明，只要保障被追诉人获得有效的律师帮助，量刑协商的过程就可能更加符合自愿、平等和实质化的原则，量刑协商的结果就具有更大的妥协空间，被追诉人受到有利量刑裁决的可能性也就随之大大提高了。很显然，量刑协商程序越是符合程序公正的标准，被追诉人与律师参与协商的程度就越高，对检察官量刑建议的影响也就越大，对最终的实体裁判结局的塑造也就越强。正是公正协商机制的存在，使得参与协商的各方可以对案件实体问题具有程度不同的处分权，案件的实体处理结局也就在协商过程中得到了改变和塑造。

三、对抗性的程序正义与协商性的程序正义

随着我国刑事司法改革的逐步推进，刑事诉讼程序大体上形成了两种模式：一是对抗性司法模式；二是合作性司法模

式。前者是一种在被追诉人不认罪、控辩双方处于诉讼对立地位的状态下所形成的刑事诉讼样式。目前，在大多数刑事案件适用认罪认罚从宽机制的情况下，那种控辩双方处于诉讼对抗状态的普通程序，就属于这种诉讼模式。后者则是在被追诉人认罪认罚、控辩双方放弃诉讼对抗的情况下所呈现的一种刑事诉讼样式。目前，无论是以加害方与被害方达成和解协议为前提的刑事和解程序，司法机关对认罪认罚案件所适用的诉讼程序，还是检察机关对涉案企业所适用的合规考察程序，都可以被归入合作性司法模式。

传统的程序正义理论主要适用于对抗性司法程序之中，可被称为"对抗性的程序正义理论"。这种程序正义理论较为重视被裁判者对诉讼过程的参与和控制，属于一种基于过程控制而得以实现的诉讼价值。这一理论强调诉讼过程符合正义的标准，包括参与性、中立性、对等性、合理性等基本构成要素。

合作性司法程序则适用一种"协商性的程序正义理论"。合作性司法程序是一种通过控辩双方的对话、协商和妥协来决定诉讼结局的特殊程序。与传统的对抗性程序正义不同，协商性程序正义强调控辩双方通过公正的协商程序来影响、塑造和控制诉讼结果的形态，使最终的诉讼结果体现控辩双方的诉讼合意。因此，协商性的程序正义价值重视控辩双方通过协商和妥协来形成某一可接受的裁判结果的能力，具有五项独立的构成要素：一是可弃权性；二是弃权的自愿性；三是可协商性；四是各方在诉讼结果上的获益性；五是最低限度的参与性。

根据两种程序正义价值的要求，未来的刑事司法制度可能具有两个不同的方向。首先，在刑事普通程序中，应注重在审判前引入司法审查机制，继续贯彻控审分离原则，确立司法裁判机关对强制性侦查行为的司法授权和司法救济机制，扩大辩护律师的参与范围，同时继续推进“审判中心主义改革”，实现庭审实质化目标，贯彻直接和言词原则，强化证人、鉴定人出庭作证制度，建立实质性的交叉询问机制，确立传闻证据规则，有效实施非法证据排除规则，落实疑罪从无原则，真正维护程序正义的实现。

其次，我国现行的认罪认罚从宽程序，已经初步引入了一定程度的量刑协商机制。为确保控辩双方享有平等协商的机会，有必要提高被追诉人的诉讼主体地位，建立辩护律师全流程参与量刑协商过程的制度，赋予其享有阅卷、会见和调查等多方面的诉讼权利，增强被追诉人一方提出诉讼筹码、向控方施加压力的能力，从而使被追诉人获得更大的量刑激励。这是建立实质性的量刑协商制度的必由之路，也是维护协商性的程序正义的制度保障。与此同时，还可以考虑在遵守实质真实、罪刑法定和罪责刑相适应等原则的前提下，适度扩大控辩双方的量刑协商空间，将认罪认罚逐步转化为一种法定的减轻处罚情节，从而使那些认罪认罚的被追诉人获得更大的量刑优惠，激发被追诉人参与量刑协商的积极性。

四、司法正义与其他法律价值的关系

树立以公平正义为核心的刑事诉讼理念，并不意味着只强调实体正义和程序正义的实现，而是应当在确保实体正义和程序正义价值优先性的前提下，兼顾其他法律价值，做好诸项法律价值之间的协调，合理化解这些法律价值之间的冲突，形成一种相对合理的价值平衡。根据我国近年来刑事司法改革的进展情况，需要关注的主要是司法正义与效率、社会和谐、犯罪预防等价值的协调问题。

1.司法正义与“效率”

我们生活在一种资源有限的世界里，无论从事任何活动，追求任何美好的价值，都应重视资源短缺问题，也都应将提高效率作为一种独立的价值追求。效率是一种源自经济学中的价值理念，主要是指成本与收益之间的关系。在刑事诉讼活动中，所谓“提高效率”，又意味着“降低诉讼成本”，“提高诉讼收益”，也就是以最少的诉讼成本投入获得最大的诉讼收益。我们通常所说的“解决诉讼拖延问题”“实现诉讼资源的合理配置”，就是在强调提高诉讼效率的重要性。

迄今为止，在提高效率方面，我国司法改革决策者所作的主要努力是建立简易程序并逐步扩大这一程序的适用范围，引入认罪认罚从宽制度，使大多数刑事案件得到快速的处理，避开那种较为正式和繁琐的刑事诉讼程序。例如，自1996年以来，我国立法机关在刑事诉讼中确立了简易程序，后来经历多次立法调整，最终形成了普通程序、简易程序与速裁程序并驾齐驱的三元化审判程序格局。又如，自2014年以来，我国司法改革决策者开始探索认罪认罚从宽制度的改革，立法机关在总结改革试点经验的基础上，将这一制度确立在2018年修改后的《刑事诉讼法》之中。如今，适用认罪认罚从宽程序的刑事案件已经占全部刑事案件的90%以上，检察机关在这些案件中提出的量刑建议，被法院采纳的比例超过95%；对于法院通过这种程序所作的裁决，当事人提起上诉和检察机关提起抗诉的案件比例更是低于2%。

不仅如此，即便在被告人不认罪的普通程序中，司法机关也要注重提高诉讼效率，节省司法资源的投入，避免不必要的程序耗费。自2012年以来，我国刑事诉讼法确立了庭前会议制度，引入了庭前解决程序性争议和“集中案件争议焦点”的机制，通过在审判前解决程序性争议问题，总结控辩双方存在争议的事项，在庭审中重点审理有争议的事项，达到繁简分理的效果，避免了无谓的休庭和拖延。

但是，注重诉讼效率的提高，并不意味着忽视乃至牺牲司法正义的实现，而是注重贯彻最低限度的司法正义价值。例如，在认罪认罚从宽制度的适用过程中，司法机关固然引入了一定程度的“量刑协商机制”，但仍然要坚持实体真实、罪刑法定和罪责刑相适应等基本原则，对于未达到法定证明标准的案件不适用这一程序，禁止对罪名进行无根据的变更，只能将认罪认罚这一情节作为一种从轻处罚情节，从而严格限制量刑协商的范围和幅度，避免控辩双方“处分原则”的滥用。这在很大程度上保证了最低程度实体正义的实现。另外，即便在那些适用认罪认罚从宽机制的案件中，司法机关也强调被起诉人认罪认罚的自愿性、真实性和合法性，给予其自愿进行诉讼反悔的机会，保障其依法行使上诉权，这使得最低限度的程序公正得到了贯彻。

2.司法正义与“社会和谐”

刑事诉讼不仅要实现实体正义和程序正义，还要注重社会关系的修复和社会矛盾的化解，尽力修复那些为犯罪所破坏的社会关系。这是我国近期刑事司法改革所要实现的又一价值目标。对于这一目标，有些学者称之为“恢复性司法价值”，有些学者则视之为“社会和谐价值”。

为实现这一价值目标，我国司法机关曾对部分刑事案件进行了刑事和解的改革探索，立法机关经总结改革经验，最终将其确立在2012年修改后的《刑事诉讼法》之中。加害方在自愿认罪和作出民事赔偿的前提下，与被害方进行协商，双方达成刑事和解协议的，司法机关可以对被追诉人作出宽大的刑事处理。这种做法一经转化为一种刑事诉讼制度，就对维护社会和谐发挥了积极的促进作用。目前，在诸多刑事案件中，刑事和解已经成为解决被害方赔偿问题、弥补附带民事诉讼之不足的重要方式。在认罪认罚从宽机制的运行中，加害方与被害方达成刑事和解协议，已经成为司法机关适用速裁程序的前提。在检察机关推动的企业合规不起诉改革中，涉案企业要满足检察机关启动合规考察的条件，也要对被害人或被害企业作出足额赔偿，并提交双方签署的刑事和解协议书。

但是，在强调化解社会矛盾和修复社会关系的同时，司法机关也不能以牺牲实体正义和程序正义价值为代价。在任何情况下，适用刑事和解程序的前提条件都是事实清楚，证据确实充分，案件达到了法定的有罪证明标准。与此同时，在进行协商和达成协议方面，法律要保障被追诉人认罪、赔偿和放弃无罪辩护的自愿性，使其享有最低限度的程序选择权。对于没有证据支撑、事实根据或者牺牲被追诉人自愿选择权的刑事和解，司法机关有权作出程序无效的决定。

3.司法正义与“犯罪预防”

传统的刑事司法活动强调通过对犯罪人的报应和威慑，来达到特殊预防和一般预防的效果。司法实践的经验表明，在诸多刑事案件的处理中，这种通过严刑峻法来预防犯罪的制度，经常出现效力失灵的现象。在此背景下，我国司法机关开始探索一种新型的犯罪预防机制。例如，在未成年人刑事案件中，司法机关探索建立附条件不起诉制度，尝试引入一定的教育和矫正机制，为嫌疑人设置监督考察期，并根据教育矫正的效果来作出是否提起公诉的决定。又如，在醉驾类危险驾驶案件中，检察机关探索引入附条件不起诉制度，引入一定的交通社会服务考察项目，诸如教育和矫正的工作机制，并根据醉驾行为人接受监督考察的考察评估效果，作出是否提起公诉的决定。再如，最高人民检察院自2020年3月开始进行企业合规不起诉改革的改革试点，对于符合条件的涉案企业，检察机关启动合规考察程序，设置考察期，指派由合规监管人组成的第三方组织进行监督指导，对于通过合规考察验收的企业，检察机关作出不起诉等宽大刑事处理。

上述改革探索的共同特征是，司法机关对自然人和企业发生犯罪的内生性结构原因，作出了深入的探究和调查，形成了专门的社会调查报告或自查报告。在此基础上，司法机关针对特定的犯罪原因，对轻罪案件的行为人引入有针对性的教育、矫治和治疗机制，消除其发生犯罪的行为方式、价值观念和药物依赖，或者对涉案企业引入专门化的合规整改措施，进行必要的制度纠错，促使其建立体系化的专项合规计划。这种制度探索的实质在于，司法机关在刑事诉讼过程中通过采取教育、矫治、治疗以及合规整改措施，促使犯罪行为人消除原有的内生性犯罪原因，实现行为方式的“去犯罪化”，达到有效预防犯罪再次发生的目标。

当然，在探索新型犯罪预防机制的过程中，司法机关也应注意司法正义的维护，尤其应当维护最低限度的正当程序原则。一方面，无论是对那些自然人涉嫌实施的轻罪案件，还是对企业涉嫌实施的经济犯罪案件，司法机关在启动附条件不起诉程序、进行监督考察以及引入教育、矫治、治疗和合规整改措施时，应当将犯罪事实清楚、证据确实充分作为严格的前提条件；另一方面，司法机关也应保证被追诉人认罪和进行程序选择的自愿性，并给予被追诉人在适用教育、矫治、治疗和合规整改措施方面的选择权。对于被追诉人所签署的相关协议或相关矫正或整改承诺，一旦发生程序反悔的情况，司法机关不应将其直接作为对被追诉人定罪量刑的依据。

第五章

刑事诉讼中的人权问题

以正义女神为主题的雕塑群，作品名称是《正义战胜贪婪和嫉妒》（正义女神脚下两个被降服的恶棍，亦指天主教的七宗罪中的两种），正义女神的右侧是死神，左侧是卸下镣铐并拿着散了架的法西斯的女神。雕塑位于荷兰阿姆斯特丹王宫（**Paleis op de Dam**）大厅墙壁上，设计师是 **Artus Quellinus the Elder**（1609~1668）、**Hubertus Quellinus**（1619~1687）、**Jacob van Campen**（1596~1657）。阿姆斯特丹王宫建造于 1648 年，曾一度是这座城市乃至整个共和国的政治和经济中心。最初这座建筑是阿姆斯特丹的法院和市政厅（**Stadhuis**），所以在建筑内外就出现了几处著名的正义女神雕塑和托寓画。法国占领期间拿破仑的弟弟将这里改成了王宫。

一般地说，要研究自由问题，就应当考察奴役和强制的情况；要研究公平问题，就应当关注实际的不公平情形；要研究正义问题，就要反思经验层面的非正义现象……同样，要研究人权问题，就要考察什么样的权利会受到来自哪方面的侵犯。正因为如此，研究人权问题的切入点，应当是考察实际的侵权问题，反思这些权利能否得到救济。所谓的“人权法”，也就是广义上的“侵权法”和“权利救济法”。

现代刑事诉讼的本质就是如何有效地将国家追诉犯罪的活动纳入诉讼轨道的问题。一方面，无论是侦查机关、公诉机关还是审判机构，都天然地存在追求刑事追诉最大化的倾向，将侦破案件、逮捕嫌疑人、起诉被告人和制作有罪裁判，作为自己的诉讼目标。另一方面，大多数嫌疑人、被告人都能最终被确定有罪的现实，也使办案人员对刑事追诉秉持“政治正确”的态度，社会公众则容易将嫌疑人、被告人视为道义上的“敌人”，从而使被害人更容易博得普通民众的深切同情。毫无疑问，保障被告人的基本权利，在今天仍然是一种观念障碍。

被害人权利保障的最大难题在于，国家在完成对被告人的定罪过程之后，既不允许被害人有效参与对犯罪者的量刑过程，无法保障被害人对于刑事附带民事赔偿问题享有充分的选择余地和参与机会，也难以对诸如减刑、假释、监外执行等刑罚执行中的变更措施，施加积极有效的影响。在定罪之前的法庭审判、提起公诉和侦查程序中，被害人的参与则应当受到适度的限制：除非侦查人员、公诉人在刑事追诉方面存在明显的“不作为”问题，否则，被害人在刑事追诉方面的利益就应被侦查机关和公诉机关所代理。正因为如此，我并不赞同那种在公诉程序中无条件地扩大被害人诉讼地位的观点。

一、公法中的“人权”

如果我们将私法视为调整个人与个人权利、义务关系的法律，那么，公法则主要是指规范国家权力与个人权利之关系的法律体系。如果说私法领域中的权利主要依靠规范个人的行为来加以实现的话，那么，公法中的人权则只有通过限制国家权力才能得到落实。在国家权力与个人权利的关系问题上，前者占据了主导权和选择上的优势，后者则处于受保护的地位。一方面，没有国家权力的保障，很多个人权利难以得到实现。比如，就业、受教育、社会福利等方面的权利，其实现主要依赖于公共权力机构的积极帮助和有效保障。另一方面，有些个人权利的侵权之源，本身就是国家权力。比如，公民不受任意拘留、逮捕和非法搜查、扣押的权利，实际也就是个人对国家权力机构进行对抗的权利。这里的人权保障，其实也就是不受国家权力机构任意侵权的问题。

目前,关于人权的主要国际公约有两个:一是《经济、社会及文化权利国际公约》,这个公约主要规定了公民在经济、社会、文化方面的权利,我国已经正式加入了这个公约;二是《公民权利和政治权利国际公约》。该公约中规定的公民权利主要包括两个方面:一是政治权利,可以包括出版、结社、集会、游行、示威等表达政治意愿和参与政治事务的权利;二是公民权利,主要包括公民的人格尊严、个人隐私、人身自由以及为免受任意的公共侵权而享有一系列程序权利。目前,我国政府已经签署了这个公约,但是全国人大尚未批准通过。

按照这两个人权公约的规定,公法中的人权可以分为两大类:一类是经济、社会、文化权利,另一类则是公民权利、政治权利。大体上看,这两类权利具有一定的差异:经济、社会、文化权利主要是确保人的生存、社会福利、教育、娱乐以及社会发展的权利,而公民权利、政治权利则是以公共权力机构为"假想敌"的权利。前一类权利的实现,需要公共权力机构的积极作为和有效帮助,只有政府积极作为,发展经济,为公民提供基本的工作、教育、休息、社会福利等方面的保障,所谓的"经济、文化和社会权利"才有实现的可能。相反,后一类权利的实现,则更多地取决于公共权力机构的不作为。这是因为,无论是政治权力还是公民权利,所受到的干预和威胁不是来自别处,而是来自公共权力机构的侵犯和剥夺。比如,一旦官方剥夺或者限制个人参与政治活动和表达政治意愿的机会,公民的政治权利也就无法实现了。可以说,无论是出版权、结社权、集会权还是游行权、示威权,如果受到过多的限制和干预,就不可能转化为现实的政治权利。又如,任何一项公民权利要得到实现,就需要公共权力机构采取不干预和不作为的态度。诸如不受任意拘留、逮捕、搜查、扣押的权利，就要求公共权力机构在限制、剥夺公民人身权利时，严格遵循法律规定的条件和程序。我们只要考察世界各国的宪法，就会发现公民权利的表达通常都有一个公式，“不受……的权利”，也就是公民权利不受国家公共权力的无理干预和非法剥夺，公民权利防范的对象是国家公共权力。我们可以套用英国政治哲学家柏林提出的两个概念——“积极的自由”和“消极的自由”，把这两种人权分为积极人权和消极人权。积极人权是指只有政府积极作为才能实现的权利，主要是指经济、社会和文化权利；而消极人权则是指不受公共权力机构任意干预和非法侵犯的权利，也就是公民权利和政治权利。

如何认识这两类权利之间的关系？通常来说，没有最基本的经济和社会权利，公民无法享有最起码的生存、发展、教育和社会福利的保障，那些政治权利和公民权利的确立是不具备现实可能的。在一个国家中，如果没有一定的经济发展作为保障，没有足够的税收收入，各种社会保障是无法实现的，公民的经济、社会、文化权利也就没有实现的基础。很难想象，一个连公民的基本温饱和医疗条件都难以满足的社会，会在政治权利和公民权利的保障方面做得尽善尽美。但政治权利和公民权利又具有相对的独立性，并不完全取决于经济和社会条件的改善。以印度为例。根据经验和常识，我们会认为印度经济并不发达、社会发展水平不高，而且在印度社会中存在严重的不平等现象，多年形成的四大种姓制度，使其中两个种姓处于严重的被隔离和受歧视的状态。尽管如此，印度在政治权利和公民权利的保障方面仍然有其可圈可点之处。尤其是在公民权利的保障方面，印度继承了前宗主国——英国的法律制度，确立了一套较为完整的权利保障体系。有一次，一个联合国的人权代表团来中国访问，其中有一个印度人，我问他如果一个人在印度被逮捕，48小时内会发生什么？他举了个例子说，如果律师不到场，被逮捕人可以保持沉默，也就是说律师在讯问的时候有权到场；法官会尽快安排专门的听证，给被逮捕人提供一名法律援助律师，并就是否采取保释的问题安排辩论，并作出裁决。诸如沉默权、获得律师帮助的权利、获得司法审查的机会、申请保释的权利等，在印度已经得到一定程度的确立。当然，我并不是说印度刑事诉讼中的权利保障问题已经尽善尽美了，而是表达这样的意思：即使一个国家的经济不是很发达，它的公民权利、政治权利仍然能够得到保障，那种认为人权保障必须建立在经济发展基础之上的观点，只是对经济、社会和文化权利有一定的解释力，但对公民权利的解释却是没有任何说服力的。

由于公民权利所受到的威胁主要来自国家公共权力，因此，凡是涉及保障公民权利的法律制度都可以说是“人权法”。按照这一思路，我准备提出“宪法之下的公法一体化”的论断。根据这一论断，无论是刑法、刑事诉讼法、行政法还是国家赔偿法，从本质上看都具有“人权法”的特性。今天很多从事这方面研究的学者都把法律制度视为带有诸多技术性的规则体系，从而忽略了这些法律领域中的人权保障问题。其实，如果从人权法的角度看待刑法，那么它的主要内容就是限制国家的定罪权和量刑权，从而达到保障人权的目的。诸如犯罪的概念、犯罪构成要件、罪刑法定、罪刑均衡、法律面前人人平等等刑法原则，都是在限制国家刑罚权的使用，保障犯罪人的基本权利。如果从惩治犯罪、维护社会治安的角度来看，那么，刑法存在的正当性是不大的。正因为如此，德国著名刑法学家李斯特将刑法称为“犯罪人的大宪章”。行政法也是一样，它的存在就是为了约束国家机关的行政权，包括行政听证、行政复议、行政诉讼等在内的一系列制度设计，都无一不具有约束国家行政权的功能。其实，如果离开了约束政府权力，确保相对人的权利保障，行政法的制定还有多大的意义呢？

我们再来看刑事诉讼法。刑事诉讼法属于典型的人权法。如果说刑法是犯罪人的“大宪章”，那么刑事诉讼法就是犯罪嫌疑人、被告人的“大宪章”。我们认为，刑事诉讼法主要从两个角度来保护公民的基本权利：一方面，对于侦查机关所实施的强制调查和强制措施，刑事诉讼法要确立法定的理由、条件和适用程序，为嫌疑人提供有效的救济途径，以防止出现任意的搜查和非法的羁押。另一方面，刑事诉讼法还为被告人确立了公正审判的基本标准和程序保障。为防止法院任意地剥夺公民的自由、财产乃至生命，使法院的定罪权和刑罚权受到有效的限制，刑事诉讼法需要为被告人确立一系列程序保障，包括了解指控的罪名和理由、获得律师的帮助、提出本方证据、向对方的证人提出质证、提出上诉、提供判决的理由等，从而维护公正的审判。应当说，对于那些处于被追诉地位的嫌疑人而言，刑事诉讼法主要是为确保其人身自由、个人隐私和人格尊严，而设定的一系列程序保障；而对于那些受到起诉的被告人来说，刑事诉讼法更多是从防止其自由、财产乃至生命受到任意剥夺的角度，来确立各种正当的法律程序。

当然，对公民权利的充分保护，还要依赖于宪法的有效实施。总体上，宪法是由两个部分组成的：一是对国家公共权力的约束和限制；二是对国家权力和个人权利之间的关系作出调整，尤其是对那些旨在限制、剥夺个人权利的公共权力，确立一系列的限制措施。正是后一部分内容的存在，才使人权法成为宪法的有机组成部分。

在我国现行《宪法》中，有关“公民的基本权利”条款成为保障公民基本权利的宪法依据。尤其是《宪法》第37条至第41条，更是确立了公民的个人隐私、人身自由、住宅秘密和通信秘密不受任意侵犯的原则。考虑到这些宪法权利最有可能被侦查机关在刑事诉讼中加以侵犯，因此，这些宪法条款已经成为被告人对抗那些任意搜查、扣押和无理拘捕行为的法律基础。不仅如此，《宪法》还确立了被告人获得辩护的权利、公开审判的原则等，这些条款也进一步为被告人在审判中的权利保障问题，设立了最高等级的法律依据。尽管在目前的情况下，这些宪法条款还不能转化成为法院制作司法裁决的直接依据，但从长远的角度来看，嫌疑人、被告人的权利保障，完全有可能以这些条款为宪法依据，获得坚实的法律基础和有效的司法救济。因此，这些条款属于“尚待激活”的宪法性权利，也可以成为未来刑事诉讼立法的宪法基础。

所谓“宪法之下的公法一体化”，主要有三个层面的含义：

第一，公法领域中所有的人权问题，归根结底都是宪法问题。无论是那些受到行政处罚的相对人的权利保障问题，那些涉及国家机关侵权问题的国家赔偿问题，刑事诉讼中嫌疑人、被告人的权利保障问题，还是刑法中对国家定罪权和刑罚权的限制问题，从根本上说都可以转化为宪法问题。在各个部门法难以对公民权利加以救济的场合，宪法应当成为公民权利保障和救济的最后一道堡垒。

第二，宪法性权利要想得到完全实现，就要有较为完善的部门法。没有完善的刑法、行政法和刑事诉讼法，宪法所确立的公民基本权利都会变成一纸空文。我国宪法中增加的“国家尊重和保障人权”条款是一项历史性的进步，为公民权利的保障提供了明确的宪法依据。但是，如何根据这一宪法条款，建立健全相应的公民权利保障体系和救济机制，却是中国法律制度所不得不面临的重大课题。

第三，在各个公法领域中，几乎所有的权利都是相通的，它们都要从宪法中寻求保障和救济的灵感。举例来说，行政法领域中的罚款和刑法领域中的罚金，都涉及对公民财产权的剥夺问题，我们似乎有必要从宪法的角度来研究如何限制国家权力对公民财产权的剥夺问题。再如，行政法领域中的行政拘留与刑事法领域中的监禁刑、未决羁押措施等，都会带来国家机关对公民人身自由的剥夺问题。假如从宪法的角度来研究这些问题，我们就会将诸如法律保留原则、成比例原则、形式正义原则以及司法审查原则、司法救济原则，都引入分析问题的视野中来。其实，上述国家权力除了行使的法律依据和方式不同，它们对公民权利的限制和剥夺，在后果上都是一致的。因此，对于这些国家权力的法律控制，也应当有统一的思路和途径。

二、为什么要保障被告人的权利

为什么要保护嫌疑人、被告人的人权？为什么在大多数嫌疑人、被告人都被证明是罪犯的情况下，我们还要保障他们的基本人权？过多地保障嫌疑人、被告人的权利，社会的权利谁来保障？被害人的权利怎么保障？嫌疑人、被告人逃避侦查、起诉、审判怎么办？放纵了犯罪怎么办？我们在研究刑事诉讼中嫌疑人、被告人权利保障的时候，几乎很难避开这种带有责难性的提问和尖锐的批评，仿佛一提保障被告人的权利，就与“放纵犯罪”“帮助犯罪人逍遥法外”画上等号。近年来，随着改革开放和社会转型所带来的贫富分化问题的加剧，也随着社会弱势群体的困顿无助，对于嫌疑人、被告人权利保障的正当性问题，似乎越来越多的人都在质疑。

第一，刑事诉讼是公民权利可能面临严重威胁的一个领域。刑事诉讼是国家机关以社会整体利益的名义限制、剥夺个人权利的活动，其侵权性仅次于军事战争状态。一方面，这是因为国家如果怀疑一个人涉嫌犯罪，就可以使用各种手段进行专门调查，采取各种强制措施，这些都会使该公民处于犯罪嫌疑人的状态，并导致其公民权利受到侵犯。比如，侦查人员通过行使拘留权和逮捕权，使嫌疑人的人身自由受到剥夺；对嫌疑人身体和住处的搜查，对嫌疑人物品和文件的扣押，则侵犯了他的隐私权；甚至整个预审讯问过程中，都有可能使嫌疑人的人格尊严受到程度不同的贬损……可以说，各项为宪法所保护的公民权利，都有可能被侦查机关以收集证据、破获犯罪案件的名义，予以公开的侵犯。另一方面，在绝大多数情况下，刑事诉讼是以法院对被告人定罪量刑而告结束的，而这种定罪量刑则会使被告人的自由、财产乃至生命受到剥夺。死刑剥夺公民的生命权，无期徒刑、有期徒刑剥夺公民的自由权，而罚金、没收财产剥夺的则是公民的财产权。在和平时期，难道还有比剥夺公民的自由、财产、生命更为严重的侵犯公民权利的行为吗？所以说，刑事诉讼是公民权利可能面临严重侵犯的一个领域，而民事诉讼、行政诉讼中对公民权利的侵犯不会像刑事诉讼中那样严重。

第二，刑事诉讼是警察权、检察权和审判权可能容易被滥用的领域。无论是刑事侦查活动还是定罪量刑活动，都可能使某一公民的隐私、自由、财产乃至生命受到剥夺。这种对公民权利的侵犯本身，既可以是正当的，也可能是非正当的。从保证刑事诉讼顺利进行的角度来说，对嫌疑人采取各种强制措施当然是具有合理性的；而从惩治犯罪、实现国家刑罚权的角度来看，对那些被定罪的人适用刑事处罚措施，也是无可厚非的。可以说，只要我们建立了刑事侦查制度，要完成证据调查和破获案件的任务，就不可避免地要限制、剥夺嫌疑人的公民权利；只要我们准备实施刑法，也必然要对犯罪人实施刑事处罚。这种对公民权利的侵犯，只要具备法律依据并严格遵循了法律程序，就具有了正当性和合法性。但是，刑事诉讼活动一旦超越了法律的限度，违反了法律规定的程序，或者超越了法律所规定的各项实体性限制，就会导致公民权利受到无理的剥夺和非法的侵犯。换句话说，剥夺公民权利的官方行为究竟是否具备合法性和正当性，关键要看警察权、检察权和审判权是否受到了滥用。一旦这些国家权力遭到滥用，人权就会受到普遍的践踏，而人权被践踏的最重要标志莫过于普遍制造恐惧，每个人都担心自己的权利会随时受到侵犯。

第三，每个公民都是潜在的嫌疑人、被告人，保护嫌疑人、被告人的权利实际上就是保护每个公民的权利。一方面，在很多情况下，嫌疑人、被告人的范围是不确定的，从理论上说每个人都可能受到刑事指控；另一方面，我们要把嫌疑人、被告人当作涉嫌违反法律规则的公民来看，而不能将其视为天生的罪犯。在刑法理论中，犯罪分为自然犯和法定犯，其中自然犯在几乎所有国家和任何时代都可能被认为是犯罪，但是对于大多数法定犯是不是构成犯罪，不同国家在不同的时期会有不同的规定。在西方犯罪学中曾有一种“犯罪标签理论”，认为所谓“犯罪”，无非是国家强加给个人的一个“标签”或者“符号”而已。这一理论尽管略显极端，但起码说明了一个道理：嫌疑人、被告人甚至犯罪人，无非是一些被指控违反了法律规则的公民；国家要完成对他们的定罪过程，就要严格遵循法律规定的程序，经过法定的司法证明过程，并且要符合刑法所确立的某一罪名和犯罪构成要件。“犯罪标签理论”使我们对犯罪问题具有了一种平常心。几十年以前，一个木材商人将一车木材从大兴安岭运到南方去卖，这在当时属于典型的投机倒把犯罪，而今天却已经变成合法的经商行为。同样，20世纪80年代初，上海的一位大学教授，利用周末到周边的一些乡镇企业提供技术指导，收取了几千元的技术转让费，在当时就可能被判处贪污罪，而在今天，只要在纳税方面不出现问题，这就是一种完全合法的行为。

因此，嫌疑人、被告人首先是一个享有各项权利保障的公民，而并不必然属于十恶不赦的罪犯，国家不应当动辄对嫌疑人、被告人作出道义上的否定，甚至视其为政治上的敌人。所谓的“嫌疑人”“被告人”，不过是涉嫌违反了法律规则而已；对于这些人，在法院没有确定有罪之前，必须给予其充分的权利保障。嫌疑人、被告人所面临的侵权危险是几乎每个公民都可能遭遇的危险。国家如何对待嫌疑人、被告人，是国家如何对待公民的一面镜子，这体现了国家对待公民的基本态度。如果一个国家可以善待它的嫌疑人、被告人，这个国家的人权状况应当是不错的。所以，德国的罗科信教授在他的教科书中说过一句非常著名的话——国家对待嫌疑人、被告人权利的态度，代表了整个国家的人权状况和文明程度。

第四，我们在这里需要对两个批评作出回应。第一个批评是，保护嫌疑人、被告人的权利，可能会使社会整体利益受到损害。对于这一责难，我的回应是，保护绝大多数人的最大利益，当然是具有正当性的目标。可以说，无论是公共秩序、社会安宁还是社会公众的生命、财产权利，都需要通过国家有效地控制犯罪来得到实现。但是，在正常情况下，我们不能为保护公共利益，而牺牲和践踏作为少数人的嫌疑人、被告人的利益。对于这一点，康德曾提出过著名的“绝对道德律令”：在任何情况下，都不得将任何人仅仅当作工具或者手段。这应当成为我们思考问题的最后底线。因此，任何国家都不能允许将大多数人的权利、安宁建立在少数人的痛苦之上，因为那是不道德的，走到极端就是一种多数人的暴政。法国大革命的教训表明，在多数人暴政的时代，是没有最基本的公民权利可言的。其实，一个国家即使有99%的人主张将一个人杀掉，从而形成了“万民皆曰可杀”的情况，也不能证明对这个人科处极刑就是正当的。相反，一个人即使被认为“罪大恶极”，我们也应当给予他必要的程序保障，要经过正当的司法程序，使他获得公正的审判，并使法院的有罪裁判建立在法律明文授权的范围之内。这才是法治的真谛。也只有实行这样的法治，所有公民的权利才有可能得到保障。否则，那种“为维护绝大多数人的利益而任意剥夺少数人利益”的观点，一旦变成制度现实，所牺牲的就不只是简单的“少数人”的利益，而有可能是每个人的利益。因为所谓的“少数人”，是可以发生变化的，任何一个公民都有可能转化为这里的“少数人”。这会造成一种人人自危的恐怖局面。所以，我们的结论是，任何社会公共秩序、公共利益都不能建立在个人的权利被任意牺牲的基础之上，否则就不具有正当性。如果没有正当法律程序，如果没有成文法的明文规定，哪怕为了社会整体的利益，也不能剥夺任何个人的权利。

第二个批评是，难道为了保护嫌疑人、被告人的权利，就可以牺牲被害人的权利吗？回答这个问题，必须把被害人和被告人做一个简单对比：对被告人权利的最大威胁来自国家公权力，而对被害人权利的主要威胁则来自犯罪行为。相比之下，被告人的权利要得到维护，就需要国家公权力尽量不干预和不侵犯个人的权利，使公共权力机构做到不任意实施逮捕、拘留、搜查、扣押等行为，使被告人不受到无理的起诉、审判和有罪裁判。相反，被害人权利的保障则要建立在国家公共权力机构积极作为的基础上：只有侦查机关迅速及时地展开立案、侦查活动，刑事案件才能进入司法程序；只有检察机关有效地提起公诉和支持公诉，刑事案件被诉诸司法裁判，被害人才能获得实现正义的机会；只有公诉方成功地说服法院作出有罪判决，被害人的复仇欲望才能得到实现……

上述分析足以说明，被告人与被害人的利益具有相互对立的方面，但与此同时，被告人和被害人的权利也有一致的地方，两者并不是完全不可协调的。在刑事诉讼中，保障被告人不受任意定罪的权利，是被告人在整个刑事诉讼中的最大利益。无论是辩护权、申请回避权、申请变更管辖权、申请排除非法证据的权利，还是在法庭上提出证人的权利、提起上诉的权利，几乎都是围绕防止任意定罪而确立的。在防止国家任意定罪问题上，被害人和被告人没有根本的冲突：一方面，从被害人的角度来说，只有找到真正的犯罪人，自己的权利才能得到伸张，国家如果对一个无辜的被告人加以追诉和判刑，那么，被害人就无法真正实现自己的权利，因为真正的凶手仍然逍遥法外；另一方面，无罪推定、辩护权、沉默权等一系列防止公民被任意定罪的制度，固然有利于嫌疑人、被告人，但这些对被害人也没有太大的妨碍，而且它们最主要的功能是防止任意定罪。维护正当的法律程序，既符合被害人的利益，也符合被告人的利益，也不违背国家利益，它们之间是没有矛盾的。在定罪后的量刑环节，再特别强调被告人的权利保障就没有必要了，因为在这个阶段需要强化被害人的参与性，使其有机会对量刑问题充分地发表意见，从而对法院的量刑问题施加积极的影响，并获得较为满意的民事赔偿。因此，我们的结论是，那种认为保护被告人权利会导致被害人权利受到牺牲的观点，至少在一部分场合下并不符合经验事实，是不能完全成立的。在某种程度上，被害人和被告人是“一荣俱荣、一损俱损”的关系：被告人得不到公正的审判，固然意味着国家对被告人实行了暴政，但不公正的审判所带来的是整个刑事处罚的不正当，这对被害人也是没有任何好处的。

总体而言，刑事被告人的权利保障问题，本质上是一个公民如何对抗国家公权力任意追诉的问题。假如不对被告人的权利作出有效的保护和救济，他将处于被动挨打、防不胜防的境地。被告人其实面临着国家对其个人所发动的一场“战争”。在这场战争中,国家动用自己的全部资源、利用全体纳税人的钱来对一个公民采取追诉行为,剥夺他的基本权利。我们怎么能放任国家对个别公民的权利进行任意践踏而无所作为呢?

三、刑事被告人的权利救济

在权利和救济的关系上,一直有一些著名的格言:“无救济则无权利”“救济先于权利”“没有救济的权利不是权利”。在公民权利的保障方面,我国一直强调权利外延的扩大和权利保障的加强,但在权利救济的保障方面,却始终没有取得实质性的进展和突破。在刑事诉讼中的权利保障问题上,目前的主流观点也是推进嫌疑人、被告人以及辩护律师权利的扩大,使《宪法》所确立的辩护权在刑事诉讼中得到有效的保障。例如,很多学者主张确立嫌疑人的沉默权,扩大辩护律师的会见权、阅卷权、调查权,甚至主张辩护律师在侦查人员讯问嫌疑人时拥有在场权……但是,没有基本的救济机制,这些权利即使被赋予了嫌疑人、被告人和辩护律师,又能带来怎样的实质变化呢?

(一)什么是救济

我们可以从一个宪法规定出发,来分析权利救济问题的重要性。我国《宪法》规定,对于国家工作人员的违法侵权行为,公民享有提出申诉、控告的权利。从规范构成的角度来看,我们可以提出以下问题:对于国家工作人员的哪些违法行为，公民可以提出申诉、控告？提出申诉、控告的公民与国家工作人员的违法侵权行为之间，要不要存在实际的利害关系？那些受到侵权的公民，究竟可以向哪些机构提出申诉、控告？接受申诉、控告的机构在什么情况下可以受理，在哪些情况下有权拒绝受理？对于有关机构拒绝受理申诉、控告的行为，公民有没有继续寻求救济的可能……非常遗憾的是，对于这些问题，几乎没有任何一个部门法给出了明确的答案。从中国申诉、上访现象所折射的问题来看，《宪法》这一规定并没有得到有效的实施。那么，问题出在哪里？我的答案是，这一宪法权利没有相应的救济机制。

一般来说，权利是指一个人从事某种活动、获得某种利益的资格。某一个人“享有某某权利”，其实仅仅是指这个人具有从事特定行为、获得特定利益的资格而已。但是，这个人要想真正有效地行使该项权利，还必须获得相应的权利保障。那么，什么是救济呢？所谓“救济”，就是指在某一权利无法实现、受到侵犯的时候，法律给予权利人的必要补救措施。这种补救具有两个功能：一个是惩罚侵权者，另一个是补偿被侵权者。举个例子来说，一个人在照相馆照相，但照相馆经营者悄悄地留下了底片，并在没有征得被照相者同意的情况下，洗印了大量照片作为广告宣传的工具。这种行为在民法上构成了对公民肖像权的侵犯。要保障每个公民的肖像权，法律就需要确立救济手段。比如，法律可以规定侵犯肖像权的人应承担经济赔偿、赔礼道歉等方面的责任，被侵权者还可以继续向其追偿精神损失。这些都属于事后的救济措施。没有这些事后的救济措施，不仅侵权行为难以受到制裁，被侵权者无法获得补救，而且社会公众也不可能树立尊重他人权利的意识，甚至还可能因为法律不能制裁侵权行为而心生侥幸，致使那些潜在的侵权者受到某种程度的激励。在这种情况下，所谓的“权利”和“权利保障”，也就变成一纸空文了。

根据侵权行为所侵犯的权利性质，我们可以将这一行为分为“私法领域中的侵权”和“公法领域中的侵权”。刑事诉讼中发生的侵权行为，一般都是侦查机关、公诉机关和审判机构在刑事诉讼中侵犯嫌疑人、被告人的基本权利，因此具有典型的“公共侵权”的属性。当然，这种公共侵权行为一旦侵犯了公民的宪法权利，还可以构成“宪法性侵权行为”。与此相适应，对于公共侵权和宪法性侵权行为，应当建立不同于普通私法侵权行为的救济措施。

所谓的“惩罚侵权者”和“补偿被侵权者”，无非是从实体上为侵权行为确定的法律后果，也属于广义上的“法律责任”的范畴。但是，权利救济并不仅仅局限于这些“实体性救济”措施，还应当包含一种“程序性救济”机制。事实上，任何实体性救济措施都不会自动地实现，而必须在一定程序机制作用下，由特定的司法裁判机构加以实施。比如，针对刑讯逼供问题，法律可能确立了“刑讯逼供得来的口供应当排除”的实体性救济措施，作为对侵权者的制裁措施，也可能成为被侵权者的补救机制。但是，这种“非法证据排除规则”是不会自动实施的，除非法律还建立了相应的程序性救济措施。所谓“程序性救济”，其实就是为了实现实体性救济而设立的专门裁判机制，它的核心问题是通过保障被侵权者的诉权使任何有关权利救济的申请都可以被有效地纳入司法裁判的轨道之中。

诉权是诉讼法上的概念，在民事诉讼法中最为发达。但是，假如我们将诉权定位为“诉诸司法裁判的权利”，那么，它就绝不只限于在民事诉讼中发挥作用，而是可以被运用到宪法甚至整个公法领域。所谓“诉权”，无非是指一个人在其权利遭受侵犯之后，能够将被侵权的问题诉诸司法裁判的权利。诉权是实现实体性救济的中介和桥梁，没有诉权，所有的实体性救济都是一纸空文。在权利救济方面，诉权具有如此重要的地位，以至有人将其称为“第一人权”。这样的评价可能略显夸张，但我们认为诉权确实具有极为重要的意义。

第一，没有诉权，所有的公民权利在被侵犯以后都不能诉诸司法程序，当然就谈不上救济，因为没有救济的前提。迄今为止，最有效的权利救济途径莫过于司法救济，也就是由法院通过诉讼的方式对权利进行救济，是每个权利救济的必由之路。虽然通过立法、行政等途径也可以进行救济，司法救济本身也会有这样那样的缺陷，但司法机关作为一种被动地接受权利救济申请的机构，不仅本身较少实施侵权行为，而且还为被侵权者提供了最基本的程序保障，因此由司法机构进行救济，可能会产生明显的救济效果。

第二，只有通过行使诉权，被侵权者才能使侵权的事实纳入司法审查的轨道。司法审查是对侵权事实进行确认的唯一有效途径。对于被侵权者来说，如果无法促使法院对侵权行为加以确认和宣告，所谓的“权利救济”又从何谈起呢？

第三，只有有效地维护被侵权者的诉权，才能给予他们“为权利而斗争”的机会。有的时候，即便有些权利难以获得实体性救济，但是，只要获得“为权利而斗争”的机会，被侵权者就可以向中立的裁判者申明自己的主张，就可以与侵权者对簿公堂，这本身就属于一定程度的救济。

第四，诉权是程序性救济的核心与灵魂。1989年通过的《行政诉讼法》之所以在中国法制史上具有里程碑意义，就是因为它第一次将行政行为的合法性纳入司法审查的范围，给那些受到行政机关侵权的个人表达诉权的机会。那么，我们在刑事诉讼领域如何继续向前走出一步，从而为那些受到侵权的嫌疑人、被告人提供有效的权利救济呢？我认为，只有在刑事诉讼中建立司法审查之诉，使侦查行为、公诉行为甚至审判行为的合法性都能受到有效的司法审查，嫌疑人、被告人的各项权利才能获得有效的救济。这一点，将是中国未来刑事司法改革的必由之路。

那么，一项诉权要得到有效的行使，究竟要具备哪些构成要素呢？作为一项权利，诉权也就是被侵权者获得司法裁判的资格。这一权利要得到有效的行使，一般必须具备以下要素：第一，被侵权者获得向司法裁判机构申请司法救济的机会，至少应当明确受理这种诉讼请求的裁判机构，以避免“有冤无处申”的困境。第二，对这些申请应当建立理性的受理机制，裁判机构一般应当予以受理，将其纳入裁判范围，即使不予受理，也应当遵循明确的标准，给出明确的理由并确保申请者继续提出有效的救济。第三，对诉权的行使必须有一个裁判机制。对于存有事实争议的重大问题，应当举行听证程序；对于不存在事实争议且双方放弃听证请求的，司法裁判机构则可以进行书面审查。第四，无论是否采纳申请者的意见，司法裁判机构都要作出一项裁判结论。第五，司法裁判机构一旦作出某一裁判结论，就应当给予被申请者获得再救济的机会。这些都是诉权的基本要素。需要注意的是，诉权不等于“胜诉权”，行使诉权也并不等于必然获得胜诉，但诉权至少应当是一个诉诸司法裁判的权利。

（二）刑事诉讼中的权利救济

作为一种公共侵权行为，刑事诉讼中的侵权行为具有一定的特殊性，对这些侵权行为的救济也应有相应的救济途径。通常来说：刑事诉讼中的侵权行为一旦构成犯罪，就可以对办案人员启动刑事追诉措施，追究其刑讯逼供、非法拘禁、滥用职权等刑事责任；这些侵权行为一旦构成行政不法行为，也可以追究办案人员的行政纪律责任；这些行为如果构成民事侵权行为，也可以追究办案人员的国家赔偿责任……但是，假如这些侵权行为并不构成任何实体性违法行为，而仅仅属于单纯的"程序违法行为"，那么，对这些行为就只能采取宣告无效的制裁方式。

程序法上的第一种制裁方式是排除非法证据。对侵犯公民权利的行为，尤其是侦查人员侵犯公民权利的行为，最有效的救济莫过于排除非法所得的证据，使它不具有证据能力。目前存在两种排除规则：一种是成文法上的排除规则，另一种是宪法性排除规则。大陆法系几乎所有国家的排除规则都是以成文法为基础的，只要违反了刑事诉讼法有关侦查程序的某个条款，非法所得的证据就要排除。现在最值得关注的是宪法上的排除规则，这方面最发达的是美国、加拿大和德国。德国作为传统的大陆法系国家，发展出了以基本法为基础的排除规则。美国的排除规则目前适用于警察在侦查阶段侵犯公民宪法权利所得的所有证据，非法搜查、非法逮捕、违反沉默权等侵犯公民权利的行为，都属于排除规则救济的对象。美国的排除规则不仅适用于警察非法得来的证据，而且对于"毒树之果”也要一并加以排除。当然，美国的排除规则目前具有了越来越多的例外。加拿大将非法证据排除规则确立于宪法之中，使其成为一种宪法上的救济手段，根据加拿大1982年《公民权利与自由大宪章》第24条的规定，任何以侵犯公民宪法权利获取的控方证据，法官都有权将其排除。20世纪60年代，联邦德国宪法法院开始通过重新解释基本法的权利保障条款，将传统的“证据禁止”制度适用于那些涉及宪法性侵权的程序违法行为。《德国基本法》中关于人的尊严、自由、隐私的条款被发育成为排除规则的适用依据。联邦德国宪法法院对排除规则的规定在某些方面甚至超过了美国。美国只是规定手段违法所得的证据要排除，德国从1960年以来发育出一种制度，即对于证据的使用本身侵犯公民宪法权利的也要排除，比如日记本或者私人的录音带等，只要其内容涉及公民的个人隐私，即使是通过合法手段收集的也不能作为证据使用。

程序法上的第二种制裁方式是终止诉讼。这是从英国普通法发育出来的救济制度，在英语中称为judicial stay。对于检察机关滥用诉讼程序，致使被告人的公正审判权得不到维护的起诉，法院可以宣告终止诉讼。这种针对检察官起诉行为的救济手段，由于导致起诉难以进入审判程序，因此也就属于一种“起诉无效”之宣告。在英国法中，这种制裁方式主要适用于两种情形：一是诉讼拖延行为，警察、检察官为了获取证据、获得诉讼的成功，使用拖延诉讼的手段，对于这些行为，法官发现后可以宣告终止诉讼。二是重复诉讼、违反“一事不再理”原则的行为。对于案件重复起诉的，法院可以宣告终止诉讼、被告人无罪。

英国的诉讼终止制度在美国有一个相似的制度：撤销起

诉(dismiss of charge)。它所针对的对象主要包括：违反不受双重追诉原则的行为——对于一个行为曾经起诉过，又再次起诉的应当撤销起诉；侵犯迅速审判权的行为——警察逮捕后长时间不做任何讯问，检察官也拒不提起公诉；滥用诱惑侦查措施的行为；非法绑架行为——未经合法的引渡手续，非法强制一个外国人到美国接受审判……法官作出终止诉讼或者撤销起诉的决定之后，如果原来的违法行为属于严重侵犯公民权利的行为，就禁止检察官再行起诉，被告人实际上就被作出了无罪处理；而对于一般的侵权行为，则可以批准检察官再行起诉。

程序法上的第三种制裁方式是判决无效。几乎所有的国家对于法庭上发生的侵权行为，都可以撤销原判的方式加以救济。在美国的法庭上，如果出现剥夺公民宪法权利的情况，尤其是剥夺公民获得公正审判的权利，比如该指定律师的没有指定，该回避不回避的，二审法院可以撤销原判。

以上三种权利救济方式都属于刑事诉讼中的"实体性救济"措施。但是，要想对一个侵犯公民权利的行为实施救济，除了要建立实体性救济以外，还必须要有相应的程序性救济机制。目前的救济程序大体有两种：一般的司法审查之诉和违宪审查之诉。

所谓司法审查，是指对于警察、检察官侵犯公民权利的行为，尤其是侵犯公民宪法权利的行为，法院要给被侵权者申请司法审查的机会，对这些侵权行为的合法性进行审查，对于不合法的行为加以制裁。对于这种司法审查之诉，我们可以称为"诉中诉"，又叫"审判之中的审判"。为了保障刑事被告人的诉权，法律也要建立以下基本制度要素：对于被侵权者的申请要加以受理，法院如果不受理要给出理由；受理以后要有专门的裁判制度，不能依附于实体性裁判；要有专门的听证制度，确立举证责任和证明标准，给双方辩论的机会，专门解决有没有程序性违法、侵犯公民的宪法权利的行为；要有一个裁判结论，为再救济提供基础；要有再救济的机会。这些才是程序性救济的真谛。

如果一个行为侵犯了公民的宪法权利，就不再是一般的司法审查之诉所能解决的，而应当建立违宪审查之诉。违宪审查之诉是在普通的司法审查之诉难以提供司法救济的情况下，由国家的宪法裁判机构提供的司法审查。这种宪法诉讼审查的内容主要包括两点：行为是否违反了宪法，违反宪法的行为应当受到何种制裁。违宪审查的重要性在于，当公民权利在普通救济程序中无法获得救济时，被侵权者还可以告到最高法院或者宪法法院，以是否违反宪法为由进行最高等级的审查，从而使公民的人权获得最后被救济的机会。这是一个国家司法制度高度发达的产物，也是法治赖以实现的最后屏障。

我国刑事诉讼法确立了一定的权利救济机制，其中最为重要的莫过于非法证据排除规则和撤销原判、发回重审制度。但在我国司法实践中，这两种救济方式都面临着一定的困难。对于大多数侵犯嫌疑人、被告人权利的行为，法律没有确立明确的法律后果。目前，刑事诉讼法尽管确立了“非法证据排除规则”，但其适用对象也主要是那些通过刑讯逼供、暴力、威胁等非法手段所获取的言词证据，而对于通过非法手段所获取的实物证据、笔录证据，刑事诉讼法并没有确立强制性的排除规则。与此同时，刑事诉讼法针对一审法院违反法律程序所作出的裁判，也确立了撤销原判、发回重审的制裁性后果，但这种程序性制裁所适用的对象也主要是那些非常明显的程序性违法行为，对于一审法院侵犯被告人或辩护律师诉讼权利的行为，这种程序性制裁还难以发挥有效的救济作用。

此外，我国宪法确立的很多公民基本权利，如人身自由、住宅不受侵犯、通信秘密、辩护权、公开审判权等，其侵权的源头往往都是侦查行为、公诉行为和审判行为。对于这些宪法权利，我国法律大都没有确立有效的救济机制，使这些权利在刑事诉讼中受到侵犯之后，难以在实体和程序两个层面上获得有效的救济。

四、被告人与被害人权利之平衡

一般来说，刑事诉讼中的最大问题是嫌疑人、被告人的权利保障问题。无论是宪法，还是国际人权公约，动辄强调保障那些受到刑事追诉的公民的权利。前面所说的辩护权、沉默权、获得公正审判的权利、申请排除非法证据的权利等，都无一不是围绕着被告人的权利保障问题而展开的。但是，被害人的权利应当如何保护呢？作为犯罪的直接受害者，被害人无疑属于最值得同情和保护的当事人，与刑事诉讼的结局具有直接的利害关系，他们与被告人一样，都属于“利益处于待裁判状态”的诉讼一方。尤其是那些受到暴力侵害的被害人，更是有着较为强烈的复仇欲望，对于自己所受到的侵害后果，也一般都有着获得民事赔偿的要求。但既然如此，为什么宪法和国际人权公约只强调刑事被告人的权利保障，而对被害人的权利保护问题语焉不详呢？

按照主流的观点，所有的社会弱者都应当受到关注和获得保护。相对于国家来说，刑事诉讼中的嫌疑人、被告人属于弱者，但由于嫌疑人、被告人最终大都被确定为有罪，因此，公众对嫌疑人、被告人的同情和关注就会受到一定的影响。相对于犯罪人来说，被害人不仅属于明显的弱者，而且还大都是“没有过错的弱者”，对被害人的权利保护一般会博得公众的共鸣。每当我们讨论被告人权利保障的时候，总会有人提出，被害人的权利如何加以保障？如果对被告人的权利强调得过了头，因此导致有罪的被告人逃脱了法网，那么，被害人的权利应当如何保护呢？比如，对于非法证据排除规则，有人就引用美国联邦最高法院前任大法官卡多佐的那句名言来质疑：“因为警察违法，就放纵犯罪。”警察违法和放纵犯罪之间有必然的因果关系吗？这也就是说，保障被告人的权利走到了极端，仅仅因为程序上的瑕疵就导致有罪的被告人被放纵，社会能承受这个代价吗？被害人能承受吗？正因为如此，我们必须认真对被害人的权利保障问题作出反思，并对被告人与被害人权利保障的关系问题，提出一些新的思路。

（一）有关刑事被害人的基本假定

自从国家追诉制度产生以来，关于刑事被害人的诉讼地位问题形成了一些基本的假定。这些假定连同犯罪与侵权的区分、刑事诉讼与民事诉讼的分野一起，对近代以来的刑事诉讼制度产生了极大的影响。对于这些基本假定作出清醒的认识，是了解刑事被害人权利保障问题的前提。

第一，犯罪与侵权的区分，对被害人的诉讼地位产生了重大影响。学习法律的人都知道一个常识：犯罪就是孤立的个人侵害整个社会利益的一种违法行为，其核心特征之一就是“社会危害性”。但是，这一定义充满了一种固执和独断，忽视了一些人类社会最基本的常识和经验。犯罪的概念最早出现在中世纪，欧洲的一些宗教裁判法庭就曾把一些背叛宗教教义的行为视为一种“罪行”。后来随着宗教裁判制度向世俗法院的传播，犯罪的概念也被推而广之。犯罪的概念起初就是一种宗教上的恶行，或者是政治上的敌对行为。在犯罪逐渐成为国家追诉的对象之后，这一最严重的违法行为就始终没有摆脱政治上和道德上的否定评价，成为国家对一个人所作的权威的否定评价和谴责。所谓的“社会危害性”，也就是通常所说的“反社会性”，在不同时期被赋予了不同的内容：在一个集权体制下，反对君主的行为就是反社会行为；而在一个民主社会，反社会行为也就是危害整个社会共同体利益的行为。

现在，一些学者开始对“社会危害性”进行深刻的反思，认为在这一犯罪定义之下，所谓的实质性社会危害性会取代形式上的违法性概念，成为确定犯罪的标准，这显然会危及罪刑法定原则，造成司法机关定罪量刑的恣意性。但是，这些学者仍然忽略了上述犯罪定义对于被害人权利保障问题的深远影响。

我们需要反思的是，难道犯罪仅仅具有社会危害性吗？从中世纪以来，由于犯罪的概念中只强调社会危害性，这促成了国家追诉主义的形成，使得追究犯罪成为整个国家的行为，而不再仅仅是被害人个人的事情。但是，那些有被害人的犯罪行为，如杀人、伤害、抢劫、强奸等，难道仅仅具有社会危害性吗？如果仅仅具有社会危害性，犯罪行为对被害人个人利益的侵害难道就不存在了吗？如果说这些行为只具有社会危害性，那么，这是否意味着真正的犯罪受害者并不是被害人，而是国家或者社会呢？但是，假如这种对犯罪的定位就连被害人属于犯罪的直接受害者都熟视无睹，那么，这种犯罪定义岂不就连基本的常识、经验都不顾了吗？

看来，我们确实需要对犯罪的传统定义作出深刻的反思。假如一个人受到了犯罪人的直接侵害，而司法机关却以该犯罪行为"具有社会危害性"为由，只强调侦查机关的侦查、检察机关的公诉和法院的审判，而拒绝被害人直接参与刑事诉讼的过程，更不允许被害人发表自己的观点、证据和主张，这难道符合基本的公平正义吗？在这一理论假定之下，被害人与生俱来的寻求复仇和获得赔偿的欲望又怎么能实现呢？本来，犯罪的社会危害性假定作为对犯罪的侵权属性的一种否定，就是从人类社会生活的经验和常识中提炼出来的理论。但是，人们却将这一理论视为"乌托邦"式的教条，以致忽略了另外一些基本的经验和常识。正因为如此，我们在这个问题上应当回归人类社会的基本经验，对于那些存在被害人的犯罪案件，首先应当承认犯罪的私人侵权属性，然后其才具有反社会性。更明确地说，那些存在被害人的犯罪行为直接侵犯了公民的个人权利，同时间接侵犯了社会公共利益。由此可见，至少在一部分犯罪案件中，犯罪除了具有社会危害性以外，还事实上具有私人侵权的特征。

第二，刑事诉讼与民事诉讼的分野，直接决定了刑事被害人的诉讼权利。近代以来的刑事司法制度建立在国家追诉主义的基础上。国家追诉主义是与犯罪的社会危害性概念相对应的一个概念，它构成了现代刑事诉讼的基石。由于犯罪是反社会的，因此，追究犯罪的责任应当由国家承担，于是逐渐形成侦查机关和起诉机构，从而将私人追诉主义的适用范围减少到最低限度。在我国，这种私人追诉制度主要存在于附带民事诉讼和自诉程序之中。但是，基于国家追诉的理念，民事诉讼是依附于刑事诉讼而存在的，而不被认为具有独立性，正如那种针对被害人的侵权的危害性被认为附带于社会危害性之中，结果，民事诉讼就被压缩到一个非常小的范围。同样，尽管我们在1996年修改《刑事诉讼法》时扩大了自诉案件的范围，使被害人获得了更多的救济机会，但是自诉制度的实际适用范围还是非常小的，它主要适用于那些较为轻微的刑事案件。可以说，国家追诉制度的过度膨胀，可能会导致私人追诉制度的适用越来越成为一种例外。

按照经验和常识，被害人在刑事诉讼中至少具有两方面的欲望：获得复仇和申请民事赔偿。那么，在国家主导刑事追诉的制度下，被害人如何表达这两种基本的欲望？司法机关能保障被害人复仇的欲望得到体面的实现吗？其实，国家追诉制度的一个基本假定，就在于国家在禁止被害人个人亲自实施复仇的同时，通过侦查和公诉活动，一方面以国家刑罚权来维护社会的利益；另一方面也帮助被害人寻求刑罚的正义。但是，国家在刑事追诉过程中具有自己的独立利益，而不会完全顺应被害人的意志。甚至在国家追诉主义的话语系统中，被害人复仇的愿望是根本不被承认的，国家之所以开展刑事追诉活动，不是要满足被害人的复仇欲望，而是为了实现刑罚的正义。在这种情况下，被害人的复仇欲望真的能得到国家的尊重吗？例如，在一个案件中，被害人认为被告人有罪，但是案件始终不能进入刑事诉讼程序怎么办？如果被害人要求公安机关立案被拒绝，要求检察院起诉也遭到了拒绝……在这种无法进入程序的情况下，被害人的复仇欲望能得到实现吗？又如，即使进入了诉讼程序，检察官在支持公诉方面采取了不作为的态度，被害人该怎么办呢？再如，判决结果对被告人有利，被害人认为无罪判决或量刑结果明显不公，他又该怎样对诉讼程序施加自己的影响呢？……可以看出，在涉及被害人利益的问题上，被害人无法充分地参与刑事诉讼的过程，他既不能表达自己的意志，也不能影响判决的结论，这种国家追诉制度难道不是对被害人利益的背叛吗？一些英美学者经过经验研究后发现，被害人是刑事诉讼中被遗忘的当事人，因为国家不尊重他，被告人可以在律师的帮助下实现自己的权利，而被害人在法庭上连当事人都不是，他只是普通的证人。在这种情况下，一种所谓的"第二次伤害"（the second harm）理论开始出现。按照这一理论，由于国家的司法制度对被害人的冷漠，不让他参与诉讼而使其受到伤害，这种国家所造成的伤害容易让人产生失望乃至绝望，会带来严重的社会问题。所以，国家追诉制度一旦走向极端化，被害人的复仇欲望是难以得到实现的。毕竟，国家追诉机构在侦查和公诉过程中所追求的利益，与被害人的利益并不完全一致。

那么，这种国家追诉制度真的能确保被害人获得民事赔偿吗？迄今为止，英美法仍然保留了刑事诉讼与民事诉讼相分离的制度。按照这一制度，犯罪行为既是对公共利益的侵犯，也构成对被害人个人利益的独立侵害。因此，国家对犯罪的刑事追诉应当与被害人对民事侵权的追诉独立进行，并行不悖。辛普森案的审判过程充分显示，即使在被告人被宣告无罪、刑事追诉以失败而告终的情况下，被害方照样可以继续提起独立的民事侵权之诉。况且，基于民事诉讼的当事人处分原则，民事诉讼可以采取被告自认制度，也可以适用缺席审判制度，所适用的证明标准也明显低于刑事诉讼。因此，即便刑事追诉没有成功，被害人难以实现复仇的欲望，也还可以继续提起民事侵权之诉，从而追求民事赔偿的结局。

按照大陆法系国家的附带民事诉讼制度，检察机关在提起公诉的同时，还可以允许被害人提出民事侵权之诉，法院对于这两种诉讼同时加以受理，在解决被告人刑事责任的同时，还要附带确定被告人的民事侵权责任。目前，我国也基本上沿袭了来自大陆法系的附带民事诉讼制度。但是，这种制度存在明显的三大缺陷：第一，它把民事诉讼中的侵权责任依附于刑事诉讼，其理论基础就是对私人的侵权的危害性要依附于社会危害性。这是一种建立在以国家为中心的犯罪概念基础上的制度，认为被害人所受到的私人侵权的危害性已经被吸纳到社会危害性之中了，因此国家在追究被告人刑事责任的过程中，附带追究他的民事责任。附带民事诉讼制度充分反映出，在这种犯罪概念中没有把私人侵权作为一个独立的特征。第二，犯罪和侵权行为不具有必然的关联性。我们认为，犯罪和侵权在大多数情况下是有关联的，但是也有可能是独立存在的。假设一个被告人在刑事诉讼中突然死亡，刑事诉讼过程即告终止。但是，民事追究也应当因此终止吗？假如刑事追诉时效已经超过，难道民事追诉时效也过去了吗？被告人因为特赦而不再被追究刑事责任，那么民事责任也因此一笔勾销吗？被告人因为没有达到法定的证明标准而被判无罪，难道也因此而不再追究其民事责任吗？可见民事赔偿和刑事追究不是一一对应的，两者之间有矛盾、有不一致的地方，因此在有些场合，即使不追究被告人的刑事责任，民事追究依然应该进行。第三，完全不同的证明规则和证明标准,使被告人在刑事诉讼中即使被宣告无罪,被害人在民事诉讼中也还有获得胜诉的可能,两者不能完全等同。但是,这种附带民事诉讼制度却造成刑事诉讼一旦难以进行下去,民事诉讼也会受到相应的影响。比如,我国现在逃到海外的一些犯罪嫌疑人,将大量的赃款转移出境,但是由于我国与很多国家都没有签订引渡协议,使引渡这些人回国具有很大的难度,刑事追诉难以为继。但是我们可以换一个思路,考虑建立一种独立的财产追偿诉讼程序,把被告人的贪污行为视为对国家的民事侵权行为,我们可以通过建立独立的民事赔偿诉讼,向被告人追偿,在缺席审判的情况下,判决他承担民事赔偿责任。对于这种民事判决的国际司法协助是没有什么问题的,这样就可以冻结他在国外的所有财产,并最终迫使他回国接受刑事审判。现在这种附带民事诉讼已经明显不能做到与时俱进,无法适应社会发展和社会转型的客观需要,无法保障被害人获得赔偿欲望的实现。

(二)被害人与被告人权利的冲突与平衡

被害人的权利保障面临较为严重的问题,刑事被告人的权利保障问题同样不容忽视,那么,究竟应如何看待两者的关系呢? 面对被害人与被告人的权利冲突问题,我们究竟应当如何对此加以协调呢?

应当承认的是,被害人和被告人的权利在很多情况下是存在冲突的。这主要表现在以下几个方面:第一,几乎所有为保障被告人权利而设立的制度、原则和诉讼程序,在确保被告人获得公正对待和避免冤枉无辜的同时,都有可能带来放纵犯罪的后果。比如,辩护权的扩大和辩护效果的增强,无疑会明显削弱公诉的效果，使得公诉方的诉讼主张被推翻的可能性大大增强。辩护律师甚至可以通过寻找证据上、法律上的漏洞，促使法院作出有利于被告人的裁判。法院一旦作出无罪判决，就等于真正的犯罪人难以受到法律追究，被害人难以获得伸张正义的机会。这显然会使被害人的权利受到严重的损害。比如，在美国的辛普森案中，几名著名律师组成的“梦之队”辩护团，就通过寻找法律上的漏洞，成功地说服陪审团作出无罪判决。这也在客观上导致真正的犯罪人逃脱法网，枪杀两名被害人的凶手至今仍然逍遥法外。第二，在侦查机关、公诉机关的追诉能力太弱，而被告方却拥有强大诉讼资源的情况下，放纵犯罪的现象就会发生。一般看来，控方在刑事诉讼中具有绝对的优势，但在一些个案中，国家追诉机构也可能变成弱者。比如，某一检察官业务能力很差、不负责任、没有职业道德，或者侦查人员收集证据的能力不够，坐失侦查破案的良机，都会导致案件的追诉难以取得成功。举例来说，在一些引起民众广泛关注的案件中，民众对于公安机关、检察机关的刑事追诉给予极大的期待，但这些案件的公诉效果并不理想。可以说，有时候刑事追诉机构的消极不作为，既有可能放纵了真正的犯罪人，也是对被害人的不负责任。第三，几乎所有程序性制裁方式都是为被告人提供的权利救济手段，这些制裁方式最终会影响被害人权利的保障和救济。比如，非法证据排除规则一旦被法院适用，使那些因为严重违反法律程序而获得的证据被排除于法庭之外，就有可能导致被告人被宣告无罪；二审法院因为一审法院违反法律程序作出撤销原判、发回重审的裁定，也会导致一审的有罪判决被推翻。这些旨在救济被告人权利的制裁措施，直接削弱了被害人的权利，使真正有罪的被告人可能因此逃脱法网。

多年以来，刑事诉讼中的权利保障运动，解决的主要是刑事被告人的权利保障问题。无论是无罪推定原则、辩护制度、沉默权制度还是非法证据排除规则，几乎都是以加强被告人诉讼防御权、确保被告人获得诉讼救济为宗旨而确立的。但所有这些理念和程序设计，都在客观上使被害人获得复仇、赢得赔偿的空间越来越小。这是因为，被害人的这些诉讼利益要得到实现，就必须以被告人受到惩罚为前提。但是，刑事诉讼中的人权保障运动却造成诉讼程序与裁判结果的持续紧张：在很多情况下，要么确保公正的审判，要么实现正确、合法的诉讼结局，经常难以两全其美。在这种博弈当中，被害人的权利往往受到了忽略，被害人甚至在一定程度上变成了无关紧要的“旁观者”。这也是我们关注被害人权利保护问题的原因。

当然，我们没有任何理由采取“非此即彼”的立场，也就是在被告人与被害人之间左右摇摆、游移不定。我们不能将多年以来加强刑事被告人权利保障的努力予以彻底否定，也没有理由为了强调被害人的权利而使被告人权利保障成果付诸东流。这是因为，面对国家的刑事追诉攻势，被告人客观上属于更大意义上的弱者。如果说被害人属于犯罪行为的受害者的话，那么，被告人则属于国家权力滥用的受害者；如果说被害人所面对的是犯罪行为之侵害的话，那么，被告人所面对的则是国家有组织的强力“侵害”。那么，究竟是国家权力滥用带来的后果更严重，还是犯罪猖獗带来的后果更可怕？基本的社会经验告诉我们，国家权力滥用所带来的负面后果可能更大一些，这是我们法律人的基本判断。因为这种权力的滥用是有组织的、大规模的，是以全体纳税人的税赋提供经济支持的，并有国家的暴力机器加以保障，经常会造成对公民权利的最严重侵犯。正因为如此，几乎所有国家的宪法都将刑事被告人作为权利保障的对象，而没有将被害人的权利提升为宪法权利。毕竟，宪法是公民权利的大宪章，它一方面要对公共权力机构的行为加以约束，另一方面也要为公民抵御国家权力提供有效的法律保障。被害人的权利显然并不具备宪法性权利的品格。

由于多年来形成的传统，普通民众更容易对被害人产生同情，而对犯罪嫌疑人、刑事被告人则缺乏足够的宽容之心。经验表明，98%以上的刑事被告人最终都转化为罪犯。这一经验事实不仅导致民众对被告人缺少同情，而且对国家权力的滥用缺乏足够的警惕。对于扩大嫌疑人、被告人的权利保障问题，整个社会还远远没有达成共识，很多旨在加强被告人权利保障的改革措施，还缺乏较为深厚的民意基础。这一问题在2003年的刘涌案中得到较为充分的体现。或许，对于嫌疑人、被告人的真正同情，主要发生在冤假错案发生之时。在案件没有办错、被告人被宣告有罪的情况下，民众对于被告人可能很难产生怜悯之情。当然，一部分民众也开始认识到国家权力滥用的危险，我们认为这是一个好的开端。

显然，对于嫌疑人、被告人而言，国家权力如果不加限制，公民权利就很容易受到侵犯了。当然，刑事诉讼法为了防止不公正的定罪，可能导致对犯罪的放纵。但我们认为，被告人与被害人的权利保障并不存在根本的矛盾。即使是被害人复仇，也要在找到真正犯罪人的前提下才能实现；如果任由国家滥用权力，被害人复仇的欲望也不可能得到真正的实现。因此，保障真正的犯罪人受到追究，是被害人和被告人共同的利益之所在。

按照上述基本思路，我们对保护被害人的权利有以下设想：首先，对于警察、检察官在刑事追诉中的不作为情况，应当增强被害人的督促制约机制，以确保警察有效地进行侦查活动，使检察官有效地开展公诉活动。一般说来，警察、检察官在刑事诉讼中的消极不作为，将会将被害人置于危险的境地。因为被害人纵然有很大的诉讼能力，也难以单靠自身力量推动刑事诉讼的进程。只有案件被纳入司法程序之中，被害人的权利才有得到维护的可能。否则，所谓的复仇、赔偿，就是天方夜谭了。很多民众关注的案件都显示出，只要侦查机关、公诉机关因为司法腐败、诉讼能力、外部干预等方面的原因，在刑事追诉方面不采取积极主动的态度，被害人就将处于极为悲惨的境地。在这种情况下，被害人应当有一定的途径对侦查机关、公诉机关的行为进行制约，只有这样，他们的权利才能够得到真正的保障。所以，对于侦查机关的不立案、撤销案件以及检察机关的不起诉、不抗诉等决定，被害人还应当拥有更为有效的制约措施。这应当成为刑事诉讼制度未来改革的基本方向。

其次，法院的司法裁判过程基本上可以分为定罪和量刑两个环节。但按照我国的刑事审判制度，定罪与量刑环节是合二为一的，法院通过一场连续的法庭审判，既要解决被告人是否构成犯罪的问题，又要对有罪被告人的量刑问题加以确定。这一制度设计对于被害人的权利保障构成了较大的限制，因为定罪与量刑程序合二为一，其后果既影响了量刑程序的独立性，也影响了被害人充分参与量刑过程的可能性。尤其是在那些被告人作无罪辩护的案件中，法庭审理的中心是被告人是否构成犯罪的问题，无论是法庭调查还是法庭辩论，难以对被告人的量刑问题展开充分的讨论，被害人更是难以对被告人的量刑问题提出自己的观点并参与法庭上的质证和辩论。结果，无论是从轻、减轻、免除刑罚的裁决，还是适用缓刑甚至死刑缓期执行的裁判意见，往往都是法院单方面作出的裁判结论，而非控辩各方共同参与的结果。被害人对于这些有利于被告人的量刑结论，难以通过有效的参与来发挥积极的影响。

其实，只要对刑事诉讼的制度史作一简要回顾，就不难发现，包括无罪推定、程序正义在内的一系列诉讼理念，以及包括被告人口供自愿法则、传闻证据规则、非法证据排除规则在内的一系列证据规则，几乎都是为限制法院的定罪活动而确立的。即使是被告人的辩护权问题，一旦离开法院的定罪活动，也就具有了明显的局限性。正因为如此，被害人对于法院定罪过程的参与范围一旦失去控制，就会出现公诉人、被害人及其诉讼代理人联合起来对付被告人的局面，整个诉讼构造也就失去了平衡。但是，一旦法院完成了定罪活动，到了量刑阶段，对被告人的权利保护就不应再具有绝对的优势。在量刑程序中，无罪推定大体上失去了存在的意义，几乎所有刑事证据规则也不再产生作用。在这一程序中，被害人应当具有当事人的地位，可以充分地发表关于量刑的意见，并与辩护方进行平等的辩论。对于被害人的量刑意见以及被害人受到犯罪侵害的情况，法庭应当综合考虑，并将其作为制作量刑裁决的主要依据。由此，假如将定罪与量刑在程序上明确加以分离，那么，未来的量刑程序就可以形成一种“四方构造”：法院作为裁判者、检察官作为公诉方、被害人作为独立的第三人、被告人则作为受到指控的当事人，一起参与刑事诉讼活动，对刑事诉讼结局的形成施加各自的影响。为什么在量刑阶段应当让被害人充分参与呢？原因其实很简单：在量刑阶段，对被告人的权利保障已经没有任何意义了，几乎所有旨在保障被告人权利的制度都存在于定罪阶段。在量刑阶段应当强调刑罚的公正，因此保护被害人的利益应当被置于重要的地位，这样才能通过量刑这个杠杆来调整国家、被害人和被告人的利益。我们可以提出这样一个思路：如果被害人不原谅被告人，那么对被告人就难以作出不起诉决定，无法适用缓刑，也不能采取减刑、假释，因为这些措施必须建立在被害人和被告人和解的基础之上，这样才能实现和谐社会。

再次，执行过程中的减刑、假释、保外就医、监外执行问题，应当成为加强被害人权利保障的重要领域。目前，减刑、假释是由刑罚执行部门提出建议，法院作出最终的裁决；而保外就医、监外执行则是由司法行政机关独自享有决定的权力。目前，这些刑罚执行中的变更权基本按照行政方式加以行使，没有被纳入诉讼的轨道。在这种行政审批程序中，被害人都被排除了参与上述裁决过程的机会，难以对刑罚变更问题发表自己的观点，提出自己的意见。法院、司法行政机关以及监狱部门，在决定减刑、假释、保外就医的时候，要不要考虑被害人的利益需要？要不要充分听取他们的意见？这些都是一些不容回避的问题。我认为，在执行刑罚过程中适用减刑、假释、保外就医必须要有被害人的同意，否则绝对不能适用。有些犯罪给被害人造成的身心创伤，足以使这些罪犯永远不能得到减刑、假释的机会。因此，在那些造成严重人身伤害后果的案件中，只要被害人不明确地原谅被告人的行为，法院就不能采取减刑、假释，司法行政机关也不能采取监外执行措施。这应是未来保障被害人权利的必由之路。

最后，要有效地保障被害人的权利，还应当重新构建自诉制度和附带民事诉讼制度。目前的自诉程序是国家把自己的责任转移给个人，表面看来很公正，实际上是有问题的。对于被害人有权提出自诉的案件，如侮辱、诽谤、轻伤害等案件，证明标准非常高，证明程序也非常严格，这难道是被害人个人能够完成的任务吗？一个被害人已经受到了犯罪的侵害，还要再打一场刑事官司，要承担证明责任，这公平吗？概括起来，自诉制度有两个明显的缺点：一是国家将追诉犯罪的责任转移给了被害人，这是不公平的；二是被害人个人根本不足以承担追究犯罪的责任。因此，我认为对未来的自诉制度应当彻底改造，应当将自诉制度改造成强制公诉制度，只要被害人要求起诉，或者被害人的法定代理人要求起诉，公安机关就应当进行侦查，检察院就应当起诉，被害人的申请权应当具有强制国家机关启动诉讼程序的效果，这样才不致违反刑事诉讼的内在规律。

不仅如此，附带民事诉讼应当彻底从刑事诉讼中独立出来。从表面来看，民事诉讼的独立可能会导致诉讼效率的下降，但是它所获得的社会效益将大大超过所投入的诉讼资源和成本。而且，被害人在民事诉讼中承担证明责任也不是非常困难：当一个被告人被定罪后，被害人提起民事诉讼，可以直接以刑事判决书作为依据，举证比较简单；而如果被告人没有被定罪，同样可以提起民事诉讼。一旦民事诉讼从刑事诉讼的压迫中解放出来，最大的好处是可以适用侵权法的一般原理，发挥民事侵权法的基本功能：一方面，可以建立惩罚性赔偿制度，对于严重的刑事案件，适用惩罚性赔偿，使被告人因为犯罪受到严厉的惩罚，这样才能真正发挥刑罚的作用。另一方面，建立精神损害赔偿制度。比如，对于性犯罪，侮辱、诽谤犯罪，侵犯公民隐私权的犯罪，必须给予精神损害赔偿。

五、刑事诉讼法与宪法的关系

研究刑事诉讼法学的人通常有一种困惑：在维护程序法实施的过程中，为什么要排除那些非法所得的有罪证据，甚至不惜放纵犯罪？这个问题的实质就是为了排除非法证据，导致实体法得不到实施。但是，程序法难道天然具有优越性和正当性吗？为了实现程序法，就可以牺牲实体法吗？

举个例子，前几年曾发生过一个影响很大的杜培武案，暴露了很多问题。杜培武在接受昆明市中级人民法院审判时，两次提出侦查人员的刑讯逼供问题，要求法院排除非法所得的口供。在法庭上，杜培武第一次当庭解开衣服，展示了身上的累累伤疤，舆论哗然。辩护律师不失时机地要求法庭调查刑讯逼供有没有发生，如果发生了，口供就要被排除。休庭2个月之后，案件恢复开庭。这次杜培武穿了一件风衣，法庭上轮到他发言时，他突然从腰里抽出了一件血迹斑斑的衬衫，并指称这是证明侦查人员刑讯逼供的证据，要求法庭根据这一证据确认刑讯逼供的发生。面对这种情况，法官说这个问题跟本案关系不大，要求控辩双方“不必再纠缠此事”。这个案子尽管被一审、二审法院都作出有罪判决，但最后被证明是个冤案，真正的凶手被抓到，实施刑讯逼供的两个警察也最终被判刑。这个案子给我们的印象是什么？或许，云南省昆明市中级人民法院的法官们在讨论这个案子时，可能会说：难道因为你受到了酷刑，法院就要放纵你的犯罪行为吗？难道为了维护程序法的实施就可以排除一个证据，导致放纵犯罪，乃至破坏实体法吗？或许，这个问题永远没有答案。毕竟，刑法与刑事诉讼法孰优孰劣，何者具有选择上的优先性，这经常是说不清楚的。从理论上讲，我们既不能容忍司法机关以违反程序法为代价来实施刑法，也不能接受为了实施诉讼法而阻碍国家刑罚权的实现。

今天我国刑事诉讼过程中依然存在违反法律程序的现象，究其原因，主要存在三个值得关注的问题：一是刑事诉讼程序缺乏权利的含量。其实，“无权利则无程序”，刑事诉讼程序的生命在于权利，没有权利作内涵，诉讼程序就将变成一堆技术性的操作规程。如果不把公民权利作为程序保障的归宿，那么，刑事诉讼法就和机器的操作指南处于同样的地位。所以，程序的背后是公民的权利，这是认识刑事诉讼的基本立足点。二是我国的刑事诉讼程序往往强调的是诉讼规则的形式，确立了一些技术性的步骤、方式，甚至一系列带有实用性的手续，但是，对于违反法律程序的行为却缺乏相应的制裁机制。三是我国刑事诉讼法没有为嫌疑人、被告人甚至被害人确立有效的权利救济体系，以至在发生了公共侵权行为之后，这些当事人根本无法获得及时的救济。

其实，在刑事诉讼程序的背后，存在一系列的公民权利保障问题。各种形式的程序性违法行为，无论是超期羁押、刑讯逼供、侵犯律师权利的行为还是损害公正审判的行为，都不过是一种特殊的公共侵权行为，也就是警察、检察官或者法官任意侵害嫌疑人、被告人基本权利的行为。这些程序性违法行为可能侵犯了一般意义上的公民权利，也可能直接践踏了公民的宪法性权利。我国《宪法》第37条至第41条规定了一系列的公民人身权利，如人格尊严不受侵犯，人身自由不受任意限制，享有通信秘密和自由以及住宅秘密，享有不受任意搜查和扣押的自由，等等。在刑事诉讼中，警察、检察官的侦查行为，尤其是在侦查过程中他们所实施的剥夺人身自由的强制措施和强制性侦查行为，更有可能对这些宪法性权利造成严重的侵犯。只有对侦查机关、检察机关的各项权力加以有效的制约，公民的宪法性权利遭受侵犯的可能性才能降低，刑事诉讼中发生公共侵权行为乃至宪法性侵权行为的概率才有可能减少。

正因为如此，刑事诉讼法作为实践中的“人权法”和宪法的“适用法”，就需要对公民的宪法性权利进行较为完善的保护，并在这些宪法性权利遭受侵犯之时，提供充足的司法救济。只有在这种情况下，我们才可以说刑事诉讼程序并不是简单的“技术性手续”，而是带有重要的权利含量和价值要素；警察、检察官、法官违反法律程序的行为也不仅属于一种形式上的违法行为，而是带有明显的公共侵权甚至宪法性侵权性质。所以，对于应否为了排除一个非法证据而不惜放纵犯罪的问题，我们不妨将其变换为这样的问题：难道为了打击犯罪可以破坏宪法吗？难道为了一个案件的侦破，可以置公民的宪法权利于不顾吗？如果前一个问题可以转化为后两个问题，那么刑事诉讼法就可以具有坚实的法律基础了。

那么，刑事诉讼法和宪法究竟具有什么样的关系呢？

第一，刑事诉讼法是动态的宪法，是实践中的人权法，这是我的一个基本观点。过去从事宪法研究的人忽略了部门法，认为宪法学主要应研究各种国家公共权力的配置问题，如立法、司法与行政权力之间的关系，中央与地方的关系，等等。这些研究当然是非常有意义，也是很有必要展开的。但是，宪法还有一大块极为重要的领域，那就是公共权力与个人权利的关系问题，尤其是在公共权力机构侵犯、剥夺个人权利的场合，前者究竟应受到什么样的限制问题。对于这一领域，法学者通常称其为“人权法”。但考虑到侵犯人权最严重的行为往往来自公共权力机构，因此，这种人权法其实就是宪法的有机组成部分。

从这一角度来看，刑事诉讼法和行政法恰恰就是规范国家公共权力与个人权利关系的法律，属于宪法意义上的人权法。这是因为，对公民宪法权利的严重侵犯往往发生在行政法和刑事诉讼法领域，行政法中的行政处罚，刑事诉讼法中的侦查权滥用，最终侵犯的都是公民的宪法权利。例如，任意拘留、逮捕、羁押最终侵犯宪法所保护的公民自由。到今天为止，我们对超期羁押问题的讨论还停留在技术层面。其实，超期羁押的本质应当是违法羁押，也就是警察、检察官的未决羁押行为侵犯了嫌疑人、被告人的宪法性权利。但是，很多研究刑事诉讼问题的学者却很少从宪法角度考察这个问题，往往将其当作一个技术问题。有的法官很可能会这样说：超期羁押没有什么大不了的，对被告人超期羁押三四个月，却办成了一个案件，处罚了一个犯罪人，社会效果是正面的，这种超期羁押又有什么不对的地方呢？当前，中国刑事诉讼法学正面临一系列难以解决的理论难题，包括为什么要救济被告人、嫌疑人的权利，为什么要制裁程序性的违法，为什么要将刑讯逼供得来的口供予以排除，等等。其实，答案很简单：这些程序性违法行为侵犯了公民的宪法权利，侵犯了宪法秩序，破坏了法治的基础。宪法作为国家的根本大法,是国家法治的基础,是不容破坏的。

第二,刑事诉讼法中规定的大量的权利直接可以转化为宪法权利。《美国联邦宪法》前十条修正案被称为“权利法案”,英文为Bills of Rights。该法案所确立的近二十项权利都属于公民在受到国家刑事指控时所享有的基本权利,如获得保释、陪审团审判、迅速审判、获得辩护等权利。在美国,刑事诉讼甚至可以直接被称为宪法性刑事诉讼(constitutional criminal procedure)。此外,大家有兴趣的可以比较一下《德国基本法》第一章和中国《宪法》第二章,两者都规定了公民的基本权利,甚至有些权利在我国《宪法》中还列举得更为详细。但《德国基本法》有两个规定是比较特殊的:一是国家机关对公民权利的侵犯,必须有法律明确的授权;二是在国家机关侵犯公民权利时,必须在法律规定的幅度范围内进行。这两项规定也就是公法中著名的法律保留原则和成比例原则。刑法学者通常强调的“罪刑法定”和“罪刑相适应”原则无非是这两项原则在刑法中的具体体现。我们认为,宪法所防范的对象不是也不应该是一般的个人和组织,而应是国家公共权力机构,属于对公权力的限制和约束。宪法既要调整公权力和公权力的关系,也要规范公共权力和个人权利的关系。如果说民法、刑法主要防范的是个人对个人的侵权行为的话,那么,宪法所要限制的就只有公共权力机构对个人权利的侵犯行为。

第三,宪法必须具有可诉性,违反了宪法,必须转化成诉讼程序,作为裁判的基础,否则宪法就是一纸宣言。宪法诉讼大体包括两大类:第一类是对公权力与公权力之间的纠纷裁决。在一个法治国家，所有的政治、宗教、社会问题都可以转化成法律问题。第二类是解决公权力与私权利之间的纠纷问题。这种情况发生在公民在普通的司法救济用尽之后，还应获得将案件诉诸宪法裁判机构的机会。一个完备的成熟的法治国家应该允许公民把侵犯其宪法权利的行为告到最高法院。没有宪法诉讼，所有的宪法性权利都难以获得最后的司法救济。

第六章

刑民交叉案件的法律适用问题

托寓画：《正义的法庭》，佛兰德画家特奥多尔·范·图尔登（Theodoor van Thulden，1606~1669）作品。鉴于拜倒在庭前的四位女子手里都拿着贵族的纹章（族徽），这幅画的寓意似乎是：任何世俗权力都乐意也应该臣服于正义女神的法庭前。

在刑事司法实践中，律师经常遇到刑法与民法交叉适用的复杂案件。对于这类刑事案件，律师界通常称之为“刑民交叉案件”。在各种各样的学术研讨会以及律师辩护论坛上，无论是法官、检察官还是律师，经常围绕着诸如“先刑后民”“先民后刑”“刑民分立”等问题，展开激烈的讨论，但也很少能达成共识。2018年11月24日，在安徽省合肥市的一个相关律师论坛上，与会律师围绕着非法集资案件、诈骗类案件以及民事侵权转化为犯罪的案件，就刑民交叉法律适用问题展开了讨论。由于有法学专家的参与，资深律师进行了精心的准备，这次论坛对刑民交叉案件的类型、刑民交叉案件的实体法律适用、刑民交叉案件的程序和证据适用以及律师在刑民交叉案件中的辩护策略等问题，进行了理论上的分析和辩护经验的总结，难得地达成了一些共识。

一、刑民交叉案件的两种类型

作为一个约定俗成的概念，“刑民交叉”并不具有严谨的内涵和外延，研究者很难从理论上对其作出概括和归纳。但从“刑民交叉”案件所涉及的法律关系来看，这类案件大体可以分为两种类型：一是广义上的刑民交叉案件，也就是同一案件同时牵涉刑事法律关系和民事法律关系的案件；二是狭义的刑民交叉案件，亦即对同一案件事实究竟应归入民事案件还是刑事案件存有争议的案件。前一类案件可被称为“牵连型刑民交叉案件”，后一类案件则可被视为“竞合型刑民交叉案件”。

（一）牵连型刑民交叉案件

在牵连型刑民交叉案件中，行为人的同一行为可能同时具有犯罪和侵权的性质和后果，会同时受到刑事法律和民事法律的评价，因此会产生刑事追诉与民事追诉何者优先的问题。例如，在行为人涉嫌侵犯人身权利的刑事案件中，检察机关可以向法院提起公诉，被害人也可以同时提起附带民事诉讼；在行为人涉嫌侵犯财产权利的刑事案件中，检察机关在提起公诉的同时，也会提出“追缴涉案财物的建议”，追缴的范围可以包括违法犯罪所得及其孳息、犯罪工具以及相关违禁品等。这类刑民交叉案件，经常面临刑事追诉与民事追诉的优先顺序问题，从而引发所谓“先刑后民”、“先民后刑”或者“刑民分立”的争论问题。

除了刑事追诉与民事追诉的优先顺序问题，牵连型刑民交叉案件还经常涉及刑事处罚与民事责任的关系问题。我国刑事诉讼法已经确立了刑事和解制度，允许法院将被告方与被害方达成刑事和解的事实作为从轻或者减轻处罚的依据。其中的和解就包含了被告方对被害方给予民事赔偿的情况。在那些追缴涉案财物的案件中，被告方积极缴纳违法犯罪所得及其孳息的情况，也可以成为法院从轻量刑的酌定情节。2018

年修正后的《刑事诉讼法》甚至直接将被告方赔偿被害方经济损失作为适用速裁程序的前提条件之一。这就属于法院将民事赔偿作为量刑情节的重要例证。

从刑事辩护的角度来看，律师在牵连型刑民交叉案件中所从事的辩护主要是维护委托人的民事权益，减少其经济损失。例如，在刑事附带民事诉讼中，律师作为被告人的辩护人，可以同时担任其附带民事诉讼的诉讼代理人，也可以由另外的律师担任这种诉讼代理人，从而维护委托人的民事权益。又如，在涉案财物追缴程序中，律师在从事辩护活动的同时，也可以就涉案财物追缴的范围和数额发表意见，避免那些与案件无关的财产被列为违法犯罪所得及其孳息，或者被作为犯罪工具或违禁品加以处置。当然，律师的辩护工作并不仅限于维护委托人的民事权益，还有可能通过动员委托人提供民事赔偿，与被害方达成刑事和解协议，来说服检察机关作出不起诉的决定，或者说服法院作出宽大的量刑裁决。尤其是在刑事和解过程中，“以民事赔偿换取量刑优惠”已经成为律师从事量刑辩护的有效方式。

（二）竞合型刑民交叉案件

与牵连型刑民交叉案件不同的是，竞合型刑民交叉案件涉及罪与非罪的认定问题。在这种案件中，对于行为人的同一行为，究竟是构成犯罪，还是属于民事侵权或民事违约行为，或者属于合法的民事交易行为，存在较大的争议。对于侦查机关立案侦查的案件，辩护律师可能认为这仅仅属于民事纠纷；对于检察机关提起公诉的诈骗类案件，辩护律师则可能认为这最多算得上民事欺诈。对于这类案件，法院通常面临“非此即彼”的艰难选择，在入罪和出罪方面承受重重压力。

通过总结最高人民法院发布的指导性案例，分析《刑事审判参考》上刊登的刑民交叉案例，我们可以发现，竞合型刑民交叉案件主要有四种类型：一是金融活动类案件，也就是由民事纠纷向金融诈骗类犯罪转化的案件；二是民间借贷类案件，也就是由民间借贷纠纷向非法吸收公众存款犯罪甚至集资诈骗犯罪转化的案件；三是市场交易类案件，亦即由合同纠纷向诈骗犯罪转化的案件；四是侵权类案件，也就是由民事侵权向刑事犯罪转化的案件。

从刑事辩护的角度来看，处理竞合型刑民交叉案件的核心问题是如何界定民事纠纷与犯罪的界限问题。特定民事纠纷的发生，是这类案件被纳入刑事诉讼程序的前提条件。但是，仅仅存在民事纠纷，并不必然等于特定罪名的成立。司法机关要认定行为人构成特定的罪名，除了认定行为人存在民事不法行为以外，还要确认其符合特定的犯罪构成要件，由此才能实现由民事纠纷向犯罪的转化。而特定构成要件事实的认定，除了要符合实体法上的特定要件以外，还需要具备特定的程序条件和证据条件。在此类案件中，律师要有效地展开无罪辩护，就需要从实体构成要件和程序要件两个角度，论证有关民事纠纷并没有达到犯罪的程度，案件要么属于民事违约或民事侵权行为，要么属于合法的民事交易行为，而根本没有达到转化为犯罪的程度。这可能是竞合型刑民交叉案件的主要辩护思路。

二、民事不法行为转化为犯罪的实体要件

在行政法与刑法交叉适用的案件中，存在一种“法定犯”

或“行政犯”的概念。具体而言，行政不法行为符合法定的犯罪构成要件的，就转化为特定的犯罪，对于这种犯罪，我们一般称之为“行政犯”。同样地，在竞合型刑民交叉案件中，也存在民事不法行为向犯罪转化的问题，对于转化成功的案件，我们可将其称为“民事犯”。那么，在实体法层面上，一个民事不法行为转化为犯罪的条件究竟有哪些呢？在我看来，要解决这一问题，我们需要确立若干项基本原则，并为民事不法行为转化为犯罪设定若干项具体条件。这些条件无非可以分为两大类：一是民事不法行为转化为民事犯的特定构成要件；二是民事不法行为转化为民事犯的情节要求。下面依次对这些问题作出简要讨论。

（一）基本原则

与行政法与刑法交叉适用的案件一样，刑民交叉案件在形式上也兼具民事不法行为与犯罪的特征。也就是说，仅仅从形式上加以分析，民事不法行为与犯罪似乎很难加以严格区分。但是，民事不法行为与犯罪所侵犯的法益各不相同，在实体上也具有不同的构成要件，确实需要对其作出严格的区分。要做到这一点，我们需要接受几个基本的法律原则，并将其作为分析问题的理论前提。

首先，根据罪刑法定原则，“法无明文规定不为罪”，认定一个行为构成特定的罪名，必须以刑法作出明文规定为前提。罪刑法定所体现的其实是公法领域中“法律保留”的理念。对于国家公权力而言，“法无明文授权即禁止”，在法律不授权的情况下，不得剥夺或者限制个人的基本权益。基于上述原则，司法机关要将某一行为认定为犯罪行为，必须以刑法存有明文规定为前提。但是，司法机关要将某一行为认定为无罪，却不以刑法存有明文规定为前提条件。由此可见，刑法所限制的只是“入罪”行为，而并不对“出罪”行为作出事无巨细的规定。司法机关在没有刑法明文规定的情况下，照样可以对不符合法定构成要件的民事不法行为作出无罪之宣告。

其次，根据“法秩序同一性”的原则，国家应将民事不法行为、行政不法行为与犯罪行为置于同一法律体系之中：对于同一行为，唯有在构成行政不法行为的前提下，才能将其确立为犯罪行为，也就是构成“行政犯”；同样地，对于同一行为，唯有在构成民事不法行为的前提下，才能将其视为犯罪行为，也就是构成所谓的“民事犯”。假如某一行为被认定为犯罪行为，但它本身既不构成行政不法行为，也不构成民事不法行为，甚至在行政法或民法上属于合法的行为，这是严重背离法秩序同一性原则的。因此，某一民事纠纷案件要转化为刑事案件，其前提必须是行为人的行为首先构成民事不法行为，否则，就不应被作为刑事案件来处理。

最后，根据“同类解释”原则，对于刑法所确立的处于同类地位的犯罪构成要件，司法机关应将其解释为具有相同或相似的立法目的，而不能出现截然不同的任意解释。陈兴良教授曾以骗取贷款罪为例，讨论了同类解释原则在限制任意入罪方面的作用。根据刑法，行为人要构成骗取贷款罪，除了要实施虚构事实、隐瞒真相等诈骗行为以外，还需要符合下列情形之一：一是“造成重大损失”；二是“具有其他严重情节”。在实施诈骗行为的前提下，行为人只要具有其中一个情节，就可以构成骗取贷款罪。其中，“造成重大损失”的情节比较容易得到认定，行为人只要到期无法返还贷款，且贷款金额达到100

万元以上，就可以被认定为造成重大损失。比较有争议的问题是行为人假如涉嫌骗取了巨额贷款，例如，金额超过1亿元，但在贷款到期之前及时归还了贷款，也就是没有造成重大损失，那么，这种情况是否属于“具有其他严重情节”。根据“同类解释原则”，这里所说的“具有其他严重情节”应当与“造成重大损失”具有大体相似的立法目的。也就是说，仅仅有贷款数额巨大这一事实，并不足以构成独立的构成要件。实施诈骗行为的行为人，除了贷款数额巨大以外，还必须存在“造成重大损失”的现实危险，才能构成骗取贷款罪。由此可见，“造成重大损失”与“贷款数额巨大”之间就被置于同一平面上加以解释了。在行为人尽管贷款数额巨大，却不存在造成重大损失的任何现实危险的情况下，不构成骗取贷款罪。

（二）特定构成要件的确立

刑法对于金融犯罪案件和市场交易型犯罪案件，都设定了行为人存在诈骗行为以及具有以非法占有为目的的双重构成要件。尤其是在合同诈骗罪以及各种金融诈骗罪案件中，行为人的诈骗行为往往与民事欺诈行为存在界限模糊的问题，司法机关认定此类案件构成犯罪的关键在于确认行为人是否符合“以非法占有为目的”的主观构成要件。

在普通诈骗案件中，认定行为人是否符合“以非法占有为目的”的构成要件，一般采用情理推断的方法，也就是根据行为人的诈骗行为和诈骗过程本身，推断其主观上是否以非法占有为目的。但在合同诈骗案件以及特殊金融诈骗案件（如贷款诈骗、集资诈骗、信用卡诈骗等）中，最高人民法院确立了通过推定来认定主观目的的方法，也就是根据行为人存在的特定客观行为来推断其主观目的。例如，刑法明文规定，行为人存在下列情形的，视为以非法占有为目的：一是以虚构的单位或者冒用他人名义签订合同的；二是以伪造、变造、作废的票据或者其他虚假的产权证明作担保的；三是没有实际履约能力，以先履行小额合同或者部分履行合同的方式，诱骗对方当事人继续签订和履行合同的；四是收受对方当事人给付的货物、货款、预付款或者担保财产后逃匿的；等等。

在这种通过推定认定主观目的的过程中，行为人存在特定的客观行为，如没有履行能力，没有履行合同的意愿，或者具有挥霍、挪用或携款潜逃等逃避履行合同的行为，属于一种基础事实。只要这种基础事实得到证明，那么司法机关就可以直接认定推定事实的成立，而这种推定事实就是行为人存在"违法占有"的目的。这种推定事实并不需要有证据加以证明，而可以在基础事实成立的前提下，自动得到认定。

（三）民事违法转化为犯罪的情节因素

除了"以非法占有为目的"要件以外，一个民事违法行为要转化为犯罪行为，还要具备哪些方面的要件呢？我国刑法对每一种"民事犯"都确立了一些特定的情节因素，研究者很难对其作出抽象的归纳。不过，我们可以根据不同类型的民事犯情况，对这类情节因素作出列举。

在那些由民间借贷转化而来的犯罪案件中，尤其是非法吸收公众存款案件和集资诈骗案件，刑法确立了"非法性"和"广延性"两种构成要件。前者是指行为人未经法定机关批准而实施了吸收公众存款的行为；后者则是指行为人向社会上不特定对象吸收了资金，并且借款利率明显高于法定利率。只有在同时具备上述两个情节的前提下，行为人的民间借贷行为才能转化为犯罪行为。

在更多的侵权类案件中，行为人以构成民事侵权为前提，在此基础上，唯有具备法定的情节因素，才能转化为犯罪行为。例如，在那些侵犯人身权利的轻微犯罪案件中（如伤害、诽谤、敲诈勒索等），往往需要具备造成法定严重后果等情节。在那些侵犯财产权利的轻微犯罪案件（如盗窃、诈骗等）中，这些情节因素则主要表现为损害达到法定的较高数额。在没有造成特定严重后果，或者损害没有达到法定较高数额的情况下，民事侵权行为也无法被认定为犯罪行为。

三、刑民交叉案件的程序和证据要件

牵连型刑民交叉案件经常涉及罪与非罪的争议问题。在我国现行刑事司法体制下，一些地方的侦查机关经常有意无意地将民事纠纷案件当作刑事案件加以立案侦查，甚至通过查封、扣押、冻结、拍卖、变现等强制性处分措施，将那些存在民事争议的涉案财物作出处置，从而与案件的实体裁判结局发生程度不同的利害关系。在此背景下，这类刑民交叉案件经常会出现适用程序和事实认定方面的疑难问题。对于这些程序和证据层面的难题，我们有必要加以分析，并作出理论上的解释。

（一）推定的可推翻性

无论是合同诈骗案件，还是金融诈骗类案件，在行为人的行为由民事违法行为转化为犯罪行为的过程中，都要具备“以非法占有为目的”这一法定构成要件。对于这一主观构成要件事实的认定，最高人民法院通过大量司法解释确定了司法推定的方法，也就是在证明一些基础事实成立的前提下，直接推断出推定事实的成立，即行为人主观上具有非法占有的目的。例如，法院可以根据行为人没有履行合同的能力，没有将非法吸收的款项用于生产经营，或者将货款予以挥霍等事实，推定行为人具有非法占有的目的。

但是，这种推定并不是一种确定性的推定，而属于可推翻的推定，只要有相反的证据，足以证明那些基础事实不能成立，那么，这种对非法占有目的的推定就可以被推翻。当然，要推翻这种推定，被告方需要承担举证责任，证明那些用作基础事实的客观行为并不存在。例如，被告方可以针对公诉方的主张，提出证据证明行为人具有履行合同的能力，将有关款项用于生产经营，并且也不存在逃避履行合同或还款义务的行为，没有挥霍货款，没有将有关款项用于违法活动，等等，从而证明自己不存在非法占有的目的。当然，这种证明并不需要达到排除合理怀疑的程度，而只需达到优势证据或高度可能性这一民事证明标准，即可将非法占有目的加以推翻。

由此可见，在司法机关通过推定来认定行为人具有非法占有目的的同时，被告方可以运用证据将这一推定加以推翻。在牵连型刑民交叉案件的事实认定过程中，辩护律师对行为人不具有非法占有目的承担举证责任，并需要对这种司法推定进行推翻和证伪。这属于律师在此类案件中的特殊辩护方法。

(二)证明标准的层次性

基于“法秩序统一性”的基本原理,行为人要构成行政犯,必须以存在行政不法事实为前提;行为人要构成民事犯,也要以存在民事不法事实为前提。但是,即便行为人存在行政违法事实,或者存在民事违约或民事侵权行为,也并不必然构成相关犯罪事实。无论是行政不法事实还是民事不法事实,在司法证明上都与犯罪事实的证明存在一种“层次性”关系,也就是说,前两种事实的证明只需要达到优势证据或者高度可能性的程度,就足够了。但是,对于犯罪事实的认定,仅仅达到这种较低程度的证明标准,是远远不够的,而需要达到最高的证明标准,也就是使司法人员产生最高程度的内心确信——达到排除合理怀疑的程度。根据现有证据,司法人员需要消除证据之间的矛盾,确保有关犯罪行为的事实不能由孤立证据加以证明,而要其他证据的印证,且要达到排他性和结果唯一性的程度,也就是排除了其他人作案或者案件系属民事纠纷的可能性。

民事不法事实与犯罪事实在证明标准上的层次性,可以高层建筑内的抛弃物伤人案件为例进行有力的说明。一个在高层建筑下面行走的人,突然被高层建筑上落下的物体砸伤。假如要追究行为人的侵权责任,那么,司法机关在实体上就有可能责令二楼以上的全体住户承担连带责任,而在事实认定层面,则只要证明二楼以上的全体住户有高度可能性抛下该件物件就足够了。至于二楼以上的哪家住户、哪个人实施了抛物行为,并不需要有证据证明到排除合理怀疑的最高程度。但是,假如司法机关要追究行为人的刑事责任,就需要对实施故意伤害行为的事实给予准确无误的认定，为此需要提出证据，证明究竟是哪个人，在什么时间，以什么方式实施了抛物伤人的行为，还要证明行为人在实施抛物伤人行为时究竟具有主观故意，还是处于过失状态。唯有在上述事实的证明上达到最高的证明标准，司法机关才能认定行为人具有伤害他人的犯罪事实。

既然民事不法事实与犯罪事实的认定标准存在明显差异，那么，司法机关就不能根据行为人存在民事侵权或者民事违约的事实直接认定其存在犯罪事实。即便已经有生效的裁判文书认定行为人存在某种民事不法事实，司法机关也不能以此为依据直接认定行为人存在犯罪事实。要认定行为人的刑事责任，司法机关还需要根据强有力的证据，证明有关犯罪事实达到内心确信无疑的最高程度。当然，这种对民事不法事实与犯罪事实的证明标准的区分，主要是用来限制“入罪”行为的。对于“出罪”行为，则可以民事裁判所认定的事实，来直接推翻行为人存在犯罪事实的结论。例如，法院生效裁判文书认定行为人的行为在民法上具有合法性，那么，这一结论就可以成为一种强有力的无罪证据，从而对行为人的犯罪事实起到证伪作用。

（三）民事证据在刑事诉讼中的证据能力问题

我国刑事诉讼法对于行政机关在行政执法过程中所获取的物证、书证、视听资料和电子数据，允许侦查机关直接将其作为指控犯罪的证据。但对于法院在民事诉讼中用于解决民事纠纷的证据，却没有作出类似的授权性规定。根据“法无明文授权即禁止”的原则，无论是刑事追诉机关还是法院，在法律没有明文授权其采用民事证据的情况下，都不能将此类证据采纳为认定行为人构成犯罪的证据。究其原因：一方面是因为侦查机关、公诉机关和法院认定行为人构成犯罪的活动，必须在法律明文授权的范围内进行，而不能实施越权和违法行为；另一方面是因为刑事诉讼法对刑事证据的收集、审查和判断确立了较为严格的法律规则，特别是在调查取证的主体、手段、方法等方面设定了较为严格的标准，并确立了最为严厉的排除性规则。在通常情况下，民事证据一方面不需要达到如此严格的取证标准，另一方面在出现违法取证的情况下也不会适用如此严厉的排除规则。

与法院对民事不法事实的认定一样，即便是那些在生效民事裁判文书中认定的各类证据，对于司法机关认定行为人的犯罪事实，也不具有必然的证据能力。这类被记载在民事裁判文书中的证据，最多可以成为侦查机关发现犯罪事实的证据材料或者证据线索。司法机关最终要将其采纳为认定事实的根据，还需要根据刑事诉讼法的要求，进行重新调查取证和审查核实，并使其经受严格的法庭检验。当然，对民事证据的证据能力所作的这一限制，也主要适用于“入罪”环节。在“出罪”方面，民事证据假如能够证明行为人有可能不构成犯罪的，则完全可以被采纳为认定犯罪事实不成立的无罪证据。例如，法院生效裁判文书中有助于确认行为人债权债务关系、认定民事权益或者认可股权权属的证据，就可以被用来证明行为人不构成犯罪。又如，公证部门出具的经过公证的文书，能够证明行为人对特定标的物拥有民事所有权的，也可以被用来证明行为人不构成犯罪。

（四）涉案财物追缴程序

牵连型刑民交叉案件的发生，经常涉及一些地方公安机关插手经济纠纷的问题，也就是对那些本属于民事侵权或民事违约的案件，启动刑事立案和侦查程序。这些地方公安机关之所以热衷于将民事纠纷按照刑事案件加以追诉，除了有外部公权力的介入等方面的原因以外，还与涉案财物的追缴问题有着密不可分的联系。在一定程度上，公安机关插手经济纠纷的直接动因主要就是将涉案财物予以追缴，在“收支两条线”的财政支付框架下，可能出现将其中的涉案财物转为自己的办公经费的情况。

迄今为止，我国刑事诉讼制度存在两个方面的缺陷，造成侦查机关任意追缴涉案财物的情况屡禁不止。首先，在刑事侦查程序启动之后，侦查机关自行决定对涉案财物的查封、扣押、冻结、拍卖、变现等强制性处分工作，而不受司法机关的审查，致使侦查机关对涉案财物拥有高度集中的处置权。即便侦查机关出现任意实施上述强制性处分措施的情形，那些财产权受到侵犯的利害关系人，也无法向司法机关寻求有效的司法救济。司法机关既无法向侦查机关发出有关的禁止令和返还令，也无法就涉案财物的返还问题举行司法听证程序，而只能任由侦查机关采取这种侵犯个人财产权的行为方式。

其次，即便在法庭审理阶段，法院对于涉案财物追缴问题也通常不使用实质性的法庭审理程序，致使在涉案财物追缴方面，法庭审理可能流于形式。由于对涉案财物的追缴并不属于刑事处罚措施，因此无法被纳入量刑程序之中。无论是被告人、辩护人，还是被害人以及其他利害关系人，都无法有效地参与到有关涉案财物追缴问题的法庭调查和法庭辩论中来，致使法院无法将涉案财物的追缴问题纳入法庭审理的轨道，而只能使其依附于定罪量刑问题的裁判过程。迄今为止，在被告人逃匿或者死亡的案件中，检察机关可以专门启动“违法所得没收程序”，利害关系人可以申请到场参与诉讼活动。在部分地方法院对涉众型经济犯罪案件的审理中，法院可以从众多被害人中遴选出代表参加诉讼活动。但除此之外，在普通刑事案件的诉讼过程中，法院对于涉案财物追缴问题很少组织实质性的法庭调查和法庭辩论活动。在没有听取被告人、被害人以及其他利害关系人意见的情况下，在主要通过侦查卷宗获取案件事实信息的情况下，法院对涉案财物的追缴，大都迁就于侦查机关的查封、扣押、冻结的措施，甚至对侦查机关的实质性处置措施加以事后追认，而无法进行实质性的司法审查。

为贯彻庭审实质化的改革理念，法院不仅要对定罪量刑问题贯彻直接和言词审理原则，而且要对涉案财物追缴问题启动实质性的法庭审理活动。为此，需要确立“非赃款、赃物推定原则”，将侦查机关查封、扣押、冻结的处分视为一种财产保全措施，将拍卖、变现等措施视为一种不得已而为之的临时处置措施。对于事先查扣的涉案财物，则只能视之为证据材料。因此，需要明确侦查机关无权对涉案财物采取实质性的处置行为。在法庭审理阶段，需要借鉴违法所得没收程序的实施经验，在被告人到场的案件中确立完整的对物之辩机制，将涉案财物的追缴纳入专门的法庭审理程序。对于涉案财物的追缴对象，应充分审查其是否属于违法犯罪所得及其孳息，或者是否属于犯罪工具或者有关的违禁品。公诉方对于涉案财物的上述属性，应当承担举证责任，并且要达到具有高度可能性的证明程度。被告人及其辩护人则可以对这些涉案财物不属于违法犯罪所得或其孳息，或者不属于犯罪工具、违禁品，提出相关的证据，进行有针对性的抗辩。经过充分的法庭调查和辩论，唯有在准确界定涉案财物属性的前提下，才能作出有关涉案财物追缴的裁决。

（五）管辖异议

司法实践的经验表明，举凡地方公安机关以刑事追诉插手经济纠纷的案件，通常都有一个显著的标志，那就是违反刑事诉讼法所确定的立案管辖制度，将一个没有立案侦查权的“刑事案件”强行纳入自己的管辖范围。例如，原告与被告就一起合同纠纷提起民事诉讼，法院对该起纠纷作出了生效的民事裁判。但败诉方对此裁判不服，直接到本人所在地的公安机关提起刑事控告，该地公安机关予以立案，启动刑事侦查程序，将原本为胜诉方的一方当事人列为犯罪嫌疑人。又如，对于一起犯罪地和被告人居住地都不在本地的“非法吸收公众存款”案件，明明数以万计的被害人都不是本地居民，本地公安机关却仅凭本地极少数几个“被害人”的报案，就将案件列为刑事案件，并启动立案侦查程序。

对于这类涉及管辖争议的刑民交叉案件，侦查机关违反立案管辖制度的情况都是比较明显的：无论是犯罪行为发生地还是犯罪结果发生地，甚或被告人居住地，都不在本地。本地公安机关采取立案侦查措施的唯一理由是少数被害人属于本地居民，这显示出本地公安机关在立案管辖权的行使上缺乏法律依据。

原则上，立案管辖是刑事诉讼法为侦查机关行使侦查权所设定的授权性规定。根据“法无明文授权即禁止”的原则，没有立案管辖权，公安机关对案件的立案侦查活动就属于一种越权行为。根据“越权即无效”的原则，公安机关在没有法定管辖权的情况下强行行使侦查权的，所进行的立案侦查活动一律无效。

遇到一些地方公安机关违法行使立案管辖权的情况，律师应及时提出程序异议，提交相关的律师辩护意见。在审判前，律师可以向检察机关提出申请，促使其启动立案监督或侦查监督程序。在审判环节，律师可以在庭前会议上就案件管辖问题提出异议，请求法院作出拒绝受理案件的决定。在法庭审理过程中，律师还可以继续提出管辖异议，请求法院将公安机关违反管辖制度所获取的证据一律宣告为非法证据，并将其排除于法庭之外。

四、律师在刑民交叉案件中的辩护策略

在牵连型刑民交叉案件的辩护过程中，律师应当根据民事纠纷转化为犯罪的规律，积极展开无罪辩护，说服司法机关将案件认定为民事违约、民事侵权或者正常的民事交易行为。在这一方面，对特定构成要件的证伪活动，如推翻非法占有目的、证明特定情节不成立等，都属于无罪辩护的重要内容。与此同时，在程序和证据层面上，论证民事裁判文书认定的事实对犯罪事实认定不具有预决的效力，有关民事证据对于犯罪事实的认定不具有证据能力，侦查机关的立案管辖系属违法等，也属于律师在此类案件中辩护的重要内容。在涉案财物追缴方面，律师也应注重维护被告人的合法民事权益，避免被告人的合法财产被任意列为违法所得及其孳息，或者被随意列入犯罪工具或违禁品的范围。

但是，仅仅从事上述辩护活动还是远远不够的。在这类刑民交叉案件的辩护实践中，律师需要根据此类案件在“入罪”和“出罪”方面的高度敏感性和复杂性，确立一些独特的辩护方案。

首先，律师需要采取积极辩护的思路，采取“以己之矛，攻子之盾”的辩护策略，既要注重调查核实已有的证据，又要重视收集调取新的证据材料。尤其是在对民事违约、民事侵权或者民事交易的证明上，律师更要通过提出证据来证明新的民事法律关系的存在，从而对检察机关指控的犯罪事实起到釜底抽薪的推翻效果。在对非法占有目的的证伪方面，律师更是要采取积极辩护的方法，论证行为人不存在那些构成推定之基础事实的客观行为，甚至存在与之完全相反的客观行为，从而达到证明行为人不存在非法占有目的的效果。

其次，律师应当积极地检索案例，从中发现类似的司法裁判文书，以求获悉刑事法官的裁判逻辑。例如，对于诈骗类案件以非法占有为目的的认定问题，律师可以从最高人民法院指导性案例、公报案例以及《刑事审判参考》所刊登的案例中，寻找与本案存在类似法律适用问题的案例，并从中发现刑事法官的裁判理由和裁判根据。在对本案进行辩护的时候，可以援引这种类似案例的裁判逻辑，以加强自己辩护的实际效果，使之更具有说服力。

再次，在牵连型刑民交叉案件的辩护过程中，律师应认识到在审判阶段作无罪辩护的困难，注重将辩护的重心加以前置，通过在委托人授权或同意之下的适度妥协或让步，换取侦查机关或检察机关不启动刑事追诉程序或者终止刑事追诉程序。律师应充分利用好刑事辩护的四个黄金救援期：一是立案前的初查阶段，律师在此阶段可以有长达数月的救援机会，通过收集证据，与负责初查的经侦警官进行交涉、斡旋和协商工作，说服后者放弃启动刑事立案程序，避免刑事侦查的“列车”持续不断地运行下去；二是审查批捕环节，律师在此阶段可以向检察机关提出无罪辩护意见，或者至少说服检察官作出不批准逮捕的决定，将案件阻止在批准逮捕的大门之外，从而为以后的无罪辩护营造良好的外部环境和条件；三是侦查终结之前，律师可在此阶段与侦查人员或者侦查机关的负责人进行充分沟通和协商，将无罪辩护意见尽量向其加以陈述，以说服其作出撤销案件的决定；四是审查起诉阶段，律师可以向检察机关充分陈述无罪辩护的意见，至少说服其对部分指控罪名作出不起诉的决定。

最后，在牵连型刑民交叉案件发生之后，在侦查机关作出立案决定之前，律师可以对公司企业提供刑事合规服务，以最大限度地化解公司企业的刑事法律风险。尤其是在公司企业觉察到刑事法律风险即将到来的情况下，可以通过及时委托刑事律师介入，有效获取律师的合规服务。通过提供这类合规服务，刑事律师可以将刑事辩护业务加以前置，从而为公司客户提供四类合规服务：一是刑事合规调查；二是刑事法律风险的诊断；三是刑事法律风险的化解方案；四是刑事调查的应对措施。

第七章

行刑交叉案件的法律适用问题

1948年12月10日，安娜·埃莉诺·罗斯福夫人举起刚刚印刷出的第一张《世界人权宣言》的英文版海报拍照留念。联合国于这一天通过了《世界人权宣言》，并确定每年的12月10日为国际人权日。安娜·埃莉诺·罗斯福，美国第32任总统富兰克林·罗斯福的妻子，是美国有史以来最令人尊敬的第一夫人，她从年轻时就提倡女权并关爱穷人，这深深地影响了小罗斯福的奋斗观念和政治前途。第二次世界大战后她出任美国首任驻联合国代表团团长，在丈夫提出的“四大自由”的基础上，她主导联合国起草了《世界人权宣言》。她是女性主义者，亦大力提倡保护人权。她做了12年的第一夫人，创下了美国历史之最。安娜·埃莉诺·罗斯福的政治和社会活动、独立意识、公开讲话及作家生涯都是其他美国第一夫人无法相比的。

一、“行政犯”认定的法律困境

在刑法理论上,犯罪有自然犯和法定犯之分。前者是指那些违反公共秩序、侵害善良风俗和伦理道德的犯罪,在任何社会、任何时代其都是刑事处罚的对象,如杀人、伤害、强奸、抢劫等,都属于典型的自然犯。后者则是指那些根据某一时期形势政策的需要,由特定法律将某一类行为纳入刑事处罚对象的犯罪。在法定犯当中,那些违反行政法律和法规并符合刑法构成要件的犯罪,通常被称为“行政犯”。顾名思义,“行政犯”就是由行政不法行为转化而来的法定犯。在很多西方国家,行政犯通常都由行政法来加以确立。在我国,刑法是确定行政犯的唯一基本法律。

在行为人的行为构成行政不法行为的情况下,如何将其认定为行政犯呢?换言之,行政不法行为转化为犯罪行为,究竟应具备哪些前提条件呢?过去,刑法学界对这一问题曾有过专门研究,对行政不法转化为犯罪的条件和标准提出过一些观点。但相比之下,诉讼法学界则很少对这一问题进行关注,也没有对其中所蕴含的证据问题进行过深入的分析。在司法实践中,越来越多的刑事案件都面临行政法与刑法的“交叉”或“交错”

问题。尤其是《刑法》分则第三章和第六章所确立的罪名，要么涉及侵犯市场秩序的问题，要么属于妨害社会管理秩序的问题。这类案件的通常适用程序是，某一行政机关将行为人的行为认定为行政不法行为，然后将“涉嫌构成犯罪”的行为人移交公安机关，公安机关认为符合刑事立案条件的，就启动立案侦查程序。在这一由行政不法向犯罪转化的过程中，一系列诉讼程序和证据问题都随之产生了。

相对于刑事诉讼程序而言，行政处罚程序处于“前置”的地位，行政机关往往都进行了调查取证工作，收集或调取了一系列证据。例如，工商行政机关收集了物证、书证，税务行政机关制作了录音录像，海关提取了电子数据，食品药品监督管理部门进行了谈话、询问并制作了谈话、询问笔录，环保部门提取了被视为“危险废物”的样本并委托鉴定部门制作了鉴定意见，等等。对于这些由行政机关收集和提取的证据，公安机关可否直接作为提起刑事指控的证据呢？我国2012年《刑事诉讼法》曾规定，行政机关在行政执法过程中收集的物证、书证、视听资料、电子数据等证据材料，可以直接成为刑事诉讼中的证据。但是，对于行政机关所收集的物证、书证、视听资料、电子数据以外的证据材料，侦查机关可否将其作为指控犯罪的证据呢？假如检察机关将行政机关所收集的其他证据材料，如鉴定意见、证人证言笔录、被告人供述笔录等材料，在起诉时直接移送法院，法院可否将其作为定案的根据呢？

在行政执法过程中，行政机关通常会对案件的专门问题组织鉴定程序。例如，对被污染的废水、废物进行鉴定，认定其为“危险废物”；对被损坏的名胜古迹进行鉴定，认定其达到“损毁”的程度；对被生产、销售的假药、劣药等进行鉴定，认定其符合“假药”或“劣药”的标准……对于这类鉴定意见，检察机关可否将其作为认定犯罪事实的证据呢？

更具挑战性的问题是，行政机关通过行政执法活动制作了旨在认定相关案件事实的文书，如对案件专门性问题所作的“行政认定函”，或者直接对行为人作出的“行政处罚决定书”。典型的例子是对于一些证券类犯罪案件，如“内幕交易罪”“操纵证券市场罪”等，公安机关委托证券监督管理部门作出的认定函，直接对行为人从事内部交易、操纵证券市场的行为作出了认定。还有公安交通管理部门对交通肇事案件作出的“责任事故认定书”，直接对行为人是否存在交通肇事行为作出了认定。对于这些文书，检察机关可否将其直接作为提起公诉的根据？法院可否将其作为认定犯罪事实的证据呢？

在我国司法实践中，存在一种倾向，就是将行政不法等同于行政犯，在行政不法与犯罪的认定之间不设定任何实质性的法律界限。在实体构成方面，不少侦查机关基于对行政不法与犯罪的模糊认识，动辄将那些行政违法案件按照刑事案件进行立案，启动刑事侦查程序。这与不少地方公安机关动辄插手经济纠纷，将一些民事违约或者民事侵权案件纳入刑事追诉的轨道简直如出一辙。在诉讼程序和证据方面，不少侦查机关想当然地将行政机关在行政执法过程中所收集的证据材料直接作为刑事证据加以使用，甚至将行政机关对案件事实的认定直接采纳为认定犯罪事实的依据。可以说，在理论上对行政不法事实与犯罪事实的界限加以区分，已经成为亟待解决的问题。

要解决这些诉讼程序和证据层面上的问题，我们就需要结合刑法有关行政犯构成要件的理论，对行政不法转化为犯罪的法定条件进行全面的分析。在本书看来，在行政犯的认定过程中，司法人员既要掌握特定的实体认定标准，也要对行政不法向犯罪转化的证据问题作出适当的判断。我们可以提出行政不法事实与犯罪事实的层次性理论，从而对行政证据与刑事证据作出区分，对行政鉴定与司法鉴定进行甄别，对行政不法事实与犯罪事实的认定标准加以独立确定。对于尚未达到“行政犯”要件的行政不法行为，应进行及时有效的阻隔，使其不得进入刑事诉讼程序的“大门”。

二、行政不法事实与犯罪事实层次性理论的提出

对于形式上相同或相似的不法行为，根据其危害社会程度的区别，存在两个独立的法律评价：一是行政法意义上的违法行为；二是刑法意义上的违法行为。与此相对应，存在两种相互独立的“法律事实”：一是“行政不法事实”；二是“犯罪事实”。在行政不法向犯罪转化过程中，刑事追诉机关经常将“行政不法事实”与“犯罪事实”混为一谈，要么将行政机关在行政执法过程中收集的证据材料直接作为指控犯罪的证据，要么将行政机关认定的行政不法事实直接作为认定犯罪事实的基础。那么，究竟如何将“行政不法事实”与“犯罪事实”加以区分呢？

根据行政不法事实与犯罪事实的层次性理论，“行政不法事实”与“犯罪事实”是两个相对独立的“法律事实”，两者处于不同的法律位阶上。无论是在证明对象、证据资格和救济方式上，还是在证明标准方面，行政机关在认定“行政不法事实”

时受到的法律限制都较为宽松，这些行政不法事实只能成为行政机关作出行政处罚的依据，而不应成为侦查机关启动刑事诉讼程序的唯一依据，更不能直接被转化为犯罪事实。这一理论的主要价值，在于对行政不法事实的运用作出适当的限制，确保司法机关对犯罪事实的认定遵循更为严格的法律要求。具体而言，行政不法事实与犯罪事实的层次性理论包含四个方面的要求，下面依次加以简要分析。

首先，行政不法事实与犯罪事实存在实质性差异，事实认定者在这两种认定事实活动中要证明截然不同的证明对象。

从形式上看，刑法对很多“行政犯”的构成要件在罪状描述上与特定的“行政不法事实”具有很大的相似性。这似乎意味着行为人只要构成行政不法行为，就可以自动地转化为犯罪，但其实，这可能是一种严重的误解。

行政机关要作出行政处罚，就需要依据行政法的规定，对某一行政不法事实加以准确地揭示。但行政机关即便证明了行政不法事实，并对行为人作出了行政处罚，这种事实也并不必然转化为犯罪事实。例如，在认定生产、销售劣药罪过程中，行为人的行为只有在“对人体健康造成严重危害”的前提下，才符合入罪条件，否则，一般的生产或销售劣药行为，只能被视为行政不法行为。又如，在认定虚报注册资本，虚假出资，抽逃出资，欺诈发行股票、证券等犯罪过程中，行为人所实施的行政不法行为，可能也违反了国家关于公司管理方面的行政法律法规，但要构成犯罪，必须达到“数额巨大、后果严重或者有其他严重情节”的程度。否则，就只能被认定为行政不法行为。再如，在认定非国家工作人员受贿罪过程中，行为人即便存在利用职务便利，索取他人财物或者非法收受他人财物，为他人谋利益，也不一定构成这一罪名，而可能被认定为行政不法行为。但在“数额较大”的情况下，这些行为就可以转化为犯罪。还有，在认定非法经营罪过程中，行为人实施了法定的非法经营行为，扰乱市场秩序，除了达到“情节严重”的程度以外，还必须具有“违反国家规定”的情况，否则，这种非法经营行为充其量只能被认定为行政不法行为。

由此可见，行政不法行为向犯罪的转化，需要以行为人具备“特定犯罪构成要件事实”为前提。这些“特定犯罪构成要件事实”往往被确立在刑法条文之中，成为特定犯罪罪状的组成部分。在一定程度上，行政机关对行为人行政不法事实的认定，只需要揭示出“行政法上的构成要件事实”就足够了。司法机关对行为人犯罪事实的认定，则要在确认行政不法事实的基础上，继续认定刑法所确立的“特定犯罪构成要件事实”，才能最终认定行为人的犯罪事实。这些“特定犯罪构成要件事实”，可以是“造成特定的严重后果”，针对特定对象实施不法行为，存在特定的情节，达到较高的数额，也可以是存在“违反国家规定”的行为。显然，行政不法事实与犯罪事实具有不同的内容，行政处罚与刑事制裁所要确定的证明对象也各不相同。这就决定了犯罪事实与行政不法事实处于完全不同的层次上，较之行政不法事实的认定而言，对犯罪事实的认定要达到更高的法律要求。

其次，在调查取证所受的法律限制方面，行政调查远远无法达到刑事侦查的法治化程度。

所谓行政调查，无非是行政人员对相对人的某一行为所进行的简便快速的调查活动。与刑事侦查活动相比，行政调查既不需要经过较为严格的内部审批或者上级审批，又不存在由检察机关主持的司法审查，而可以直接由行政人员自行进行调查取证。与此同时，行政人员在采取某种强制性调查措施时，也不需要具备较为严格的适用条件，而且在适用手段、适用对象、适用期限等方面也不会受到较为严格的法律限制。不仅如此，行政调查属于典型的行政构造，行政人员在行政调查过程中通常都是单方面面对被调查的相对人，单方面收集证据并制作笔录，而不存在辩护人的介入和抗辩。在刑事侦查过程中，辩护人可以向侦查人员发表辩护意见。尤其是审查逮捕程序还可能具有一定的诉讼构造，辩护人可以参加那种由检察机关主持的审查逮捕程序，并发表辩护意见。

既然行政调查所受到的法律限制并不严格，对被处罚人的权利保护也不完善，那么，由此所获取的证据材料就只能被视为“行政证据”，行政人员所认定的行政不法事实也只能被作为行政处罚的依据。相对于刑事证据而言，这些行政证据处于较低的法律位阶；相对于犯罪事实而言，这些行政不法事实也位于较低的法律层次。

再次，在对待非法取证行为方面，行政机关与刑事追诉机关要承受不同的法律后果。

无论是行政机关还是刑事侦查机关，都要遵守法律规定的程序，在违反法律规定的程序时，都要承受一定的法律后果。但是，在因为违反法律程序所承受的法律后果方面，行政机关与侦查机关存在显著的差异。根据我国现行的行政处罚法，行政机关违反行政处罚程序的，上级行政机关或有关部门应责令其改正，并可以对直接负责的主管人员和其他直接责任人员给予行政处分。可见，对于违反行政程序的行政人员，行政处罚法至多确立了实体性法律责任，而没有确立程序性法律后果，尤其是没有确立非法证据排除等宣告无效的程序性后果。在司法实践中，这种针对行政人员的行政处分通常都是极为罕见的，往往发生在违法情节较为严重的案件之中。当然，在行政诉讼中，法院对于行政机关违法取得的证据是可以作出排除非法证据决定的。但要排除这种非法证据，需要确认其达到“严重侵害他人合法权益”的程度。这导致行政诉讼中的非法证据排除规则在适用上受到极为严格的限制。

与行政人员相似，侦查人员一旦存在违反法律程序的情形，也要承受程序和实体两个方面的法律后果。但这些法律后果要严重得多。在实体上，侦查人员严重违反法律程序的，如采取刑讯逼供、非法拘禁等违法行为的，既要被追究行政责任，也有可能被追究刑事责任。在程序上，侦查人员存在非法取证情形的，检察机关和法院有可能将非法证据予以排除，从而使那些非法取得的公诉证据不得转化为定罪的证据。针对不同的非法取证行为，我国刑事诉讼法确立了强制性排除、裁量性排除和瑕疵证据的补正三种程序性后果。尤其是对侦查人员非法取得的被告人供述，包括通过刑讯逼供、威胁、非法拘禁、利用刑讯逼供的影响力、没有依法录音录像、没有在法定场所进行讯问等非法取证行为取得的被告人供述，法院都会无条件地适用排除规则。

对于非法取证行为确立程度不同的法律后果，反过来也会给调查人员带来程度不同的法律约束和心理威慑。在这一方面，刑事诉讼法通过非法证据排除规则会对侦查人员的行为造成更为有效的限制，对其非法行为产生更为明显的遏制效果。反观行政调查程序，在约束和遏制行政人员的非法取证方面产生的积极效果要弱很多。

最后，在证明标准方面，对行政不法事实的认定最多只需要达到民事诉讼的证明标准，而犯罪事实的证明则需要达到最高的证明程度。

证明标准是调查人员对案件事实的存在所形成的内心确信程度。在行政处罚中，行政人员对相对人存在违法事实的认定并不需要太高的标准，而最多达到民事诉讼的证明标准就可以了。这一标准大体上相当于“优势证据”，或者“高度的盖然性或可能性”。在例外情形下，可以考虑将证明标准提高到“清晰和令人信服的证明”这一证明标准。具体而言，行政人员通过调查取证，只要相信相对人存在行政不法的事实，与不存在行政不法的事实相比，可能性更大一些，或者认定行为人存在行政不法行为的事实具有高度的可能性，也就足够了。按照通常的观点，至少在对行政不法事实的认定方面，并不需要达到“排除合理怀疑”的最高证明标准。

相比之下，侦查人员通过侦查活动，对于行为人犯罪事实的认定，则要达到最高的证明标准，也就是“事实清楚，证据确实、充分”的标准。具体而言，根据这一标准，侦查人员对于行为人的犯罪事实需要达到“排除合理怀疑”的内心确信程度。只要对行为人的犯罪事实存在合理的疑问，侦查人员就不应将案件移送审查起诉，而应撤销案件。

行政机关即便认定行为人存在某一行政不法事实，也只能据此作出行政处罚的决定。假如侦查机关要对行为人采取进一步的刑事追诉行动，就只能将这一行政不法事实视为行为人存在犯罪嫌疑的根据，但不能直接以此为根据来认定行为人存在犯罪事实。这显然说明，对于行为人存在行政不法事实的认定，远远没有达到足以确信犯罪事实成立的程度。

三、行政不法事实与犯罪事实层次性理论的正当性

无论是行政法还是刑法，都经常对同一类不法行为作出相同的法律表述。很多不法行为在这两类法律中的表现形式也都是相似的。既然如此，在行政不法行为向犯罪进行转化的过程中，为什么要将“行政不法事实”与“犯罪事实”加以区分呢？为什么要将这两种事实视为处于不同位阶和层次的法律事实呢？

为使行政不法事实与犯罪事实的层次性理论得到普遍的接受，我们可以对这一理论作出必要的论证。首先，根据行政不法与犯罪的包容性原理，行为人构成行政不法行为是构成犯罪（行政犯）的必要条件。但是，行政不法行为要转化为行政犯，还需要具备其他特定犯罪构成要件。这决定了认定行政不法行为的法律条件要低于认定行政犯的法律条件。其次，根据公共处罚后果的阶层性原理，行政处罚最多带来短期剥夺人身自由或者剥夺某种经营资格的后果，而刑事处罚则同时会带来定罪和量刑的后果，这种在剥夺行为人利益后果方面的差异，也决定了对相应事实的认定应设定不同的法律限制。最后，根据事实错误的成本差异理论，行政不法事实一旦认定错误，至多会带来行政处罚被推翻和被纠正的后果，而犯罪事实假如被认定错误，则会造成冤假错案的发生，带来严重的政治、社会、经济等后果。下面依次从三个方面作出论证。

(一)行政不法与犯罪的包容性原理

根据公认的观点，至少在那些由行政不法行为转化而来的犯罪案件中，行为人实施了行政不法行为，也就是违反了行政法规、行政规章、行政命令等规范，成为行政法意义上的违法者，但这并不意味着行为人构成了犯罪。与此同时，我国刑法对行政犯的认定，通常有一条基本规律：在行为人构成特定行政不法行为的前提下，又确立了某种“特定犯罪构成要件”，从而将行政不法行为的认定视为行为人构成行政犯的必要条件。可以说，在行政不法事实与犯罪事实截然有别的背后，存在行政不法与犯罪的“包容性原理”。换言之，特定犯罪包含了行政不法，行为人构成特定行政不法行为是其构成犯罪的必经阶段和必要步骤。

如何理解这种行政不法与犯罪的“包容性原理”呢？过去，刑法学界有法益侵害区别说，强调“行政不法”与“犯罪”所侵害的法益不同，国家法律设定“行政犯”和“犯罪”的立法目的不同，并以此为根据来确定行政犯的认定标准。但是，这种“法益说”和“立法目的说”仍然显得有些模糊，且因认定的主观性较强而难以形成普遍的共识。其实，犯罪与行政不法所具有的“包容性关系”与犯罪与民事侵权所具有的“包容性关系”是一样的，都是为了建立一种统一而明确的法律秩序，根据所造成的危害后果的不同，而确立相对应的法律后果。在公法所确立的法律秩序中，我们之所以要区分行政法与刑法，是因为要针对不同的违法行为确定层次不同的剥夺违法者利益的后果。但刑法所确立的刑事责任应当是最后的制裁后果，属于“不得已而为之”的责任追究方式。在治理公法领域中的违法行为方面，立法者对于行政处罚应当尽量优先适用，只有在行为人的违法行为造成严重后果、侵害重大利益的情况下，才可以考虑使用刑事制裁手段。由此，在行政处罚与刑事处罚之间就建立起一种层次性关系，这既给执法者或者司法机关提供了一种处罚上的选择权，也使社会公众清楚了解自己行为的不同法律后果。

假如不确立这种行政不法与犯罪之间的包容性关系，将行政不法与犯罪置于完全无关的状态，那么，就有可能出现两种危险局面：一种是行为人的行政不法行为已经造成极为严重的后果，立法者却没有确立一个适当的罪名来追究其刑事责任，这势必造成法律秩序的破坏；另一种是司法机关与行政机关对于行为人的同一不法行为作出相互矛盾的评价，也就是司法机关认为行为人构成某一犯罪，并对其科处刑事处罚，而行政机关却认为这一行为并没有构成行政不法行为，甚至作出该行为“行政合法”的判断。这两种情况显然会破坏法律适用的统一性，甚至损害法律实施的权威性。

正是出于实现法律秩序稳定性和法律适用统一性的考虑，我们才分别在公法和私法两个领域确立了两种法律关系的“包容性原理”：在公法领域，刑法与行政法具有包容性，对犯罪的认定将对行政不法的认定包含其中；而在私法领域，刑法与民法具有包容性，对民事侵权或民事违约的认定被视为构成特定犯罪的必经之路和必要步骤。只要我们接受了行政不法与犯罪的包容性原理，那么，行政不法事实与犯罪事实就自然处于不同的层次上，且对犯罪事实的认定显然要比对行政不法事实的认定要受到更为严格的法律要求。

(二)处罚后果的阶层性原理

从法律关系上说，行政法之所以将一项行为认定为“行政不法”行为，主要是因为这一行为尽管存在一定的社会危害性，但从该行为的性质、后果和处罚的必要性来看，还尚不足以达到要受到刑事处罚的程度。我国法律经常将那些尚不需要刑事处罚的轻微违法行为纳入行政法的调整范围。只有在这类行为严重危及社会秩序、侵害重要利益、造成严重后果或具有其他严重情节的情况下，才将其认定为犯罪行为。可见，在行政不法行为是否成立的问题上，存在一种行政法律关系，也就是国家行政机关与相对人之间的法律关系。只要相对人的行为触犯了某一行政法律，行政机关就可以追究其行政法律责任。

但是，行为人的行政不法行为假如同时还触犯了刑法的规定，符合某种“特定犯罪构成要件”，那么，这种行政机关与相对人之间的行政法律关系即告结束，取而代之的将是另一种法律关系，那就是国家与犯罪人之间的刑事法律关系。这种刑事法律关系存在实体和程序两个层面的属性：在实体层面，国家一旦将某一行为认定为犯罪行为，就会对行为人追究刑事责任，在宣告其构成犯罪的前提下，对其科处特定的刑事处罚。这种刑事责任的追究要远远重于行政处罚，不仅会带来行为人被宣告为罪犯这一谴责性法律后果，而且会导致其财产、自由乃至生命受到剥夺。尤为严重的是，行为人一旦被认定为罪犯，即便在刑罚执行完毕之后，还会成为“终生”的罪犯——其犯罪前科将伴随其终生，使其永远处于“政治贱民”的境地，在政治、经济、社会等各个领域处于被剥夺特定资格或者无法获得平等对待的状态。

在程序层面上，刑事法律关系还意味着国家有可能对行为人启动刑事追诉程序，对其采取立案、侦查、起诉等一系列刑事追诉措施，使其人身自由、财产、隐私等受到程度不同的限制或剥夺。从立案开始，直至生效裁判公布为止，行为人始终处于犯罪嫌疑人或者被告人的境地，处于被追诉、受审查和仅仅能够抗辩的境地。在刑事诉讼程序这一特定的时空范围内，行为人或者依靠自身的力量，或者在辩护人的帮助下，与刑事追诉机关进行理性的对抗，对司法裁判者进行申请、说服和协商，以便达到维护自身合法权益的目的。可以说，在程序层面上，刑事法律关系一旦成立，即意味着国家与行为人处于紧张的对立状态，行为人始终面临刑事追诉机关的起诉。

正是考虑到行政处罚使行为人受到较轻的处罚，而刑事处罚则使行为人的利益受到最严厉的侵害，我们才对行政处罚和刑事处罚分别设定了程度不同的法律限制，使行政程序和刑事诉讼程序分别符合不同的法治化标准。对于刑事被告人的权利保障问题，各国几乎都通过宪法来确立最低的程序标准，联合国有关人权公约也往往设定了“公正审判的最低标准”。但无论是各国宪法还是联合国公约，都没有对行政程序中的相对人确立这样的权利保障标准，其原因就在于此。与行政程序和刑事诉讼程序的法治化水平相适应，我们对行政不法事实和犯罪事实也需要设定程度不同的认定标准。在一定程度上，这些认定标准就构成了对行政处罚和刑事处罚所设定的法律障碍。对于剥夺和限制个人权利较轻的刑事处罚，行政法所设定的法律障碍就少一些，对行政不法事实的认定只需达到较低的认识标准即可完成。相反，对于那些会严厉剥夺个人权益的刑事处罚而言，刑事诉讼法乃至宪法则需要设定最高的法律障碍，对犯罪事实的认定也要达到最高的证明标准和最严格的证据要求。

（三）事实错误的成本差异理论

对行政不法事实和犯罪事实分别设定程度不同的证明标准和证据要求，还要考虑两种法律事实一旦发生认识上的错误，究竟要承担怎样的成本问题。

在法律实践中，在事实认定上发生的错误，通常会付出程度不同的政治、社会、经济上的代价，也会对国家公权力机关的公信力造成程度不同的损害。按照一般的规律，事实错误可能付出的成本越高，对事实认定所作的法律限制也就越严格，认定该事实的标准也就越高。

行为人一旦被认定实施了行政不法行为，最多会造成其短时间人身自由被剥夺，或者公司企业被吊销某种生产、经营的资格。这种行政不法事实一旦发生认识上的错误，就会带来错误的行政处罚，那么，对行为人的行政处罚就要加以纠正，行政机关除了立即解除行政处罚措施以外，也要承担一定的行政赔偿。相对于刑事诉讼中的冤假错案而言，这种错误的行政处罚所带来的道德成本和经济成本并不高。

相反，犯罪事实一旦出现认定上的错误，就会造成冤假错案，带来沉重的政治、社会、经济后果，并对侦查机关、公诉机关和法院的公信力造成极为负面的影响。以近些年来发生的呼格吉勒图案、张氏叔侄二人案以及聂树斌案为例，司法机关一旦发现在认定犯罪事实上出现错误，并对这种错误加以纠正，通常会带来以下后果：对行为人给予动辄数百万元的高额刑事赔偿；国家层面对行为人赔礼道歉；社会公众强烈要求追究司法人员的责任，对司法制度的信任感下降……一言以蔽之，犯罪事实认定所发生的错误，以及对冤假错案的纠正，会使国家承受极大的政治代价、经济代价和道德信誉损失，付出较高的司法成本。与这种司法成本相比，那种错误的行政处罚所带来的代价显然是不可同日而语的。

既然行政不法事实和犯罪事实一旦发生认定上的错误，会造成如此截然不同的代价和成本，那么，为避免行政不法事实的错误认定，我们需要为行政处罚设定一些法律上的限制，同时，为防止犯罪事实的认定出现错误，还需要设定更为严格的法律程序，对行为人提供更为完善的法律保障，为这种事实的认定设立最高的证明标准。我们之所以提出行政不法事实与犯罪事实的层次性理论，其原因就在于此。

四、行政证据在刑事诉讼中的证据能力

假如我们接受行政不法事实与犯罪事实的层次性理论，那么，就可以运用这一理论来解释一些法律规则，并进而为解决司法实践中的疑难问题找到适当的路径。在这一方面，首先面临的还是行政机关在行政执法过程中所收集的证据材料究竟能否被采纳为刑事证据的问题。

为方便表述起见，对于行政机关在行政执法过程中所收集的证据材料，我们可以简称为“行政证据”。对侦查机关在刑事诉讼中用来指控犯罪的证据，我们也可以简称为“刑事证据”。我国刑事诉讼法允许侦查机关直接将行政机关所收集

的部分行政证据采纳为刑事证据，这部分行政证据主要是指物证、书证、视听资料和电子数据。那么，究竟为什么法律要做此规定呢？这个问题可以被拆分为两个方面：一是立法者究竟为什么要允许侦查机关直接采纳这四种行政证据？二是对于这四种实物证据以外的其他证据，侦查机关可否直接采纳为刑事证据呢？其正当理由究竟是什么？

首先来分析第一个问题。表面看来，侦查机关将部分行政证据采纳为刑事证据，这是违背行政不法事实与犯罪事实的层次性理论的。毕竟，任何行政证据都是为行政机关认定行政不法事实而服务的，它们不能被用来证明犯罪事实的成立；侦查机关要认定犯罪事实，只能按照刑事诉讼程序重新进行调查取证，唯有侦查机关依法收集的证据材料，才可以被作为刑事证据使用。

但是，这一原则也应存在例外情形。对于行政机关在行政执法过程中所收集的实物证据，在侦查机关对同一案件作出刑事立案决定后，是否要弃之不用而重新进行收集证据的活动呢？答案显然是相反的。侦查机关可以从行政机关直接接收这些实物证据，将其直接作为刑事证据使用，而没有必要再进行重新调查取证，也没有必要进行所谓的“证据转换”活动。之所以要作出这一论断，原因主要有三个：一是在司法实践中大量行政案件都转化为刑事案件，假如要求行政人员只将所收集的实物证据作为认定行政不法事实的依据，那么，侦查机关一旦接手这一案件的立案侦查活动，就要将原来的实物证据和相应的调取笔录弃之不用，而重新启动调查取证程序，这显然会造成司法资源的浪费，大大降低刑事侦查的效率。二是实物证据通常被称为“客观证据”，它们稳定性较强，无论是行政机关还是侦查机关，无论所适用的是行政处罚程序还是刑事侦查程序，其外观、形态、数量和内容通常不会发生实质性的变化。可以说，实物证据的取证主体和取证方式对其真实性的影响是微乎其微的。三是在实物证据的调查程序方面，行政法与刑事诉讼法的法治化程度差异不大。这两类法律都要求调查人员在提取实物证据时要由两名法定人员进行，尽量调取原件或者原物，要做好相关的调查笔录，重要证据的搜查、扣押、勘验、检查要有见证人在场并在调查笔录上签字，等等。

当然，行政人员所收集的这些实物证据即便被采纳为刑事证据，也仅仅满足了取证主体资格这一法律要求，而并不必然具有证据能力。不仅如此，即便这些实物证据被采纳为刑事证据，它们的证明力仍然要经受全面的审查和判断。这些证据假如在真实性或者相关性方面出现问题，仍然不能被采纳为定案的根据。

下面接着讨论第二个问题。既然行政机关收集的实物证据可以直接作为刑事证据使用，那么，行政机关收集的其他证据材料，如鉴定意见、证人证言、被告人供述、被害人陈述以及包括勘验检查笔录、搜查笔录在内的笔录类证据，究竟可否像实物证据那样直接转化为刑事证据呢？

从法律表述来看，刑事诉讼法显然允许侦查机关将作为行政证据的“物证、书证、视听资料、电子数据”以外的其他证据材料直接作为刑事证据使用。那么，这里所说的“其他证据材料”究竟是指哪些证据呢？在我看来，这里所说的其他行政证据主要应是那些与上述四种实物证据有关联的笔录类证据材料，也就是行政人员为收集物证、书证、视听资料和电子数据所制作的各种笔录材料，包括搜查笔录、检查笔录、勘验笔录、扣押清单、提取笔录等。道理很简单，既然立法机关允许侦查人员将行政人员收集的四种实物证据采纳为刑事证据，那么，行政人员为收集这些实物证据所制作的相关笔录，也应一同被提交给侦查机关。假如侦查人员对于行政人员移交的实物证据“照单全收”，却对行政人员记录这些收集证据活动过程中的笔录拒绝接收，这岂不就将实物证据与收集过程的证据材料人为地予以分离了吗？难道侦查人员在接受了四种行政证据之后，还要重新进行搜查、扣押、勘验、检查、提取等活动，并重新制作相关笔录吗？这岂不违背刑事诉讼法设立这一条款的立法目的？

在证据法理论上，实物证据与收集这些实物证据的笔录类材料，可以分别被称为“结果证据”和“过程证据”。根据结果证据与过程证据不可分离的原则，侦查机关在将这些实物证据采纳为刑事证据的同时，也应将记载收集证据过程的笔录类证据采纳为刑事证据。这一结论应该是比较合理的。

那么，对于行政人员收集的言词证据笔录，如被告人供述、证人证言、被害人陈述等，侦查人员可否直接采纳为刑事证据呢？答案是否定的。首先，言词证据又被称为“主观证据”，其稳定性较弱，其真实性经常会因为取证主体和取证手段的变化而发生程度不同的变化。与实物证据相比，言词证据会受取证主体与案件的利害关系、取证主体的讯问（询问）方式等因素的影响而呈现不稳定的姿态。刑事诉讼法要求唯有两名以上侦查人员在场，才能获取讯问或询问笔录，其原因就在于此。其次，行政法和刑事诉讼法对于言词证据的取证程序提出了差异较大的法律要求。侦查人员在讯问或询问过程中，被禁止采取刑讯逼供、威胁、引诱、欺骗等非法取证手段，被禁止接受意见证据，对于未成年人或精神病人的陈述，侦查人员也受到严格的法律限制。尤其是在讯问被告人方面，刑事诉讼法为防止侦查人员出现非法取证情况，作出了更为严格的法律限制：如在逮捕、拘留后24小时之内要将其送交看守所进行羁押，在这一时间内也要进行第一次讯问，讯问要在看守所内进行，对于重大案件的嫌疑人进行讯问要进行同步全程录音录像，等等。这些对侦查人员所作的法律限制在行政调查过程中显然是不存在的。最后，刑事诉讼法针对侦查人员非法取证问题所确立的非法证据排除规则，主要是针对非法言词证据来适用的。尤其是对于侦查人员通过刑讯逼供、威胁、非法拘禁等非法手段所获取的被告人供述，以及通过暴力、威胁、非法拘禁等非法手段所获取的证人证言、被害人陈述等，都确立了强制性的排除后果。反观各种行政法律和法规，对于行政人员以非法手段所获取的言词证据，却极少规定排除非法证据的制裁性后果。在行政执法实践中，行政机关因为行政人员非法获取行政证据而将其排除于行政处罚根据之外的情况，一般很少发生。

除了言词证据以外，行政人员在行政执法过程中所收集的鉴定意见，能否直接被侦查人员采纳为刑事证据呢？

在这一问题上，我们有必要将行政人员通过委托鉴定机构和鉴定人所作的鉴定意见称为“行政鉴定意见”，而将侦查机关委托或者聘请有鉴定资格的机构或个人所作的鉴定意见称为“司法鉴定意见”。在我看来，如同行政机关收集的言词证据一样，行政鉴定意见也只能作为证明行政不法事实成立的证据材料，而不能被采纳为刑事证据。这里也可以从三个方面进行解释。其一，刑事诉讼法对鉴定机构和鉴定人有明确的鉴定资格要求，无论是鉴定机构还是鉴定人，在不具备特定鉴定资格的情况下所出具的鉴定意见，一律不得被作为定案的根据。相比之下，行政法对于鉴定机构和鉴定人的鉴定资格并没有过于严格的限制，或者即便作出了一定限制，也与刑事诉讼法所作的限制属于完全不同的两套法律体系。例如，对于那些行为人涉嫌污染环境的案件，行政机关在行政处罚过程中经常委托环保行政机关下设的环境科学研究机构出具鉴定意见，也经常没有自然人的签字或者盖章。这种鉴定意见被用在行政程序中是没有太大问题的，但因为这种鉴定机构不具有司法鉴定资格，且鉴定意见不符合刑事诉讼法所要求的形式要件，因此不能作为刑事证据使用。又如，对于那些行为人涉嫌制造或销售假冒伪劣食品、药品的案件，食品药品监督管理部门经常自行对案件专门性问题作出鉴定意见，并将此作为行政处罚的依据，但这类鉴定意见并不符合刑事诉讼法的要求，也不能被直接作为刑事证据使用。其二，行政鉴定意见与司法鉴定意见所发挥的证明作用具有实质性的差异。由于行政不法事实与犯罪事实存在实质性的差异，行政鉴定意见至多对行为人是否存在行政不法行为提供专业意见，而对于行为人是否存在“特定犯罪构成要件”，却难以起到直接的证明作用。其三，行政鉴定意见与司法鉴定意见在形式要件上存在实质性差异。相对于行政鉴定意见而言，司法鉴定意见要被采纳为刑事证据，就要具备刑事诉讼法所确立的各种法律要求。例如，作为鉴定检材的物证、书证、视听资料、电子数据必须是来源可靠的，并且没有受到污染而具备鉴定条件的；鉴定必须符合法定的司法鉴定操作规程；鉴定意见必须有自然人的盖章或者签字，而不能仅仅由单位盖章；等等。违背这些法定形式要件的司法鉴定意见一律不得被采纳为认定行为人犯罪的根据。

五、“行政认定函”和“行政处罚决定书”的证明力

在我国司法实践中，行政机关在行政执法过程中经常会出具对案件专门性问题加以认定的“行政认定函”，也会对行为人作出“行政处罚决定书”。在案件被公安机关作出刑事立案决定之后，这些“行政认定函”和“行政处罚认定书”往往被直接作为刑事证据适用，甚至被法院采纳为定案的根据。例如，在涉及证券类犯罪的刑事案件中，公安机关经常单方面提请证券监督管理部门就相关专业问题出具一份认定函。在一些重大内幕交易案件中，公安部就经常商请中国证监会出具一种“认定函”，这种“认定函”以公安部单方面提供的“案件事实”为根据，对诸如“价格敏感期”“内幕信息”“知情人”等事实问题作出确认，并对行为人实施的内幕交易行为作出法律上的定性。又如，对于生产、销售假药或劣药的案件，食品药品监督管理部门也经常出具这类“认定函”，对那些存有争议的药品属于“假药”或者“劣药”作出行政认定。再如，对于那些涉及交通肇事、虚开发票、侵犯知识产权、污染环境、生产销售伪劣产品等方面的案件，行政机关所作的处罚决定书在案件转化为刑事案件之后，经常被移交公安机关，甚至被法院采纳为定罪的根据。

对于这种行政认定函或行政处罚决定书的证据效力问题，很多辩护律师都提出了异议。其中，对于行政认定函的证据能力问题，律师通常的辩护理由是，这种认定函不属于我国刑事

诉讼法规定的任何一种证据种类，既不属于书证，也不属于鉴定意见，存在“证据形式不合法”的问题，因此不能作为定案的根据。例如，在不少内幕交易案件中，律师通常认为，无论是公安部还是中国证监会，都不是法定鉴定机构，它们出具的书面材料不能作为认定诸如内幕信息、内幕信息知情人以及价格敏感期等案件事实的依据。除此之外，还有律师提出第二种辩护理由，认为中国证监会作为国家主管证券监督管理事务的行政机关，只能作出行政处罚决定，所收集的证据也只能用作行政处罚的依据。该机关并不是刑事侦查机关，无权收集犯罪证据，所出具的行政认定函也不能作为刑事诉讼证据使用。对于行政处罚决定书的证据能力问题，辩护律师一般都认为，这种处罚决定书属于行政机关实施行政处罚的法律文书，所认定的是行为人行政不法的事实，所适用的也只是行政法律或法规，它们既无法对行为人构成犯罪的事实作出认定，又难以对相关刑罚条款进行适用。因此，这类处罚决定书充其量只能被作为量刑证据加以适用，而不能成为法院认定犯罪事实的依据。

然而，对于律师界的辩护意见，法院通常持反对的观点，认为这种行政认定函和行政处罚决定书具有证据能力，可以作为刑事诉讼证据使用。

在对一些内幕交易案件所作的解释中，一些刑事法官详细阐明了对行政认定函证据能力问题的看法。这种看法主要包括三个方面：其一，中国证监会作为证券市场最高主管机构，具有认定内幕信息的法定职权，有权针对证券方面的问题作出专业认定意见，这种意见不仅来源合法，而且属于独立于鉴定意见的证据种类。与此同时，中国证监会的认定函所确认的有关内容与案件事实具有相关性，该认定函所认定的内幕信息、价格敏感期等，是认定案件是否构成内幕交易罪的关键，与行为人内幕交易行为具有直接的联系。其二，中国证监会出具的认定函尽管属于对案件事实所作的专业性判断意见，在内容上具有鉴定意见的性质，但因为出具意见的主体并不具有鉴定机构和鉴定人的法定资质，因此在证据类型上不易被归类为鉴定意见。这类认定函大体上可被视为一种“公文书证”。这类公文书证通常要由行使法定职权的机构按照法定程序予以制作，除了文件要素齐备以外，还要有单位加盖公章或者负责人签字。中国证监会的认定函是由该证券监管机构在法定职权范围内，依照法定程序所制作的专业认定意见，符合公文书证的基本要求。其三，自2012年以后，我国刑事诉讼法允许侦查机关将行政机关在行政执法中收集的四种实物证据作为刑事诉讼证据使用。据此，中国证监会在协助查办证券期货类案件过程中所出具的行政认定函作为一种特殊的书证，既可以成为该机构作出行政处罚的依据，也可以作为检察机关指控犯罪的证据。

按照这种逻辑，除了证券监督管理部门以外，其他行政机关也具有相关行政管理职权，也有权针对专门问题出具这类专业意见，这类意见也具有“公文书证”的性质，根据刑事诉讼法的规定，这类公文书证也可以直接被作为刑事证据使用。由此可见，公安机关对治安案件出具的专门意见、环保部门对危险废物出具的专门意见、食品药品监督管理部门对假药或劣药出具的专门意见、工商行政管理部门对有毒有害食品出具的专门意见等，都可以成为这种“公文书证”，也都可以被直接作为刑事证据使用。

不仅如此，假如这种逻辑成立，那么，行政机关所作的行政处罚决定书，也属于行政机关“依法”和“依职权”作出的决定，也具有“公文书证”的性质，也应直接被采纳为刑事证据，甚至被法院采纳为定案的根据。

那么，法院将行政机关出具的“认定函”采纳为刑事诉讼证据，这究竟能否成立？答案是否定的。这是因为，中国证监会固然有权对证券监管问题发表专业意见，但只能针对抽象性法律适用问题发表专业意见，而对于具体的刑事案件，则无论是事实认定还是法律适用，都无权发表专业意见。迄今为止，我国只授权司法鉴定机构和鉴定人对具体案件所涉及的专门性问题发表专业意见，而中国证监会作为最高证券监管机构，显然不是法定鉴定机构，其工作人员也不具有司法鉴定人的法定资质，显然该机构无权出具任何形式的鉴定意见。

行政机关出具的认定函究竟是不是所谓的“公文书证”？答案也是否定的。这是因为，无论是所谓的“公文书证”还是普通书证，都应当形成于刑事案件发生之前或者过程之中，而不能形成于刑事案件发生之后，更不应形成于刑事诉讼过程之中。中国证监会之所以出具所谓的“认定函”，通常是因为公安部向其提交了商请提供专业认定的函件，而后者则是应刑事案件的侦查机关的请求，才商请中国证监会出具专业意见的。这显然说明，中国证监会出具专业认定意见的行为发生在刑事侦查过程之中，这种认定意见显然属于在刑事诉讼过程之中形成的书面材料。这种证据材料与侦查机关调取的其他“情况说明类材料”一样，并不具有书证的性质，更谈不上什么“公文书证”了。究其实质，这类“认定函”应被归入广义的“书面证言”的范围，也就是中国证监会的工作人员根据公安部提供的案卷及其他书面材料，对相关刑事案件提供了“意见证据”。只不过由于这类认定函是由中国证监会制作的加盖公章的书面材料，没有自然人的签名或者盖章，法院没有将其视为书面证言罢了。既然这类“行政认定函”具有证人证言的性质，那么，它们在刑事诉讼中就不具有证据能力，侦查机关也不能将其直接采纳为刑事证据，法院更不能将其采纳为定案的根据。

那么，行政机关所作的行政处罚决定书究竟能否作为刑事证据使用呢？从形式上看，行政机关所作的“行政处罚决定书”具有“公文书证”的性质。但是，这种决定书在刑事诉讼中却不具有相关性，因而不具有证明力。这是因为，行政处罚决定书只是对行为人行政违法事实的认定，是依据行政法律和法规对行为人行政法律责任的一种确定，它与行为人是否实施犯罪行为没有必然的联系。一个人承担行政法律责任与其是否承担刑事责任，是完全独立的两个问题，需要分别作出判断。我们不能因为行政机关认定行为人承担行政责任，而据此推断其必然承担刑事责任。否则，我们就会混淆行政法律责任与刑事责任的界限。

对于“行政认定函”与“行政处罚决定书”在刑事诉讼中的证据能力问题，我们通过运用行政不法事实与犯罪事实的层次性理论，就可以得到更有说服力的解释。

原则上，行政机关出具的“认定函”也罢，所作出的“处罚决定书”也罢，都只是对行为人的“行政不法事实”所作的权威认定，而无法对行为人的“犯罪事实”作出认定。在出具上述两种书面材料之前，行政机关既没有遵循刑事诉讼法所确立的严格法律程序，也没有受到刑事非法证据排除规则的约束，对于行政不法事实的认定最多只是达到“优势证据”的证明程度，也就是将行为人实施行政不法行为与没有实施这种行为相比，前者的可能性更大一些。这种事实认定根本无法达到“事实清楚，证据确实、充分”的程度，无法排除裁判者的“合理怀疑”。既然如此，“认定函”对行为人行政不法事实的认定，也只能在行政处罚程序中具有证据能力，“行政处罚决定书”也只是追究行为人行政责任的决定文书。它们都达不到刑事诉讼中认定被告人构成犯罪的法律要求，也无法使人们对行为人实施犯罪行为这一事实达到内心确信无疑的程度。

行政机关在“认定函”中所认定的专业意见经常涉及对“案件事实”的认定，它们所依据的通常都是公安机关等单位提交的案卷材料。但这些案卷材料只是公安机关等单位的一面之词，并且都属于传来证据材料，无法在证据能力和证明力方面接受全面的审查和验证。更何况，行政机关不可能采取司法裁判的方式给予行为人一方提出证据、进行质证和作出辩解的机会。若通过这种书面的、秘密的和间接的证据审查方式，行政机关作出不利于行为人的“行政认定函”，则既无法保证所认定的“案件事实”的真实性，也难以维护认定函出具程序的公正性。

行政机关所作的行政处罚决定书，更是包含对行为人行政不法事实的直接认定。行政机关认定这种“案件事实”的依据都是在行政执法过程中收集的各种证据材料。根据行政不法与犯罪的包容性原理，行政机关的证据材料最多只能证明行为人存在行政不法行为，而没有办法证明行为人存在“其他犯罪构成要件”。因此，仅凭这些证据材料，根本不足以认定行为人的犯罪事实：例如，行政处罚认定书可以认定行为人存在“非法经营”的行为，却不一定能证明行为人“违法国家规定”；这种决定书可以认定行为人存在“虚开增值税发票”的行为，却难以证明行为人“不存在任何真实交易”这一事实；这种决定书可以证明行为人“污染环境”的事实，却无法证明行为人排放的是刑法所规定的“危险废物”；这种决定书可以证明行为人对名胜古迹进行了损害行为，却未必能证明这种损害达到“损毁”的程度……对这些“特定犯罪构成要件”的认定，根本不属于行政机关在行政处罚过程中所要完成的任务，而应属于刑事侦查机关通过侦查活动所要达到的法律要求。既然如此，行政处罚决定书对于行为人的犯罪行为就不具有证明力。

六、层次性理论的例外

将行政不法事实与犯罪事实视为两个不同层次上的“法律事实”，对行政机关收集的证据、认定的事实和作出的决定在刑事诉讼中加以严格限制，既符合行政程序的规律，也有助于贯彻刑事法治的理念。但是，假如在任何情况下都严格区分这两种法律事实，使刑事追诉机关一律不采纳行政证据，或者不将行政不法事实作为认定犯罪事实的根据，这也是不切实际的。毕竟，这种层次性理论的严格适用，会造成行政处罚程序与刑事诉讼程序的断裂，若侦查人员经常将行政人员所作的调查工作予以废弃，重新进行调查取证，重新对案件事实进行审查核实，将会造成侦查人员的重复性劳动，造成诉讼效率的严重下降，导致诉讼成本的增加，使司法资源受到无谓的浪费。

因此，我们需要考虑为行政不法事实与犯罪事实的层次性理论设定若干适用上的例外情形。

其实，自2012年以来，我国刑事诉讼法允许将行政人员收集的四种实物证据作为刑事证据加以适用，这就意味着立法者不再将行政执法程序与刑事诉讼程序进行完全割裂，而兼顾了这两种程序的衔接问题。这显然可以被视为行政不法事实与犯罪事实层次性理论在适用中的一种例外情形。

2018年3月，我国立法机关通过了《中华人民共和国监察法》，将原来由检察机关行使的职务犯罪侦查权转隶给监察委员会。监察委员会在对公职人员涉嫌腐败的案件立案之后，通过调查活动，既完成了党纪调查和政务调查，也进行了刑事调查。监察委员会在不执行刑事诉讼法、不行使刑事侦查权的情况下，通过调查，发现案件符合刑事起诉条件的，可以将案件移送检察机关审查起诉。对于监察委员会移送过来的所有证据材料，检察机关都要作为刑事证据加以使用。这种对党纪调查、政务调查与刑事调查（事实上的刑事侦查）不加区分的制度，必然造成监察委员会所认定的违纪事实、政务违法事实与犯罪事实完全混同。尽管监察委员会被视为不同于行政机关和司法机关的“政治机关”，但这种将三类调查所获取的证据不加区分、将三类不法事实进行混同的制度安排，显然也属于行政不法事实与犯罪事实层次性理论的一种重要例外情形。

那么，对于这种层次性理论的适用，究竟是否要设立其他方面的例外情形呢？

我认为，无论是立法机关还是司法机关，在对行政机关收集的证据材料和认定的行政不法事实加以取舍时，经常具有一种“非此即彼”的思维方式，也就是要么将这些证据材料全都排除在刑事证据之外（如2012年《刑事诉讼法》颁行之前），要么将这些证据材料不加区别地采纳为刑事证据（如近年来司法实践中的普遍惯例），要么将行政机关认定的行政不法事实全都予以接纳（如刑事法官对“行政认定函”作为刑事证据的普遍认可）。司法机关在刑事诉讼中对行政证据和行政不法事实的无原则“照单全收”在很多案件的刑事诉讼中引发了普遍的争议。

为避免这种思维方式可能出现的消极后果，我们可以考虑接受“认罪认罚从宽”的改革思路，在嫌疑人、被告人自愿认罪认罚的案件中，对于犯罪嫌疑人、被告人及其辩护人不持异议的行政证据，尤其是那些由行政机关制作的谈话笔录、询问笔录或者讯问笔录，检察机关可以将其直接作为刑事证据使用，法院经过举证、质证和辩论程序，也可以将其直接采纳为定案的根据。与此同时，对于行政机关针对案件专门问题出具的“行政认定函”，以及行政机关作出的“行政处罚决定书”，嫌疑人、被告人及其辩护人没有任何异议的，检察机关也可以将其作为指控犯罪的证据，法院经过当庭质证程序，也可以将其采纳为定案的依据。

与此同时，为避免行政机关出具的行政鉴定意见无法转化为司法鉴定意见，也可以考虑将行政鉴定与司法鉴定进行有机地整合，在对行政鉴定作出严格限制的前提下，使任何从事行政鉴定的机构和人员也同时具备从事司法鉴定的资格。这些鉴定机构和鉴定人员在行政程序中所出具的鉴定意见，既可以作为认定行政不法事实的依据，也可以成为认定犯罪事实的证据材料。当然，作出这种调整的前提条件是对行政鉴定体制作出彻底改革，废止那种由行政机关随意委托鉴定机构或鉴定人的做法，由司法行政机关建立统一的鉴定机构和鉴定人名册。无论是行政机关还是侦查机关、司法机关，在需要对专门性问题组织鉴定的时候，都要从同一份鉴定名册中遴选鉴定机构和鉴定人。

七、走出行刑交叉的困境

我国刑事司法实践中普遍存在"行政法与刑法交叉适用"的问题。刑事追诉机关经常将行政不法事实与犯罪事实加以混同，要么将行政机关收集的行政证据直接采纳为刑事证据，要么将行政机关制作的行政认定函或行政处罚决定书作为认定犯罪事实的根据。为解决这方面的问题，刑法学界提出了行政不法与犯罪的包容性理论，试图从实体上界定这两种不法行为的界限，以避免司法机关随意地将行政不法转化为犯罪。但在程序和证据层面上，我们也有必要对行政不法转化为犯罪的问题进行必要的限制。本书所论证的行政不法事实与犯罪事实的层次性理论，就是为解决这一问题而提出的。

这一层次性理论的核心在于将行政不法事实与犯罪事实视为两个处于不同位阶的法律事实，两者无论是证明对象、调查取证的方式、对非法取证的救济还是在事实认定标准，都存在实质性的差异。对行政不法事实的认定，是认定相关犯罪事实的前提。但要完成犯罪事实的认定过程，还需要有证据证明"特定犯罪构成要件"的成立。反过来，我们一般不能将行政证据直接采纳为刑事证据，更不能将行政不法事实直接认定为犯罪事实。

坚持这一层次性理论，固然有助于从理论上给我们提供解决相关问题的思路，但也应认识到，这一理论的适用，其实是有代价的，会付出相当大的成本。现行法律已经为此设定了两个方面的例外。要走出当前的困境，还可以考虑引入“诉权处分”的因素，允许被告方在认罪认罚案件中自愿接受行政证据的证据能力，或者自愿承认行政认定函或行政处罚决定书的证明力。与此同时，可以考虑对行政鉴定和司法鉴定进行有机整合，建立统一的鉴定名册制度，使行政鉴定意见可以直接成为司法鉴定意见。

在行政不法事实与犯罪事实的认定过程中，坚持法治底线是十分重要的。这也是解决问题的前提条件。但在制度安排方面也要保持适度的灵活性，设定一些必要的例外。这一方面可以使原则具有存在的可能性，另一方面也对原则限定了适用范围，从而使制度保持了最大的弹性，可以有效应对多元化的社会需要，实现多方面的法律价值。

第八章

法官的思维方式

这尊正义女神雕塑位于英国伦敦中央刑事法院大厦的最顶端，由英国雕塑家 Frederick William Pomeroy（1856~1924）创作于 1905 年前后。

一、问题的提出

在我国的司法制度改革过程中，无论是审判管理、审判程序还是证据规则都在持续发生着剧烈的变化。在所有这些变化中，刑事审判制度的变化发生得尤为剧烈和深刻。

2010年以来，我国法律对刑事证据规则的调整是1996年以来我国刑事审判领域发生的一次重大变化。如果法官对证据规则没有一个清醒的认识或者观念不发生转变，刑事证据法的实施将是非常困难的。2012年以后刑事诉讼法确立了非法证据排除规则，这是一个有着深远影响的变化。法院在解决被告人刑事责任问题的同时，还要受理辩护方对控方证据合法性的异议，并审查侦查程序的合法性问题。这就使侦查人员的诉讼行为成为法院审判的对象。我们可以反思一下1989年《行政诉讼法》的制定，这部法律使行政机关可以成为法庭上的被告，这是一场具有“里程碑”意义的改革。但是从那时以来，法院司法审查的对象主要限于行政机关的行政行为，而警察、检察官的侦查行为则一直没有被纳入法院司法审查的范围。2000年前后，最高人民法院在一个司法解释中曾明确将侦查行为排除在行政诉讼“受案范围”之外。从此以后，各级法院的行政审判庭都不再受理被告方针对警察、检察官的侦查行为所提起的诉讼。这使侦查行为的合法性问题无法受到法院的司法审查，那些权利受到侦查人员侵害的嫌疑人及其律师，无法将程序的合法性问题诉诸司法机关。侦查领域中的侵权行为竟然成了无法救济和不可诉的事项。

刑事诉讼法所取得的较大突破，就是确立了程序审查优先原则，使法院可以通过受理辩护方排除非法证据的申请，来对侦查行为的合法性加以审查，并就此作出权威的裁判。法院只有先把程序问题解决了，才能审理被告人是否构成犯罪的实体问题。在程序违法的审理程序中，被告承担初步的证明责任，要提供相关的证据线索，法官承担初步的审查责任，如果对非法取证情况产生合理怀疑，就要启动非法证据排除的听证会，此时证明责任倒置，检察官承担证明责任，警察也要出庭作证，提交证据笔录、同步录音录像资料。这样警察就成了程序上的被告，公诉人成了警察的诉讼代理人；被告人成了程序上的原告，辩护人成了原告的诉讼代理人。故而侦查行为的合法性就被纳入法庭的审判范围，“民告官”的诉讼模式再一次被复制到刑事诉讼之中。这就意味着，在审理被告人是否构成犯罪的同时，一旦发生程序上的争议就要暂时中止实体审查，提起程序裁判，我们把它称为“诉中诉”“案中案”，或者“审判之中的审判”。过去，刑事法官只是关注被告是否构成犯罪、应该承担怎样的刑事责任的问题，今天突然要把警察的侦查行为纳入审判的对象，这对我们多年来的观念，对我们的司法体制，是不是一个严峻的挑战？

刑事诉讼法带来的观念冲击可能更加剧烈。这一司法解释强调法官对控方证据的证据能力和证明力的实质审查。我们过去的法庭审理是以案卷笔录为中心展开的，所谓法庭调查，无非是宣读案卷笔录，而且这种宣读还是摘要式地、有选择地甚至合并式地加以宣读，法庭对案件事实的调查基本上流于形式，相当于对侦查证据的形式审查和对侦查结论的简单确认。我把这种审判方式称为“案卷笔录中心主义”的审判方式。其后果是，法庭“拱手”把实质上的裁判权交给了侦查机关和公诉机关，对案件事实的认定问题几乎放弃了审判的责任。不仅如此，侦查人员经过勘验、检查、搜查、提取、扣押所得的物证、书证，如果未能附有勘验检查笔录、搜查笔录、提取笔录、扣押清单，不能证明物证、书证真实来源的，一律不得作为定案根据；应当出庭作证而没有出庭作证的证人提供的书面证人证言，如果经质证不能确认其真实性，一律不得作为定案根据；证人的书面证言出现矛盾，不能排除矛盾且无证据印证的，不能作为定案的根据；被告人庭前供述和辩解出现反复，庭审中不供认，且无其他证据与庭前供述印证的，不能采信庭前供述。上面列举的这些证据规则一旦得到有效的实施，将意味着法庭可以对控方证据的证据能力和证明力进行实质性的审查，甚至将那些可能不真实、不可靠、无关联性或者取证手段不合法的证据直接排除于法庭定案根据之外。

我们再看一看2010年生效实施的《人民法院量刑指导意见（试行）》（已废止）。通过这次改革，一种“相对独立的”量刑程序开始在中国的刑事审判制度之中确立。在提起公诉时，检察机关可以提出量刑建议，将起诉书与量刑建议书一并提交法院，法院将起诉书和量刑建议书的副本同时送达被告人。如果说起诉书是定罪的申请书，那么，量刑建议书则是检察院行使求刑权的标志。在量刑建议书中，检察机关要提出所建议的量刑种类和量刑幅度，列举全部的量刑情节，并提供量刑建议的根据和理由。与此同时，被告方、被害方也可以提出本方的量刑意见，除了提出本方所建议的量刑种类和量刑幅度以外，也可以对公诉方的量刑建议发表不同意见。由此，检察机关提出量刑建议，被告方、被害方提出量刑意见，法庭围绕着量刑问题举行司法裁判活动。这样，量刑问题就从定罪审理中分离出来，成为法庭独立裁判的问题。这一改革给控诉、辩护和裁判三方的诉讼活动都带来了极为深刻的影响。对公诉人来说，不仅要证明被告人构成犯罪，而且还要提出量刑建议，证明量刑建议的可成立性。从辩护方的角度来看，无论是在少量案件中作出无罪辩护，还是在大多数案件中提供有罪辩护，都不得不面临如何展开量刑辩护的问题。要做好量刑辩护，就需要进行专门的量刑调查，收集量刑情节，遴选量刑证据，论证本方所建议的量刑种类和幅度。被害人一旦参与量刑裁判过程，控、辩、裁各方的法律关系就变得更为复杂了。可以说，在定罪审理环节，被害人和公诉人的诉讼主张基本上是一致的，都会追求定罪的结局，但在量刑环节上，被害人所建议的量刑结果一般要比检察机关的量刑建议更重一些，也不会更多地考虑诸如“合法性”和“客观义务”等方面的要求。甚至在极端的案件中，法院允许被害方提出量刑意见，就等于允许一种非理性的声音出现在法庭上。对法院来说，在极其有限的诉讼期限内，既要对被告人是否构成犯罪进行全面的审理，又要对被告人的量刑问题作出准确、公正的裁判，这岂不意味着法院对同一刑事案件，要就定罪问题和量刑问题进行两次独立的法庭审理？

其实,一切改革的有效实施都离不开司法官员的理解、支持和发挥积极的作用。没有一种与时俱进的理念作支撑,法官可能对当前乃至今后的一系列改革不仅不会积极地加以推行,反而会成为制造障碍的一种力量。在以下的讨论中,我们将从几个方面分析法官的思维方式。

二、司法裁判的三种形态

传统的司法裁判是一种以实施实体法为中心的裁判形态。具体而言,刑事审判就是以解决被告人刑事责任问题为目标的裁判活动,民事审判则是以解决原告与被告之间的民事争议为宗旨的裁判活动。无论是刑事审判还是民事审判,都是一种单一的实体裁判形态。

具体到刑事审判活动而言,这种实体性裁判包括两个要素:一是解决被告人是否构成犯罪的问题;二是在构成犯罪的前提下,解决被告人量刑的问题。实体性裁判的最大使命是构建一套完整的诉讼程序和证据规则,防止国家滥用刑罚权,防止无根据的不公正的定罪。自贝卡利亚以来,一系列刑事司法理念的出现都是围绕着这个问题而展开的。比如无罪推定原则,它最大的功能是防止国家对公民任意定罪,为司法机关追求定罪结果的活动施加法律上的障碍,防止一个公民受到无根据的、不公正的定罪。因为定罪的结局是非常可怕的,它会导致人的自由、财产乃至生命被剥夺。

由于定罪会给一个人带来极其可怕的结果,所以我们构建了一系列的制度来防止国家任意定罪。首先,刑事诉讼法强调未经正当的法律程序，法院不得对任何人加以定罪处刑，而所谓正当法律程序，则是指包括辩护制度、回避制度、法庭质证制度、上诉制度等在内的一系列程序保障。其次，根据无罪推定原则，控方承担证明报告人有罪的责任，在定罪方面要达到最高的证明标准，法官在对被告人是否构成犯罪存有疑问时要做有利于被告人的解释。最后，几乎所有对报告人不利的追诉活动都要受到严格的程序限制，如逮捕要达到法定的标准，未决羁押要符合严格的法律条件，提起公诉要受到严密的程序审查，定罪要达到法定的标准，重复追诉原则上要受到禁止，强迫被告人自证其罪的行为也为法律所不允许，等等。

这样，在实体性裁判领域，法官所要做的无非是严格证据条件，避免被告人受到无根据的和不公正的定罪裁判。1996年《刑事诉讼法》的修改，引入了对抗式审判制度的若干因素，加强了控辩双方的庭审对抗性，其主要着眼点就是对法院的实体性裁判活动作出了更为严密的规范，使控辩双方在这一裁判过程中发挥更为积极的作用，从而促使裁判者保持更为中立和超然的立场。

但是，在实体性裁判之外，法官还要对一些程序性争议加以受理，并作出专门的裁判。对于这种以解决程序争议为目标的司法裁判活动，我们通常称其为“程序性裁判”。所谓程序性裁判，是指法院所要解决的不是被告人的刑事责任问题，而是诉讼程序的合法性问题。从我国刑事诉讼制度发展的现状来看，程序性裁判大体有两种具体的形态：一是上级法院对下级法院审判活动合法性的审判；二是法院对侦查行为合法性的司法裁判。根据刑事诉讼法的规定，二审法院发现一审法院违反法律程序可能影响公正审判的，可以撤销原判、发回重审。这里所说的“撤销原判、发回重审”就是宣告一审判决无效，责令一审法院使案件回到违法审判行为发生前的状态，在另行组成合议庭后，重新实施法庭审理活动。这里的程序性裁判就是二审法院对一审法院审判活动合法性的司法裁判活动。“撤销原判、发回重审”是二审法院对一审法院违法审判行为的一种程序制裁。根据新的制度，被告人及其辩护人向法院提出某一侦查行为违反法律程序，要求法院排除非法证据的，法院即应暂时中止业已进行的实体性裁判活动，而对侦查行为的合法性进行司法审查，对被告方诉称的非法证据应否排除的问题作出裁判。法院这种针对侦查行为合法性所进行的司法裁判活动，实质上独立于实体性裁判活动，具有程序性裁判的性质。法院一旦宣告某一侦查行为系属违法行为，并将侦查人员非法所得的言词证据、实物证据拒绝采纳为定案的依据，就意味着对违法侦查行为实施了程序上的制裁。

下面我们以非法证据排除规则为例，分析一下程序性裁判的结构。这种裁判是由四个要素构成的：第一，被告人成为程序上的原告意味着被告人发动了一场程序合法性之诉，控告的是侦查行为的合法性；第二，程序上的被告是本案的侦查人员，由于侦查行为的合法性问题有争议成为法庭审判的对象，侦查员出庭不仅仅是充当证人，更是充当程序上的被告；第三，本案的诉讼标的是侦查行为的合法性问题，其独立于被告人的刑事责任问题；第四，本案审判的活动围绕着刑事诉讼程序的合法性展开，法庭在解决被告人刑事责任问题的同时还要充当暂时的“程序法庭”，对侦查程序的合法性作出权威的裁决。

程序性裁判的实质是解决控辩双方就程序法的实施所发生的程序争议，一方面要对那些违反法律程序的行为加以审判，对控辩双方提出的程序性请求加以受理；另一方面则要对那些违反法律程序的侦查行为、审判行为实施程序上的制裁，对那些受到非法侦查行为、非法审判行为侵害的一方给予必要的程序补救。这种司法裁判活动显然区别于实体性裁判活动，具有独立的形态。不仅如此，这种程序性裁判相对于实体性裁判而言，还具有程序上的优先性。根据现行司法解释所确立的"程序性审查优先原则"，程序性裁判一旦启动，实体性裁判立即终止，优先审判程序问题；程序性裁判一旦启动，必须等到结论产生后才能恢复实体性裁判；程序性裁判的结论对实体性裁判具有直接的约束力。

在程序性裁判从传统的实体性裁判中脱颖而出的同时，实体性裁判本身也发生了分野，那就是定罪程序与量刑程序的分离：量刑程序从定罪程序中分离出来，成为一种独立的裁判形态。于是，实体性裁判就演化成了两种裁判程序：一种是以定罪为中心的裁判程序，另一种是以量刑为中心的裁判程序。我们把前者称为定罪裁判程序，把后者称为量刑裁判程序。《人民法院量刑指导意见（试行）》（已失效）的出台，为相对独立量刑程序的确立奠定了法律基础。那么，作为两种"相对独立的司法裁判程序"，定罪裁判程序和量刑裁判程序都属于宏观上的实体性裁判程序的组成部分，两者究竟有怎样的区别呢？

第一个区别是审判对象不同。定罪裁判审判的对象是被告人是否构成犯罪、被告人的行为是否符合某一犯罪的构成要件的问题，也就是解决被告人应否承担刑事责任的问题。其结论只能是要么有罪，要么无罪，而不可能有第三种结论。这在英语里面通常被称为“all or nothing”，即要么“全部”（构成犯罪），要么“没有”（不构成犯罪）。法官不可能作出判决说被告人的行为“可能构成犯罪，又可能不构成犯罪”，更不允许作出“存疑裁判”。相反，法官在量刑裁判中所要解决的是对构成犯罪的被告人进行量刑的种类和幅度。也就是根据现有的量刑证据，准确地遴选出全部量刑情节，然后对最终的量刑结论作出评价。其用英语表达就是“more or less”，即“或多或少”，具有“程度上的区别”。法官在量刑裁判中通常会选择“程度有别”的量刑方案，而不会“要么全部，要么没有”。可以说，量刑裁判的问题主要是“多多少少”的问题，而定罪问题则是“有和无”的问题。

第二个区别是法治原则在这两种裁判中的要求不同。对于定罪裁判，“避免任意定罪”是最高的法治要求，无罪推定、程序正义、司法证明机制等都是为防止任意定罪而发生作用的。量刑裁判所要解决的则是有罪被告人的量刑问题，所以无罪推定原则基本上不再适用，非法证据排除规则基本失去作用，对量刑情节的证明标准也不会太高。量刑裁判强调的是量刑信息的完整性、准确性，追求量刑裁判的准确性和公正性，要求给予控辩双方适度的举证、质证和辩论的机会，保持量刑裁判程序的公开、透明和适度对抗性。至于正当程序的要求，相对于定罪裁判程序而言，量刑裁判程序则并不需要达到过高的要求。

第三个区别是审判构造不同。在定罪裁判中有比较完整、正规和诉讼化的程序，证人、鉴定人、被害人出庭作证，控辩双方交叉询问，适用非法证据排除规则。量刑裁判采用的是相对简易的程序，只保持一定的公开化、透明度和对抗性，法官完全可以采取书面的和间接的审理方式。

第四个区别是司法证明的机制不同。定罪裁判程序适用严格证明原则。严格证明原则是来自德国证据法的一个概念，这种证明原则的证明标准较高，证明程序较为正规、复杂，证据也要达到较为严格的证据能力。量刑裁判程序基本上适用的是自由证明原则，证明标准较低，证据规则较为简单，证明过程较为简易，强调较为宽松的证据能力要求。

迄今为止，我国刑事诉讼制度中已经出现了实体性裁判与程序性裁判并存的局面，而在实体性裁判中，则又发生了定罪裁判程序与量刑裁判程序的分野。对于法官而言，在从事上述三种不同的司法裁判活动时，要具备相应的思维方式：

首先，在定罪裁判活动中，法官要坚持正当程序，坚持“公平正义优先”的原则，必须追求程序的正义，防止任意的和无根据的定罪，避免冤假错案。对侦查人员而言，要防止办案错误，就要增加人员配备，改善人员素质，提高侦查活动中的技术含量，多用高科技手段，少依赖口供，这可能是避免冤假错案的“良药妙方”。对于法院而言，遵守正当法律程序，维护程序的公正性，让控辩双方充分地举证、质证、辩论，才是防止冤假错案的必由之路。有一句著名的格言：防止错误最好的办法，是听取不同的声音。人类社会发现事实真相大体上有两种方式：一是通过亲自收集证据来探求真相；二是通过听取不同声音来裁断真相。前一种方式就像一种直线向前的活动，从一个线索出发一直往前追寻真相，发现证据，发现案件事实。这种方式有一个好处，那就是可以收集大量的事实信息，发现犯罪证据，发现犯罪真相。但它有个很大的弊端，就是法官难以听取不同的声音，尤其是来自辩护方的无罪辩护意见，更是难以为裁判者所接纳，以致有可能造成冤假错案。按照第二种方式，法官作为裁判者，允许控辩双方从不同的角度讲述故事，控方说控方的故事，辩方说辩方的故事，裁判者居中裁判，听取不同的声音。它的优点是能够最大限度地保证定罪信息的全面性和准确性，避免事实认定上的错误。定罪裁判程序追求的最高目标是，法官通过听取控辩双方的不同意见来达到“兼听则明”、防止错误的效果。

其次，与实体性裁判不同的是，程序性裁判所要达到的主要目标是维护刑事诉讼法的有效实施。刑事诉讼法作为国家的基本法律，其重要性丝毫不亚于刑法。如果说刑法的实施主要依靠刑事诉讼程序的运行来实现，那么，刑事诉讼法的实施则只能依靠法院的程序性裁判活动。作为裁判者的法官，应当对“程序性裁判的独立性”给予足够的重视，强调对控辩双方发生的程序性争议给出权威的裁决，对那些违反法律程序的侦查行为、审判行为甚至公诉行为，都应给予相应的程序上的制裁。与此同时，法官还应意识到，权利的生命在于救济，而法律的生命则在于实施。刑事诉讼法所确立的所有诉讼权利与程序保障一旦在侦查、公诉和审判过程中受到侵犯，法院必须予以受理，并给出权威的裁决。这样，无论是嫌疑人、被告人还是辩护人，他们的诉讼权利才不至于形同具文。刑事诉讼法作为一部程序法，要得到有效的实施，就必须有程序性裁判机制的保障。遇有某一侦查、公诉或者审判行为违反法律程序的，法官应当对这种程序性违法行为作出宣告，给予谴责，并使违法者遭受程序上的消极后果，也就是宣告无效的后果。对于法官而言，最大的误区来自两个方面：一方面是误以为程序法仅仅属于一种宣言和口号，而不可能得到有效的实施；另一方面是误以为对违反法律程序的行为最好的制裁方式莫过于实体性制裁，也就是那种遵循责任自负原则的责任追究方式。前者会带来普遍漠视程序法的问题，后者则会导致法官普遍"迷信"诸如刑事治罪、民事侵权、行政处罚等实体性制裁手段。这两者最终都会使程序法受到架空，使刑事诉讼法成为一部无法实施的"宣言法"。

最后，法官在进行实体性裁判过程中，应将定罪裁判与量刑裁判给予区别对待，赋予量刑裁判活动以独立的地位。如果说定罪裁判程序是以避免任意定罪为主要目标，那么，量刑裁判程序则应追求量刑信息的全面性和准确性，追求量刑裁决的公正和均衡，避免法官滥用自由裁量权。这就要求法官在听取公诉方量刑建议的同时，给予被害方、被告方发表量刑意见的机会，从而全面地收集各种法定的和酌定的量刑情节，对有利于和不利于被告人的量刑情节给予平等的对待。尤其要通过法庭上的适度对抗机制，给予控辩双方对量刑证据的客观性、量刑情节的可靠性以及量刑方案的适当性进行质证和辩论的机会。法官在听取控辩双方量刑观点的基础上，在制作量刑裁决时，应当充分地陈述量刑理由，尤其是要对不采纳某一方量刑观点的情况给出充分的解释。对于法官而言，在量刑裁判方面，也有两个需要警惕的误区：一是误以为量刑是法官独立判断的事项，控辩双方对此问题的讨论等于干预法官行使"独立审判权"；二是误以为法官固然可以听取控辩双方的量刑意见，但最终的裁判权仍然掌握在法官手里，法官享有足够的自由裁量权是审判权的内在应有之义。前者会使法官排斥控辩双方对量刑裁判过程的有效参与，后者则会带来量刑裁决过于武断的问题。

三、经验、理性和良心

在认定事实环节上，法官作出司法裁判的秘密是什么？其实，主要就是经验、理性和良心。根据经验法则，法官要根据社会生活的经验和常识来判定证据的证明力，并认定案件事实；根据逻辑法则，法官会根据基本的逻辑和理性准则对案件作出裁判；而根据良心法则，法官要根据一套复杂的价值判断标准进行选择，尤其是在理性法则和良心法则难以有效发挥作用的场合，要遵从一系列价值理念来选择自己的裁判方案。法官在整个司法裁判过程中，都要遵循经验法则、逻辑法则和良心法则的要求。不过，通常来说，在判断证据的证明力以及对案件事实的认定环节，法官对这三项法则的遵从显得更为重要。

首先来看逻辑法则。逻辑法则是人类认识世界、发现事实并进行逻辑推理的基本准则，在不符合逻辑法则的情况下所获得的裁判结果往往是缺乏理性的。逻辑法则不仅体现在法官的裁判过程之中，而且还在法律和司法解释中得到确立。我国2012年《最高人民法院关于适用〈中华人民共和国刑事诉讼法〉的解释》体现出了逻辑法则，规定被告人庭前供述和辩解出现反复，但庭审中供认的，且庭审中的供述与其他证据能够印证的，可以采信庭审中的供述；被告人庭前供述和辩解出现反复，庭审中不供认，且无其他证据与庭前供述印证的，不能采信庭前供述。本条规定是司法实践中早已创立的“零口供规则”在司法解释中的确立。同一个人对同一事实的判断出现了自相矛盾的两种说法，这在逻辑上是不可能同时成立的，其中至少有一个是不真实、不可靠的。根据逻辑法则中的矛盾律法则和排中律法则，针对同一事实的两个相互矛盾的陈述不可能同时成立，如果不能排除其中任意一个，则两种可能性都存在，两种陈述都不可以采信。可见，逻辑法则是认定证明力的基础，法官的自由心证并不是毫无限制的，它首先必须遵守最低限度的逻辑法则。

刑事诉讼法对证据的审查和案件事实的认定作出了一系列明确的规定，也都体现了基本的逻辑法则。根据这一“规定”，法官对证据证明力的判断应当从各个证据与待证事实之间的关联程度、各个证据之间的联系等方面进行审查判断；证据之间具有内在的联系，共同指向同一待证事实，且能合理排除矛盾的，才能作为定案的依据。这显然说明，对证据证明力的判断不能单靠审查某一证据自身来加以判断，而必须通过审查该证据与其他证据之间的逻辑联系，以证据之间是否“相互印证”作为判定证据证明力的标准。这符合逻辑上的排中律法则。不仅如此，“规定”还对间接证据定案的标准作出了一些规定，将“据以定案的间接证据已经形成完整的证明体系”以及“依据间接证据认定的案件事实，结论是唯一的”，作为认定被告人有罪的标准。在被告人口供补强方面，“规定”强调对于被告人的有罪供述，法官确认那些隐蔽性很强的物证、书证能与“其他证明犯罪事实发生的证据互相印证”的，才可以认定被告人有罪。这些规定不仅再次重申了证据相互印证的法则，而且强调了证据之间的证明方向的一致性，证据经过推理所得出的结论的唯一性，以及现有证据体系对其他可能性的排除。

接下来分析一下经验法则。所谓经验法则，是指法官认定案件事实和采纳证据必须符合社会生活的基本经验和常识，违背经验和常识的证据就不具有证明力。例如，根据现行的证据规则，物证、书证来源不明，无法得到勘验检查笔录、搜查笔录、提取笔录或扣押清单印证的，法院一律不得将其作为定案的根据。根据司法裁判的经验，那些来源不明的物证、书证不仅与案件事实的关联性是说不清楚的，就连它们是否存在过、其证据保管链条是否完整，以及它们是否被伪造、变造过，都难以查证清楚。大量案例的经验教训表明，法官假如运用来源不明的物证、书证来认定案件事实，就难以排除该物证、书证被伪造、变造的风险。

举例来看，某侦查机关在犯罪现场发现一枚指纹，经过鉴定证明是本案的被告人所留，但勘验检查笔录对此没有记载，也没有照片或其他将指纹固定下来的证据，所以该指纹的来源是无法证实的。如果指纹系伪造或以其他非法手段获得，那么又可能酿成一起冤假错案。又如，在某省发生的震惊全国的多人抢劫杀害出租车司机的案件中，辩护律师指出用以鉴定的烟蒂来源不明。侦查人员将在被害人尸体旁边找到的烟蒂切割为二，一半烟蒂上的残留唾液的鉴定分析结果呈阳性，表明血型与嫌疑人的血型一致；对另一半烟蒂做DNA鉴定，结果发现与嫌疑人DNA分子结构的同一认定率高达99%以上。如果鉴定样本显示该烟蒂确实为被告人留在犯罪现场的，那么，被告人的犯罪嫌疑肯定会大大加强。但是，非常遗憾的是，公诉人在法庭开庭时查遍所有案卷，都无法找到关于烟蒂来源的任何资料，没有烟蒂原件或其照片，勘验检查笔录也没有对提取经过作出明确的说明。根据经验法则，这种来源不明的证据有可能是伪造或变造的，法官只能将其排除于定案根据之外。

杜培武案是另一个运用经验法则的典型案例。杜培武被指控杀害了两名警察。侦查人员提取了两个样本做鉴定：一个是汽车离合器和油门上的泥土，另一个是杜培武裤腿和鞋子上的泥土。鉴定结果证明两份泥土的化学成分是完全一致的。法庭上，公诉方宣读了鉴定结论后，辩护人提出查看离合器和油门上的泥土的提取经过，但公诉人从侦查人员所作的勘验检查笔录中没有找到任何有关提取这份泥土的记载。辩护律师因此提出，本案的鉴定样本的来源不明，难以断定其是不是从犯罪现场提取的。最终，这一辩护意见为二审法院所采纳。

2012年以后的刑事诉讼法司法解释还在其他方面确立了经验法则：生理上、精神上有缺陷的证人、被害人、被告人，在对案件事实的认知和表达上存在一定困难的，他们所作的证言、陈述、供述应当慎重使用；对于与被告人有亲属关系或者其他密切关系的证人所作的对该被告人有利的证言，或者与被告人有利害冲突的证人所作的对该被告人不利的证言，法官也应当慎重使用；侦查机关在组织辨认过程中给辨认人明显暗示或者明显有指认嫌疑的，法院经过严格审查，不能确定其真实性的，辨认结果不能作为定案的根据；对于证人所作的猜测性、评论性、推断性的证言，一般不能作为定案的根据……这些规则显然都符合社会生活的一般经验。

在逻辑法则和经验法则之外，法官还应遵循良心法则。所谓良心法则，又称良知法则，是指裁判者在遵循经验法则和逻辑法则的前提下，还要按照一定的价值标准来选择裁判方案。对证据证明力的判断，除了要符合逻辑法则、经验法则外，还要符合一般的法律价值观，符合价值判断的基本要求。在价值判断中，有几项基本的要求。比如，凡是认定被告人有罪的证据，必须达到较高的标准；凡是认定被告人无罪的证据，相对来说就不是那么严格。这在德国诉讼法理论中被称为严格证明和自由证明。严格证明主要针对定罪问题和对被告人不利的事项；对被告人有利的事项，如程序法事实、量刑事实或被告人无罪的事实，适用相对简单、要求不高、证明标准较低的自由证明即可。严格证明和自由证明背后体现的是良知系统和价值判断，也就是我们通常所说的“天平倒向弱者”。德国法中的“有疑问时作有利于被告人的解释”也体现了这一理念，当对证据的证明力存有疑问时，应当作出有利于被告人的解释。这既不是逻辑法则也不是经验法则，而是人们根据良知系统、价值系统作出的权衡和判断。

刑事诉讼法关于审查被告人年龄的规定就体现出了良心法则。根据这一规定，“未排除证据之间的矛盾，无充分证据证明被告人实施被指控的犯罪时已满十八周岁且确实无法查明的，不能认定其已满十八周岁”。这表明，当逻辑法则和经验法则都失灵时，应当根据良心法则和价值判断的理念，不能认定被告人已满18周岁，应作有利于被告人的推定。目前来看，大多数检察官和法官都已经接受了这一原则。

根据相关司法解释的规定，法院“根据间接证据定案的，判处死刑应当特别慎重”“不能排除被告人具有从轻、减轻处罚等量刑情节的，判处死刑应当特别慎重”。这些关于慎用死刑的规定，体现了一种在量刑证据存在疑问时作有利于被告人解释的精神。与有关被告人年龄的推定一样，这种对非死刑的刑罚优先适用的态度，显示出在法官运用经验法则和逻辑法则都无法作出公正裁判的情况下，良心法则具有很大的适用空间。

前些年发生在广州市的卿某华被杀案，就是法官根据良心法则作出裁决的案例。被害人卿某华驾驶汽车遭一帮歹徒抢劫，最后被殴打致死。法院在五名劫匪在逃的情况下，对四名共犯判处无期徒刑到有期徒刑不等的刑罚。检察机关以量刑偏轻为由，提起抗诉。广东省高级人民法院经过审理后认为，由于五个共犯在逃，使得法院无法查清究竟何人对被害人实施了致命一击，也难以说明谁是主犯谁是从犯，所以本着有利于被告的原则，对被告人都不能适用死刑。根据近年来司法实践中的情况，法院在无法查清楚谁是主犯的情况下，一般不作顶格判刑，而选择“留有余地”的判决。这是我国法院近年来创立的一条准则：当共同犯罪中主犯、从犯发挥作用地位不清楚的时候，法院作留有余地的判决，一般不对主犯适用死刑。

四、司法裁判中的自由裁量权

近年来，有关限制和规范法官自由裁量权的问题引起了广泛的关注。尤其是在量刑环节，无论是中央司法体制改革的指导意见，还是最高人民法院发布的《人民法院第二个五年改革纲要（2004—2008）》和《人民法院第三个五年改革纲要（2009—2013）》，都强调通过“构建相对独立的量刑程序”，使量刑被纳入法庭审理之中，来规范法官的自由裁量权，防止出现量刑不公、量刑不均衡的问题。在民事审判领域，鉴于法官在审判与调解的选择以及民事裁判的执行领域都享有自由裁量权，个别法官存在滥用权力、权力寻租甚至司法腐败的问题。近年来的一系列高级法官涉嫌腐败的案例都说明法官中存在滥用自由裁量权的问题。

法官滥用自由裁量权固然会带来非常严重的负面后果，但是，完全剥夺法官的自由裁量权又会怎样呢？最高人民法院2010年颁行的《人民法院量刑指导意见（试行）》（已失效），被公认为是中国刑事法官的“量刑指南”。这一“指导意见”在确立“量刑起点”“量刑基准”的前提下，对各种常见的量刑情节都明确规定了增加或减少量刑的百分比，从而确立了数量化的量刑方法。这一司法解释的颁行在理论界和司法实务界都引起了很大的争议。很多人士都以《美国联邦量刑指南》的实施失败为论据，指出这种近乎剥夺法官量刑自由裁量权的司法解释注定会遭到法官的普遍抵制，在司法裁判中也几乎是行不通的。还有不少法官认为这种数量化的量刑方法实际等于剥夺了法官的自由裁量权，将法官变成机械司法的奴隶，这种方法走到极致会变成一种可笑的“电脑量刑方法”。当法官无法根据经验、理性和良心，针对个案的具体情况选择具体的量刑方案时，刑罚的正义也就不复存在了。

虽然法官中确实存在滥用自由裁量权的问题，但是完全剥夺法官的自由裁量权是行不通的，也是不明智的。既然如此，究竟如何理解法官的自由裁量权呢？为什么要赋予法官一定的自由裁量权？法官滥用自由裁量权的原因究竟有哪些？不仅如此，究竟从哪些方面规范法官的自由裁量权才不至于从一个极端走向另一个极端呢？

所谓自由裁量权，是指法官在遵守成文法所确立的原则、制度、规则的前提下，对个案的裁判方案拥有自由选择和裁断的权利。顾名思义，“自由裁量权”意味着一个案件并没有唯一的标准裁判结论，而是赋予法官一定幅度的裁量空间，在这一空间范围内，法官可以自由地选择裁判方案。在民事审判的数额确定环节以及在刑事审判的量刑环节，法官通常拥有较大的自由裁量权。比如，在审理民事案件时，法官在一定赔偿幅度内，有权决定具体的赔偿数额。在刑事审判中，裁量权也伴随着选择权。刑法对量刑幅度的规定是比较宽泛的：比如重伤害案件，法官可以在3年至10年之间进行量刑；故意伤害致死罪的量刑起点是10年有期徒刑，最高刑是死刑。从10年有期徒刑到死刑，这么大的幅度必然有选择的余地。

除了在定量裁判环节以外，在证据采纳、事实认定甚至罪名遴选问题上，法官也拥有程度不等的自由裁量权。例如，同样面对被告人翻供的情况，不同的法官可能会根据案件的具体情况，对被告人口供的证明力作出截然不同的判断。一个法官可能会采纳被告人庭前供述有罪的内容，理由是该供述与其他证据相互印证；另一个法官可能会拒绝采纳该项庭前供述，理由是该供述的内容有些不可信，而翻供后的辩解部分则得到了其他证据的印证。这种在证据采纳方面的自由裁量权问题通常反映出不同法官在不同案件的庭审中对各种证据所产生的印象是不同的。

又如，在事实认定环节上，面对两个证据情况完全相同的案件，不同的法官完全有可能得出一个案件有罪而另一个案件不构成犯罪的结果。这可能是因为，在第一个案件中，公诉方做了充分的准备，所有公诉证据都是以书面和间接的方式接受法庭调查和质证，而被告人当庭认罪，辩护人对此没有进行充分的防御准备，无法提出有效的辩护意见，结果处于被动挨打的境地，法官几乎完全倾向于接受公诉方的指控意见。相反，在第二个案件中，法庭对公诉方的证据都采取了直接和言词的当庭调查，证人、鉴定人都出庭作证，接受控辩双方的交叉询问，被告人当庭拒不认罪，律师作出了有效的无罪辩护，结果，法庭最终采纳了律师的辩护意见，对被告人作出了无罪裁判。

再如，对于“疑难案件”，法官在选择裁判方案上拥有一定的裁量空间。在司法实践中，经常出现这样的情况：对于一个人的行为，法官无法根据刑法适用特别确切的罪名，或者可以在两个甚至两个以上的罪名之间进行选择，这就有一个对罪名的选择问题。一些不了解司法实践情况的初学者通常认为案件只能有一个对应的罪名，若找不到合适的罪名，法官就应作出无罪判决。但熟悉司法现实的读者都知道，这是不切实际的空想。司法实践中的常态是，法官对同一被告人的同一行为经常可以在两个以上的罪名之间进行选择，而并不是只有一个正确的答案。对罪名的选择则通常体现了法官对自由裁量权的行使方式。

那么，究竟为什么要赋予法官自由裁量权呢？对于这一问题，我们究竟应从哪些方面作出解释呢？

首先，可以肯定的是，成文法不可能对所有案件确立标准的裁决模式，在成文化的法律规则与个案具体情况之间永远存在一个模糊地带。通常来说，法律条文是用来规范每个人的社会生活行为的，它只能是一般的、抽象的和概括的法律规范。在法理学上，法律规范分宣言性规则、授权性规则、义务性规则、禁止性规则，规则有很多，但是所有这些规则都只能针对一般的情况，用概括的语言作出抽象的规定。相反，每个个案都是复杂的、个性化的。以刑事案件为例，每个个案的证据情况、犯罪构成要件事实都不同，量刑情节更是千差万别，要把抽象的、一般的、概括的法律规范应用到具体的、复杂的个案之中，显然存在一定的困难。要跨越成文法与个案之间的这道鸿沟，法官必须发挥主观能动性，行使自由裁量权。只有赋予法官自由解释、选择和裁断的权力，司法裁判才能针对个案不同情况作出恰如其分的处理，法官也才能准确、公正地适用法律。

其次，成文的实体法所固有的缺陷和不足，决定了法官必须有自由裁量的余地。在中国刑法中，大量的罪名都只规定了简明罪状或空白罪状，这导致犯罪构成要件不明确，造成了在是否定罪以及在罪名的遴选上给法官自由裁量提供了空间。比如，贪污罪、受贿罪都只规定了简明罪状，犯罪构成要件非常模糊，不得不靠大量的司法解释来加以拾遗补漏；故意杀人罪和盗窃罪在法律上都只规定了空白罪状，连犯罪构成要件都没有明确的规定。不仅如此，我国刑法中有大量的此罪与彼罪界限模糊的情形，导致罪名之间存在交叉。比如，故意伤害罪、寻衅滋事罪、聚众斗殴罪就具有这种模糊状态。又如，在我国司法实践中，非法经营罪是从原来的投机倒把罪中转变过来的，现在变成了一个极富弹性的罪名，容易被滥用。另外，大量罪名在量刑上出现了幅度巨大、开放式甚至跨刑种的刑罚结构，这就给了法官较大的自由裁量空间。

最后，法官行使自由裁量权并不必然意味着要任意出入罪甚至妄加裁断，而应是更为细致入微地实现正义的要求。古罗马法有句非常著名的格言：法官行使自由裁量权的目的是通过超越法律条文来发现正义。遇有法律条文规定不明确或者法律条文自相矛盾的情况，法官应当放弃对法律条文的机械遵守，从而挖掘正义、寻求正义、实现正义。遇有两种都符合正义的裁判方案难以取舍的时候，法官应当优先选择更符合正义的方案；遇有两种裁判方案都违背正义时，法官则应当放弃那种距离正义较远的方案。

很显然，自由裁量权的行使是客观存在的一种司法现象，它与司法裁判权几乎是如影随形的。没有自由裁量权将造成机械司法、教条主义，甚至损害个案的公平，没有自由裁量权就不可能有一个公正的裁判。但是，自由裁量权的滥用也是非常可怕的，它会带来司法的恣意化、任意化，使司法的公信力降低。面对自由裁量权的存在和自由裁量权的滥用问题，明智的态度不是否定、放弃法官的自由裁量权，而是通过一定的制度建设和司法改革来有效规范和限制法官自由裁量权的行使，使其被纳入合理的司法轨道。

从目前我国刑事司法改革的动向来看，法官的自由裁量权的行使应该受到一定的合理的规范，使其保持在适度的范围内，规范法官自由裁量权的行使有以下几种方式：

第一，刑法典越明确、越具体越会使法官的自由裁量权受到合理的规范和约束，即规范和约束法官的自由裁量权取决于实体法的明确化、具体化。比如，刑法上的罪名不能从空白罪状变成叙明罪状，罪状不具体化，在定罪问题上就不可避免自由裁量权的滥用。另外，在犯罪构成要件与行为的连接上，避免重复评价、交叉评价，才能避免由此罪与彼罪的界限不明带来的自由裁量权的滥用。《人民法院量刑指导意见（试行）》（已废止）实际上就是要弥补刑法分则的不足，这个意见把量刑过程分成了五个阶段：第一个阶段，根据基本犯罪构成事实在相应的法定刑幅度内确定量刑起点；第二个阶段，根据其他影响犯罪构成的犯罪数额、犯罪次数、犯罪后果等犯罪事实，在量刑起点的基础上增加刑罚量确定基准刑；第三个阶段，根据量刑情节调节基准刑；第四个阶段，综合考虑全案情况，依法确定宣告刑；第五个阶段，保留法官一定的自由裁量权，如果计算出来的刑罚不合理，法官可予以矫正。目前在理论界和实务界对这种加加减减、数量化的量刑方法是有很大争议的，但是这种改革是一个方向，它表明只有实体法的明确化、具体化，才能使法官的自由裁量权保持在一定的幅度范围内。

第二，确保裁判过程的公开化、透明化和适度的对抗化，这样就可以最大限度地保障法官获得全面的信息。比如，量刑过程走向公开化、透明化、对抗化之后，一方面，法官可以得到控方的量刑信息、量刑情节，控方一般比较关心法定的量刑情节，如自首、立功、累犯、主犯、从犯、退赃、坦白、前科劣迹；另一方面，辩护方也可以提量刑意见，可以提出大量的酌定的量刑情节，如犯罪动机、犯罪的起因、被害人的过错、平常表现、家庭状况、取得了被害方的谅解等。除此之外，被害方也要参与，也可以提量刑意见，被害方提的量刑意见更多的是关于受害的情况、身心创伤恢复的情况。只有保持适度的公开化、透明度、对抗性，保障控辩各方有效的参与，才能保证裁判的事实信息完整、全面、客观，避免过于倾向于某一方的观点，避免认定事实的偏差。

第三，加强裁判文书的说理。裁判文书说理的核心部分是对不采纳的那一方的观点、证据、主张说明理由。判决书的说理是给败诉方准备的，对胜诉方不说理也没关系，这里就应验了一句格言，“程序是给败诉方制定的”。这里说的败诉方是广义的，是指自己的观点没有被采纳的诉讼双方中的一方。

判决文书的说理的目的是吸纳不满、减少对抗、化解矛盾，让败诉方心服口服。

第四，上级法院经过二审裁判，维护裁判的统一性，使裁判的自由裁量权受到约束。同案同判，同样的情况同样对待，不同的情况要有适度的差别对待。二审最大的功能是维护在本司法管辖区内定罪量刑、适用法律、认定事实的标准的统一性，保障形式上的公平。

五、妥协的限度

在近年来的刑事司法活动中，存在法官不坚持法律原则而任意妥协的情况。对于那种法无明文规定、适用任何一个罪名都极不妥当的案件，有些法官经常选择一种“最接近的罪名”，而不遵循罪刑法定的理念；对于那些证据不足甚至反复发回重审的案件，有些法官宁愿做出“留有余地的裁判”，也就是勉强定罪但在量刑上从宽处理，而不会坚守无罪推定的底线；对于那些本来不该判处重刑或者可判处重刑也可判处轻刑的案件，有些法官迫于被害方的强大压力，而不得不违心地选择了从重量刑；而对于那些受到新闻媒体或者社会舆论（经常以互联网舆论作为衡量指标）强烈关注的案件，有些法院会放弃基本的法律准则而作出带有“息事宁人”色彩的妥协判决……

然而，这些为达成妥协而牺牲原则的裁判逻辑，总让人感觉难以接受。尤其是一个具有正常法律思维的人，往往感觉这样的妥协和牺牲似乎代价过于高昂。在前些年发生的许霆案的讨论中，很多法律学者都主张“对许霆定一个罪名”。有人甚至公开声称：“无论是从许霆行为的性质还是社会效果来看，都应该定一个罪名。至于定什么罪，那只是一个技术问题。”而从近些年来得到披露的杜培武案、佘祥林案、赵作海案的情况来看，除了诸如警方刑讯逼供、当地政法委的协调干预等情况以外，法院“留有余地的裁判方式”其实也是造成这些“冤假错案”的重要原因。对于事实不清、证据不足的案件，法院（甚至各地高级人民法院）没有坚持疑罪从无的原则，而是无休止地作出撤销原判、发回重审的裁定，甚至最终在压力之下作出保留有罪之宣告但从轻量刑的裁决。

法院作出如此大的妥协能否得到积极的回报呢？选择这一裁判方式或许是法院“夹缝之中求生存”的一种策略，在大多数情况下，能够保证法院安全无忧，但是，这种裁判逻辑一经新闻媒体和社会舆论的曝光，尤其是伴随着一些敏感、复杂、疑难的案件引起社会各界的争议，法院、法官、裁判程序和裁判结论往往会成为公众批评的对象。有时在一个案件披露后的很长一段时间，法院的司法公信力都会受到不同程度的负面影响。

这种为妥协而牺牲原则的裁判逻辑，本来是为了“取悦”社会公众而存在的，竟然在受到法律人普遍抵触的同时，也受到公众的排斥和批评，这种逻辑悖论究竟是怎么产生的呢？对于这一点，我们可以以“留有余地的裁判方式”和法院对弱势人士的裁判方式为例来加以说明。

在法律人看来，“留有余地的裁判方式”假如适用到量刑环节，也就是在从重量刑证据与从轻量刑证据并存的情况下，优先选择从轻量刑证据，这确实是无可厚非的。但是，在被告人是否构成犯罪尚且事实不清、证据不足，也就是尚未达到法定证明标准的情况下，如果法官放弃定罪标准，对被告人作出有罪裁决，然后再在量刑方面显示一下“宽严相济”的政策，可能使大量本来未达到定罪条件的案件最终被法院作出有罪判决。这样，一旦真正的犯罪人主动交代了犯罪事实，或者本来被认为已经死亡的被害人突然出现，就意味着原来所作的有罪判决都是子虚乌有的。冤假错案一旦得到披露，无论是党政部门还是社会公众，都不会对法院持“体谅”的态度，而是会痛加批评，认为正是这种“无原则妥协的态度”造成了现在的冤假错案。

近年来，社会公众对司法判决的批评不仅集中在冤假错案上，而且还聚焦到弱势群体受到“不公待遇”的案件上。对于这类案件，社会公众已经不再仅仅将其视为法律问题，而是广为关注其中的政治问题和社会问题。本来，按照法院的固有裁判方式，对这些案件的最初处理都是遵循成例的，也大体上是无可厚非的。但是，由于社会对这类案件关注度极高，而个别法院公关能力不强，危机意识较弱，于是，按照成例来加以处理的这些案件反倒得不到公众的理解。在媒体、舆论的“聚光灯下”，这类案件的裁判过程和裁判结论产生了一种“放大效应”，法院迎来的便是狂风暴雨般的批评甚至攻击，司法的形象受到质疑，司法公信力也受到严重的否定。

无数的经验教训表明，在社会转型的时代，在多元化的利益发生激烈冲突的时代，法院无论是对任何一方进行妥协，都可能是“费力不讨好”的，最终受到伤害的还是法院和法官自己。法院明智的态度还是坚持原则，不姑息迁就任何一方的价值和利益，而是按照法律的理念和规则裁决案件。坚持正义，可能最初为某一方所不容，但却最终避免了社会各界同声讨伐的命运，避免了陷入司法公信力的危机。

当然，即便是坚持原则，也并不意味着将某一方面的原则奉为唯一的真理。在若干项原则发生冲突的时候，法官确实需要掌握一种协调不同的价值的艺术。以下内容可以为法官解决这种冲突提供一些可供参考的思路。

首先，要把价值分成不同的层次，要考虑最高的价值目标。在刑事诉讼中，最高的价值目标是防止冤假错案、避免冤枉无辜。在放纵犯罪和冤枉无辜之间，优先避免冤枉无辜，这是最高的目标，是一切的价值准则，程序公正都要为之让位。康德有句名言：永远不要把人当作工具、手段，而要当作目的，这是道德的最后底线。不冤枉无辜者的价值应该高于不放纵有罪的人的价值，这也是近年来我国刑事法律的一种价值导向。

其次，要接受“天平倒向弱者”的观念。所谓“天平倒向弱者”，是指当诉讼活动中一方太强、另一方太弱时，要给强者施加特殊的义务，要给弱者特殊的权利保障，也就是诉讼程序上的“特权”，从而真正确保控辩双方平等对抗。比如，最高人民法院的司法解释中有这样的规定：法庭对被告人审判前供述取得的合法性有疑问的，公诉方对该供述取得的合法性承担证明责任；公诉人应当向法庭提供讯问笔录、原始的讯问过程录音录像或者其他证据，提请法庭通知讯问时其他在场人员或者其他证人出庭作证，仍不能排除刑讯逼供嫌疑的，提请法庭通知讯问人员出庭作证；对被告人审判前供述的合法性，公诉人不提供证据加以证明，或者已提供的证据不够确实、充分的，该供述不能作为定案的依据。可见，公诉方不仅要承担证明责任，而且要达到最高的证明标准。这就是“天平倒向弱者”的体现，被告人是弱者，无论是在取证能力还是在对抗能力方面都不如公诉方。一方太强、另一方太弱时，就给强者施加压力，这里用的是两个杠杆：证明责任和最高的证明标准。

最后，为避免可能出现的司法公信力危机，法官应当发挥司法程序的吸纳不满功能，通过公开、透明和带有适度对抗性的法庭审理程序，引导控辩双方参与到案件的举证、质证和辩论中来，引导社会公众更多地关注裁判理由的正当性，而不仅是关注裁判结果本身的是是非非。

第九章

辩护律师的思维方式

伊华是法国中世纪一位被封为圣人的本堂神父。他是律师和遭遗弃儿童的主保圣人，被称为“穷人的代言人”。伊华出生在布列塔尼，1267年进入巴黎大学学习民法。1277年，他前往奥尔良学习教会法。1280年，他回到布列塔尼后，在雷恩任教会法官，同时研究圣经，之后在甘冈加入了方济各会第三会。1284年，他接受了特鲁吉耶主教之邀，前去任职。他在履行其职责时显示了巨大的热情和正直，毫不犹豫地抵制国王不公正的税收。死后，他被安葬在特鲁吉耶，墓碑上写着：“圣伊华是布列塔尼人/一名律师，却不是一个窃贼，这是一件对人们而言很奇妙的事。”

一、三个案例的引入

当前我国的刑事辩护面临两难困境，一方面，很多案件越来越走向政治化，普通的辩护无法发挥作用；另一方面，在普通刑事案件中，辩护的效果不尽如人意，说服司法人员接受辩护意见是一件十分不容易的事。与此同时，近年来中国发生的若干重大司法体制改革和刑事诉讼制度改革，也给刑事辩护律师带来了新的议题。面对这样一个充满机遇和挑战的特殊历史时期，刑事辩护律师应该如何转变思维方式，提升业务能力呢？首先可以从三个近期发生的案例出发，从中我们能够看到刑事辩护业务的发展方向。

（一）雀巢（中国）有限公司合规无罪抗辩案

雀巢（中国）有限公司及其兰州分公司的6名员工为了抢占市场份额，推销雀巢奶粉，通过拉关系、支付好处费等手段，多次从兰州大学第一附属医院、兰州军区总医院、兰州市兰石医院等多家医院医务人员手中非法获取数万条新生儿及其家长的公民个人信息，检察机关将这6名员工连同3名医务工作者以侵犯公民个人信息罪向法院起诉。经过开庭审理，兰州市城关区人民法院判决各被告人均构成侵犯公民个人信息罪，均判处缓刑或免予刑事处罚。一审宣判后，雀巢公司6名员工上诉至兰州市中级人民法院，各上诉人均表示获取公民个人信息是为完成公司下达的任务，获取的信息都提供给了公司，销售奶粉所获利润也归公司所有，因而其行为是以单位的名义、为单位的利益实施的，并且体现了单位意志，系雀巢公司的单位行为，而不是个人行为，本案应属于单位犯罪。

我国每年有相当多的刑事案件涉及单位与单位内部的主管人员、直接责任人员的责任分担问题，律师在给自然人辩护的时候经常会尝试论证案件是单位犯罪，多年来司法中处理单位犯罪案件也一直存在一个惯例，在数额和情节均类似的情况下，自然人犯罪的量刑要重得多，而如果构成单位犯罪，则意味着需要对单位判处罚金，并对负责的主管人员和直接责任人员追究刑事责任，此时量刑会大大减轻。本案辩护律师即采用了这一辩护策略，意图论证侵犯公民个人信息罪是单位犯罪。虽然本案雀巢公司作为单位并没有受到检察机关的指控，因而也没有出庭辩护，但在二审期间经过调查和举证发现雀巢公司有着国际一流的严格的合规管理体系，雀巢公司的律师团队提供了《雀巢宪章》、《雀巢指示》（取自雀巢公司员工培训教材）、《关于与保健系统关系的图文指引》等多份证明材料，这些材料明确规定公司员工对医务专业人员不得进行金钱、物质引诱，不得采用非法手段获取公民个人信息，公司还要求所有员工接受合规培训并签署承诺书。兰州市中级人民法院据此认定雀巢公司已经制定了防止违规行为的合规性文件、政策，雀巢公司提醒所有员工依法依规经营，并对所有员工进行了培训，尽到了管理义务，企业没有失职行为；6名公司员工在接受了合规培训、签署合规承诺书的情况下仍然为实现个人业绩而违反公司管理规定违规收集公民个人信息，该行为违背了单位意志，且直接动机是实现个人利益，故侵犯公民个人信息的行为属于员工个人行为，雀巢公司不构成单位犯罪，故裁定驳回上诉。

本案被公认为中国企业合规无罪抗辩第一案，创造了重要的司法先例，标志着以合规作为无罪抗辩事由的裁判逻辑被法院所采纳。在刑法分则的四百余个罪名中有接近两百个罪名涉及单位犯罪，它们主要集中在刑法分则第三章“破坏社会主义市场经济秩序罪”和第六章“妨害社会管理秩序罪”，给单位以及公司企业高管提供辩护被认为是律师刑事辩护业务的“宝库”，因为此类客户往往支付能力较强，优质客户较多，律师可以获得可观的收益。本案带给律师在为单位及其高管、员工辩护方面的最大启发就是在分割单位责任和自然人责任时，单位内部的管理机制，如单位对员工的禁止性规定等规章制度和惩戒规定，本身就体现了单位的意志。单位作为一个法人组织，也是一个独立的生命有机体，其行为和意志不能只依附于自然人，单位可以不同于自然人而具有自己独立的意志。单位颁布的合规宪章和章程、合规指引、员工手册等所有对违法违规行为所作出的禁止性规定和惩戒性规定都体现了单位的意志。违背了单位意志的员工，无论他们如何辩护称违法违规行为是以单位的名义、为单位的利益等，都不能证明是单位行为。本案给刑事辩护带来极大的启发，是那种为辩护而辩护、只研究刑法和刑事诉讼法，而对公司法、公司管理、公司经营的业务和面临的各种风险一无所知的辩护方式，还能否为违反刑法分则第三章和第六章的单位犯罪案件提供有效辩护呢？

（二）任润厚违法所得没收申请案

犯罪嫌疑人任润厚为山西省人民政府原副省长，涉嫌实施了贪污、受贿、巨额财产来源不明犯罪，涉案金额特别巨大，由扬州市检察院负责侦查、审查起诉，在诉讼过程中任润厚因病去世。2012年我国刑事诉讼法确立了犯罪嫌疑人、被告人逃匿、死亡案件违法所得的没收程序，这意味着虽然对逃匿或死亡的犯罪嫌疑人和被告人的刑事追诉活动无法继续进行，但其违法所得和其他涉案财产仍应予以追缴没收。律师应当认识到任润厚案件作为全国第一起违法所得没收案件给刑事辩护业务带来的重大影响，最高人民法院《刑事审判参考》专门刊登了扬州市中级人民法院作出的违法所得没收裁定书。本案由于犯罪嫌疑人任润厚死亡，不再追究其刑事责任，根据刑事诉讼法的规定，扬州市检察院向扬州市中级人民法院提出没收违法所得申请书，其中载明了三项违法犯罪事实和需扣押、冻结的财物，要求法院依法裁定没收。扬州市中级人民法院受理没收违法所得的申请后，发出为期6个月的公告，在公告期内，任何对这些财物有民法权利主张的利害关系人都有权申请参加诉讼，提出权利主张和异议意见。本案最终申请参加诉讼的有三个人，分别为任润厚的妻子、女儿和女婿，开庭审理时女儿和女婿作为利害关系人到庭参加诉讼，并聘请了律师作为诉讼代理人，妻子则因身体原因未到庭，但由律师代为出庭。由于违法所得没收程序本质上是一种特殊的民事诉讼程序，因而允许利害关系人不出庭，而由诉讼代理人代为出庭。审理过程中，利害关系人对违法所得没收申请中的大部分款项没有异议。任润厚的女儿提出两项异议：第一，检察机关冻结的民生银行账户存款本金1.1万美元，系其出国留学费用结余部分，因其父母所给的5万美元留学费用已计入家庭重大支出，故该笔1.1万美元不应重复计算；第二，检察机关将其父母所给的购车款认定为家庭重大支出50万元，但其购车实际花费为30万元，故对该项家庭支出应认定为30万元。为了证明其诉讼主张，任润厚的女儿当庭出示了民生银行对账单、购车发票等证据。

在法庭上利害关系人及其诉讼代理人和检察官讨论的核心问题是贪污、受贿、巨额财产来源不明的具体财物和数额，其体现了民事诉讼程序的特征，只要将贪污、受贿、巨额财产来源不明的犯罪行为以及申请没收的财物与违法犯罪行为之间的因果关系证明到高度可能性的证明标准即可，英美法中称之为优势证据标准。据此，本案中法院最终认定关于第一项异议意见，存款本金1.1万美元有高度可能系留学费用结余，鉴于任润厚夫妇为其女支出的留学费用已计入任润厚家庭重大支出，冻结在案的存款本金1.1万美元对应金额应在认定该项家庭支出中予以扣减，采纳了利害关系人及其诉讼代理人的意见。关于第二项异议意见，任润厚夫妇给其购车的费用是50万元，利害关系人当庭提交的购车发票证明，其购买萨博牌汽车的裸车价格为30万元，但购买裸车的费用仅是购车费用的一部分，购置税、保险费等相关费用也应计入购车支出；且利害关系人在庭审中对50万元购车款结余部分的去向未作说明，亦无证据证明将购车款结余部分返还任润厚夫妇或存入其名下冻结账户，因此主张购车实际花费30万元依据不足，故法院对该项意见不予采纳。

此外，法院还作出两项裁定：第一，经过法院审理还查明检察机关所提出的没收任润厚实施受贿犯罪所得168.505549

万元、贪污犯罪所得69.16738万元的申请，因为任润厚实施受贿、贪污犯罪的上述所得均直接用于贿选和旅游、疗养支出，未扣押、冻结在案，因此检察机关申请没收的财产中不应包含该部分违法所得，该部分申请法律依据不足，法院不予支持，裁定驳回该部分申请；第二，对于利害关系人能够说明合法来源的100英磅、玉石两件、黄金制品八件、手表两块、资料类物品八件，以及其他不属于违法所得及其他涉案财产的财物，裁定解除扣押措施。

任润厚违法所得没收申请案代表着近年来刑事辩护律师面临的一项全新的重大业务，也就是刑事辩护过程中衍生出的民事代理业务。通过本案我们发现，在整个辩护业务中出现了两个新的概念，一种是针对人的辩护，也称为对人之辩，包括无罪辩护、罪轻辩护、量刑辩护、程序性辩护等，除此之外，还有一种辩护叫对物之辩。在诉讼过程中除了要帮助委托人在定罪和量刑上获得公正对待以外，还需要维护委托人的合法财产权益，其中相当多的案件涉案财物追缴的数额都可以达到成百上千万，甚至突破上亿元的案件都在媒体报道中频频出现，在为这些案件提供辩护的法律帮助时，除了要进行对人之辩以外，还要开展一种针对涉案财物的独立的法律帮助。当然，对物之辩不是典型的刑事辩护，而更接近于民事代理业务，在任润厚案的违法所得没收程序中律师就作为诉讼代理人参与了诉讼活动。尤其是当企业被卷入刑事诉讼程序时，大量企业财产被查封、扣押、冻结，数以千计的员工面临失业，导致企业家前半生所创立的企业毁于一旦，甚至造成经济社会的动荡。中央多次强调要保护民营企业，这就要求落实在每一步诉讼活动当中，早在2015年1月，中共中央办公厅、国务院办公厅就印发了《关于进一步规范刑事诉讼涉案财物处置工作的意见》，第一次提出保护善意第三人等与涉案财物处理存在利害关系的案外人的诉讼权利。此时这类案件已远远不是犯罪构成要件、法益侵害等纯粹的刑法问题所能涵盖，律师在维护委托人合法权益时要站在保护民营企业的角度，在做无罪辩护和量刑辩护的同时维护被告人，利害关系人，甚至善意第三方在民事上的合法权益，这一最新动向应该引起律师界的高度重视。

（三）认罪认罚案件的量刑协商筹码

目前很多律师感受到认罪认罚从宽案件的辩护空间有限，实践中甚至出现值班律师见证认罪认罚具结书的签署后，法庭上辩护律师介入做无罪辩护的案例。其实，认罪认罚案件尽管存在这样或那样的问题，但是当律师真正帮助愿意认罪认罚的委托人开展辩护活动时，应该如何作为，有哪些技巧呢？尤其是在侦查、审查起诉阶段受到客户委托，面对拿着认罪认罚具结书要求委托人签字的检察官时，律师应该如何与检察官协商、对话、交流，把案件的“水分拧干”、替委托人获得更大的利益和收益呢？对此，广东省珠海市某律师事务所的律师团队创造了宝贵的经验，第一次提出认罪认罚案件辩护的“协商筹码”的概念。

根据广东省某基层检察院的指控，张某与李某合谋从事毒品买卖活动。张某负责联系毒品买家和毒品货源，李某负责将毒品通过快递方式邮寄给买家。根据公安机关提取的证据，包括微信记录、转账记录、快递记录、快递店员工指认、买家指认以及毒品扣押笔录，李某被认定前后两次给买家王某邮寄毒品，在第三次来到快递店时被民警当场抓获。警察从其身上搜出甲基苯丙胺3.29克。李某供述说准备将这些毒品邮寄给云南省的一个买家。

广东省珠海市某律师事务所的翁律师接受李某委托担任辩护人后，经过阅卷、会见等辩护活动，发现侦查机关在取证程序上存在多个瑕疵，也发现认定李某涉嫌贩卖毒品的事实存在证据锁链上的缺陷。例如，侦查人员制作的毒品扣押清单与后来的称量记录，对于毒品的编号和包数的记录并不一致，导致无法鉴真且无法认定准确的重量，只能按照有利于被告人的原则进行解释；侦查人员没有在法定期限内对毒品进行鉴定，无法保证鉴定检材的同一性；侦查人员对从李某身上搜出的两包毒品进行混合后称量和检验；对侦查人员称量过程进行见证的人，属于职业见证人，违背了见证人的中立性原则；李某第三次贩卖毒品的事实，并没有毒品买家的证言和其他证据加以印证，未达到证明标准；等等。

辩护律师向检察官提出侦查人员的取证存在诸多瑕疵后，检察官将案件退回补充侦查。公安机关重新移送后，以情况说明和讯问笔录进行了程序补正和解释。辩护律师经过综合考虑案件情况，认为“证据虽存在瑕疵，但不至于动摇其真实性，难以攻破证据锁链，故向检察官提议做认罪认罚，检察官也答应做认罪认罚”，并表态认同李某的从犯情节，同意对量刑问题再进行具体协商。为了准备量刑协商，辩护律师还对珠海地区类似案件进行了“大数据检索”，找到量刑在1年以下的类似案例形成了检索报告，将其也作为“量刑协商的筹码”之一。同时，辩护律师根据广东省高级人民法院量刑细则，计算出本案李某的基准刑，并根据相关的量刑情节，初步确定量刑区间在15个月至20个月。

于是，当辩护律师拥有取证瑕疵、证据不足、大数据检索得到的类似案例等证据材料作为与检察官协商谈判的筹码之后，在检察官听取辩护人意见时，律师与检察官进行了专门的“刑期协商”。在开庭前，法官与检察官、被告人及其辩护人就量刑建议进行了交涉。开庭后，辩护律师预测法官可能按照认罪认罚具结书确定的量刑建议，顶格判处10个月，但最终只判处9个月刑期。

本案虽然不是所谓的大案要案，但其中蕴含了值得深入挖掘的辩护人思维方式，原来律师想要在认罪认罚案件中实现有效辩护，就不能完全被检察官“牵着鼻子走”。律师有效开展和主导认罪认罚案件辩护的核心方法就是找到协商的筹码，这也是本案带给我们的最大启发。所谓筹码，是足以证明侦查人员和公诉人有重大的程序瑕疵，有事实不清、证据不足或者有无罪判决的空间和余地的证据事实和法律，启用这些筹码可以直接让公诉人感到强烈的压力。除此之外，委托人是否配合认罪认罚本身就是一个强大的筹码。由此可见，要想真正“拧干量刑水分”并为委托人争取最大限度的量刑优惠，辩护律师必须亮出足以撼动检察官公诉的协商筹码，否则律师根本无法说服检察官，这就是认罪认罚从宽制度改革带来的新型辩护方式。在未来，全国基层法院可能有70%甚至80%以上案件都适用认罪认罚程序，面对如此庞大的体量，每个律师几乎都会遇到此类案件，难道我们不需要总结其中的辩护经验，并从广东省这个律师团队的探索和智慧中吸取灵感吗？

以三个案例为切入点，可以总结出六个刑事辩护律师的思维方式，这些思维方式既富有新意，又能为辩护业务的开展带来实实在在的帮助和启发。第一个思维方式是以说服裁判者为辩护的归宿；第二个思维方式是要认真对待对抗性辩护与协商性辩护，刑事辩护可以分为两种类型，被告人不认罪的案件开展的是对抗性辩护，协商性辩护则适用于认罪或者认罪认罚案件；第三个思维方式是要认真研究实体性辩护和程序性辩护的规律，尤其是程序性辩护在近年来获得突飞猛进的发展，案例越来越多，类型也越来越丰富，需要总结其中的方法和规律；第四个思维方式是要灵活运用积极辩护与消极辩护，以达到最佳的辩护效果；第五个思维方式是掌握对人之辩和对物之辩的不同思维方式，对人之辩是针对犯罪嫌疑人、被告人的刑事责任展开的无罪辩护、量刑辩护等辩护活动，对物之辩涉及犯罪所得及其孳息、犯罪工具、违禁品等涉案财物的没收和追缴程序；第六个思维方式是客户思维的培养以及如何处理与客户的关系，其中蕴含着律师职业伦理的发展和革新，2017年中华全国律师协会印发的《律师办理刑事案件规范》发生了重大变化，总结了近二十年来中国刑事辩护律师的经验，指出客户思维能够让律师抓住好客户，为客户提供有效辩护，并进而通过案件的辩护吸引更多客户，扩大案源和自身影响力，可以说是刑事辩护律师的一条成功之路。

二、以说服裁判者为归宿

刑事辩护是说服裁判者的艺术，这是被我们普遍接受的观点，所谓说服裁判者就是要说服那些有裁判权的司法人员，此处的“裁判者”应作广义理解，既包括法官、陪审员，也包括检察官、侦查人员，律师在法庭上要说服合议庭采纳自己的辩护，在审查起诉和审查批捕阶段则要说服检察官接受自己的意见，在侦查阶段和立案前阶段则要说服侦查员接受自己的观点。但律师真正要说服的对象至此还远未完结，侦查员侦查、检察院审查起诉、法院审判只是正式的法律程序，实践中的重大疑难复杂案件还要经过审判委员会的讨论，拟判处死刑立即执行、拟宣告被告人无罪等案件也都应当提交审判委员会讨论，在这些案件中审判委员会才是实质的裁判者，很多律师的辩护工作只持续到法庭调查和法庭辩论等庭审环节，但是合议庭并没有对案件结果的最终决定权，只要审判委员会未开会讨论，委托人最危险的时候就没有到来，而当审判委员会开会讨论、委托人陷入最大的困境时，律师往往早已结束工作，脱离了案件辩护。当然，实践现状是只有极个别地区探索在检察长列席审判委员会时允许律师在场，大部分情况下律师根本无法参加审判委员会会议，但是律师无法在场就意味着不能有所作为吗？有位律师为故意伤害致死案件辩护，在中级人民法院开完庭、被告人最后陈述完毕之后，由于是重大案件需要提交审判委员会讨论，此时这位律师本着“判决没宣告，辩护就没有结束，真正的裁判者是审判委员会”的理念，把辩护意见和有关专家意见用特快专递邮寄给了所有审判委员会委员。

从表面看来，说服裁判者的思维方式似乎浅显易懂，甚至已经成为人们所公认的常识，但从这位律师的做法可以看出说服裁判者远没有那么简单，除了说服合议庭成员以外，经由审判委员会讨论的案件还需要说服审判委员会委员。不仅如此，很多案件还需要向上级法院请示汇报，根据一些律师朋友的观察和经验，实践中向上级法院请示汇报的程序越来越复杂，可以分为书面请示和正式请示两种程序，其中正式请示程序是由审判委员会讨论后提交请示提纲，并把全案卷宗移送上级法院，由上级法院指定承办法官阅卷，并组成合议庭审理，甚至提交全庭主审法官会议和院审判委员会讨论。正式请示程序可能长达半年至一年，在此期间真正的裁判者是上级法院，律师辩护如果仅仅止步于下级法院的法庭审理，如何能维护委托人的合法权益、说服那些没有露面却拥有实质裁判权的上级法院法官呢？

可见，刑事辩护律师面临的严峻挑战是要说服拥有实质裁判权的裁判者，将刑事辩护延伸到对案件拥有最终决定权的裁判主体那里，辩护的空间可以从侦查阶段一直持续到生效判决作出的那一刻，这就是“全流程辩护”的理念，亦即将刑事辩护工作贯彻于刑事诉讼的始终，只要生效裁判没有产生，就应该运用各种合法合理的手段向有权决定案件结局和委托人命运的人和机构进行辩护。在司法实践存在诸如院庭长审批、审委会讨论、向上级法院请示汇报等大量内部行政审批环节的情况下，辩护律师有极大的辩护空间等待发掘，因此，以说服裁判者为辩护的归宿这一理念得以提出。

当前刑事辩护实践存在若干难题和误区，一是辩护律师把刑事辩护当作一种广场艺术，以“为民请命”“为权利而斗争”的姿态，在法庭上滔滔不绝地发表言论和观点，这种广场艺术使法庭辩护逐渐演变成政治演说。二是囿于多年来的法律文化传统，我国的刑事法庭布局至今仍呈现“外八字”样态，公诉人坐于法庭右侧，辩护人坐于法庭左侧，控辩双方并不是面对法官而坐，而更多地朝向旁听公众。关于“外八字”布局的成因，有一种较为权威的解读认为这是法制宣传教育的需要，将法庭作为教育人民守法、与犯罪作斗争的舞台。在未成年人案件中进行法庭教育无可厚非，但在普通案件中辩护律师的核心任务是要维护当事人的合法权益、论证当事人无罪或罪轻，所以当然应该面对需要被说服的裁判者，并且在仪态上要温文尔雅、目光柔和，发表意见时与裁判者有眼神交流，这才是正常对话的状态，而绝非面向旁听人员侃侃而谈。三是在疑难案件以及敏感案件中，一些律师干脆诉诸媒体、舆论，把法庭辩护当作一种临场发挥的表演活动。虽然这些方式在有些情况下属于无奈之举，但是辩护律师必须要考虑刑事辩护的目的到底是什么。

刑事辩护不是为了发表政治观点和主张，或者把自己的观点在媒体和互联网上向社会舆论公布，刑事辩护只有一个目的，那就是说服能够决定委托人命运的机关和个人。因此，谁能够决定剥夺委托人自由、财产乃至生命的定罪量刑，刑事辩护就应该面对谁，跟其对话、与其协商、向其陈述，最终达到说服的效果。既然刑事辩护的艺术就是说服裁判者的艺术，那么以下这些基本的刑事辩护思维方式就尤其值得重视。

第一，律师在法庭辩护中不要追求与公诉人的言语对抗，应只把言语对抗当作一种手段，不意气用事、争一时之长短。法庭上律师举证、质证、辩论都只有说服裁判者这一个目的。咄咄逼人的进攻和声势浩大的排比句可能让一方在语言上占据上风，却未必能说服法官。相反，辩护律师应当善于虚实结合，既有强劲的攻势和交锋，也有娓娓道来的柔和的讨论，达到说服裁判者的目的。

第二，律师要运用裁判者的思维说服裁判者。这就要求律师了解裁判者的思维，不了解裁判者在类似案件中裁判的观点、理由和方法，律师恐怕很难说服裁判者。想要找到法官的思维方式，运用法官的思维方式跟法官对话，以下文献是律师在任何一个案件的辩护中都不可或缺的：一是类似案件的判决书，可以将其援引并作为辩护意见的附件提交法庭。二是法官的论文，最高人民法院和各高级人民法院有很多专家型法官，写了很多论文和案例分析，如果在这些论文中有对律师正在办理案件的争议问题的专门研究和论述，就成为非常宝贵的与法官对话的切入口。曾经在论证上海一家大数据公司泄露客户个人信息的案件时，针对侵犯公民个人信息犯罪相关司法解释规定的"重大敏感信息"中的"行踪轨迹"这一概念，控辩双方产生了争议，此时辩护律师就需要找到最高人民法院执笔起草司法解释的法官的论文和相关的解读。在信息网络犯罪和大数据犯罪方面，最高人民法院研究室的喻海松博士参与起草了多项司法解释，其在多篇论文中对行踪轨迹的认定有专门论述，把代表最高人民法院起草司法解释的法官对行踪轨迹的定义直接引用以论证案件涉及的个人信息是否属于行踪轨迹，无疑具有极为权威的效力，这是运用法官思维的一个很好的例子。三是最高人民法院公报案例，这些案例经过最高人民法院审判委员会讨论，具有最高法律效力和极大的典型代表意义。四是最高人民法院发布的指导性案例和《刑事审判参考》登载的指导案例，通过阅读这些案例，才能够了解法官固有的思维方式。总之，在任何一个案件的辩护过程中，哪怕面对最为疑难、复杂、前沿、专业的案例，都应该去寻找发现相关案例的判决书、法官的论文（尤其是文中对司法解释所作的理论注解）、公报案例、指导性案例，与法官进行"精神层面的对话"，通过援引法官的思维方式和观点来说服案件的裁判者，能够取得更好的效果。

第三，法庭审判并不是辩护的结束，刑事辩护应向庭后延伸。如果得知案件需要经过审判委员会讨论，或者需要向院庭长以及上级法院请示汇报，了解到真正对案件具有裁判权的机构不是合议庭，而是更高一级的审判组织，那么辩护律师就应该选择延伸辩护空间。当然，由于法庭审理已经结束，律师既不能参加审判委员会讨论，也无法参与向上级法院的请示汇报程序，到底应该如何介入庭后程序呢？一位北京律师的经验可以带给我们启发，这位律师与当地律师强强联合代理了一起重大疑难案件，虽然北京、上海等一线城市和各省会城市的律师可能专业水平和知名度更高，但县市当地的律师在案件辩护中所能起到的作用同样不可小视，他们中有的之前在公检法等机关工作，有的在当地享有较高的威望，可以了解案件的动向。本案即是如此，在下午六点结束法庭审理后，当地律师就得知案件需要经过审判委员会讨论的信息，于是北京市这位律师就把专家意见和律师辩护意见邮寄给了每一位审判委员会委员。不料又得知案件经审判委员会讨论后直接启动了向省高级人民法院请示汇报程序，并且由省高级人民法院刑一庭的某位承办法官负责审理。于是，辩护律师又针对省高级人民法院刑一庭全体法官和省高级人民法院审判委员会全体成员，结合一审法院提出的几个重大疑难问题重新制作专家意见和辩护意见，用快递邮寄送交上述人员。最终经过长达1年多时间的请示汇报程序，上级法院未明确同意下级法院拟作出的有罪判决，被告人被取保候审，案件中止审理，辩护律师在庭后所做的这些努力无疑对最后较好结局的产生具有相当大的帮助。事后这位律师总结道：随着法庭审理结束而结束的辩护将是毫无意义的。确实如此，如果辩护只持续到法庭审理结束，那么真正的裁判者并不一定能够了解律师的辩护观点，而且法庭审理结束后案件的许多相关情况会产生变化，控辩双方的观点也可能发生改变，而此时法官最关心的问题往往在向法庭提交的书面辩护词中根本没有体现，因此辩护律师需要解决法官心中新出现的怀疑和困惑，专门针对这些问题重新制作辩护意见，必要时重新组织出具对症下药的专家意见，将其提交给法官，并根据情况的变化随时调整整体的辩护策略。如此一来，虽然律师与审判委员会和上级法院的承办法官素未谋面，但辩护工作却一直在进行，随着辩护活动的持续开展，辩护效果才会真正显现，否则只在法庭上面对没有最终决定权的合议庭进行辩护，将难以维护委托人的合法权益。

第四，律师要开展审判前的辩护。刑事辩护所要说服的裁判者不仅包括法官、院庭长、审判委员会和上级法院，还包括侦查人员和公诉人。随着1996年以来《刑事诉讼法》的一次次修改，律师介入刑事诉讼的空间和范围大幅度向庭前延伸。如今刑事诉讼法规定：律师可以在侦查阶段向侦查人员发表辩护意见，提出的书面意见应当载入案卷笔录随案移送；律师可以在审查批捕环节向检察官发表辩护意见；审查起诉阶段同样如此，检察官不仅要听取犯罪嫌疑人、被害人的意见，还要听取辩护人、诉讼代理人的意见，并记录在案，提出书面意见的，应当附卷。2012年《刑事诉讼法》还增设了庭前会议程序，作为审判前的准备活动，庭前会议既是程序争议裁决法庭，也是预备庭，还是争议焦点集中整理法庭，对没有争议的证据事实就在法庭调查中予以简略，而将有争议的事实作为法庭调查的重点对象，律师既可以在庭前会议中做程序性辩护，也可以为实体性辩护做好准备。除此之外还有立案阶段的辩护，实践中绝大多数案件只在立案后才有律师介入，错过了立案阶段辩护的大好时机，近年来已经有越来越多的辩护律师与非诉业务律师和行政代理律师强强联合，在立案阶段开展辩护业务。之前，有很多北大520刑辩班的优秀学员在案件还没有被刑事立案，在工商管理部门、税务部门或者海关缉私部门的行政调查期间就开始介入，进行辩护工作并组织出具专家意见，并在立案决定作出之前向侦查机关提交了论证当事人不构成犯罪的律师意见，最终在2/3的案例中侦查机关都采纳了律师意见，作出不立案的决定。

随着审判前的辩护空间越来越大，"刑事辩护的黄金救援期"概念开始出现，如今这一十分形象的概念需要得到更进一步的发展。其实，刑事辩护有四个非常关键的救援期：一是立案阶段的白金救援期，目标是把案件阻止在立案的大门之外，说服侦查机关作出不立案决定；二是批捕前37天的黄金救援期，目标是将案件阻止在批捕的大门之外；三是侦查阶段的白银救援期，目标是将案件阻止在侦查终结之前，说服侦查机关撤销案件；四是审查起诉阶段的黄铜救援期，目标是将案件阻止在起诉的大门之外，说服检察官作出不起诉的决定。四个关键救援期之所以那么重要，是因为有三条理由决定了必须把辩护的空间前置：首先，越是在刑事诉讼早期，公安机关和检察机关的观点越不成熟、尚未达成一致意见，辩护的空间就越大；其次，越是在刑事诉讼早期，侦查机关和公诉机关越可能存在种种顾虑，此时律师如果加上重要的砝码，提出本案根本不构成犯罪，只属于民事纠纷或者行政违法案件，无疑可以在办案机关复杂的思想斗争和考量中造成重要影响；最后，越是在刑事诉讼早期，我国对办案机关的考核机制就越宽松。随着刑事诉讼程序逐步向前推进，案件辩护的空间会越来越小，统计数据也印证了这一观点，大量的不批捕、不起诉的案例纷纷出现，2019年前9个月全国检察机关不批准和决定不予逮捕238，317人，不起诉的人数也达到122，319人，而2018年全年法院作出无罪判决的人数只有819人。既然要说服有裁判权的司法机关和司法人员，而在审判前阶段公安机关有权立案和移送审查起诉，检察机关有权批捕和提起公诉，那么就应当把辩护扩展前移到审判前阶段。

三、对抗性辩护和协商性辩护

我国2012年《刑事诉讼法》确立了刑事和解制度，根据这项重大的法律修改，被告人与被害人可以达成和解，签署和解协议书，检察机关对轻微案件可以据此不起诉，法院也可以据此从宽量刑，并且从宽的幅度达到了应当从轻处罚、可以减轻或免除处罚的程度。这意味着《刑事诉讼法》通过刑事和解制度的宽大处理条款制造了一个法定量刑情节，从此创造法定量刑情节不再是刑法的专利，只要被告人与被害人按照《刑事诉讼法》的规定达成刑事和解，就可以依据这一法定量刑情节得到从宽处罚。刑事和解制度被称为协商性司法，其特点是由被告方与被害方相互协商达成和解，司法机关根据双方协商和解的结果作出宽大处理。2018年《刑事诉讼法》又确立了一个协商性司法程序，即认罪认罚从宽程序，由于协商的双方换成了被告人和检察官，因此也被称为控辩协商。其特点是由检察官代表国家公诉机关在审查起诉阶段与犯罪嫌疑人协商，嫌疑人在值班律师或辩护人的帮助下与检察官就量刑达成协议，将其写入认罪认罚具结书和量刑建议书。在这一过程中要贯彻罪刑法定、罪刑相适应和无罪推定基本原则，不允许对定罪的标准进行协商，于是事实不清、证据不足的案件不能进入协商程序；不允许对罪名和罪数进行协商，于是既不能将故意杀人案件协商成故意伤害案件，也不能将起诉的多个罪名协商去掉其中任何一个。量刑的种类和幅度是我国控辩协商允许的唯一内容，经过协商，最终量刑可以在法律规定的幅度范围内上下浮动，因而又被称为量刑协商制度，其中认罪认罚成为独立的量刑情节，根据最高人民法院、最高人民检察院、公安部、国家安全部、司法部制定的《关于适用认罪认罚从宽制度的指导意见》的规定：认罪认罚案件原则上应当在法定刑幅度内从轻处罚，除非有法律规定的减轻处罚情节，否则不能减轻处罚；认罪认罚的从宽幅度一般应当大于仅有坦白，或者虽认罪但不认罚的从宽幅度，对同时具有自首、坦白和认罪认罚情节的，应当在法定刑幅度内给予相对更大的从宽幅度，不能作重复评价。由此可见，2018年认罪认罚从宽程序的从宽处理幅度要比2012年刑事和解小，根据刑事和解程序可以对符合特定条件的被告人减轻处罚甚至免除处罚，认罪认罚却只能作为从轻情节，而且还不能与坦白和自首情节重复评价，一般来说自首的从宽幅度大于认罪认罚，因而在被告人自首的案件中，认罪认罚情节的从宽效力就会被吸收从而无法得到体现。

我国刑事诉讼制度由此出现两大分类：一是被告人不认罪的对抗性诉讼制度；二是协商性诉讼制度，被告人与被害人达成和解或与检察官达成量刑协议都属于协商性诉讼制度，被告方认罪是刑事和解和认罪认罚程序适用的前提。在被告人不认罪的对抗性诉讼制度中律师所做的辩护被称为对抗性辩护，协商性诉讼制度中的律师辩护被称为协商性辩护或妥协性辩护。对抗性辩护包括无罪辩护和程序性辩护两个核心，其中无罪辩护无疑是对抗性辩护极为重要的典型，通过论证被告人不构成犯罪，将检察官的指控彻底推翻，双方立场完全对立、观点完全对抗。程序性辩护中的进攻性辩护也带有对抗性，通过论证检察官指控被告人有罪的证据系经过非法取证得来的，要求把非法证据排除于法庭之外，这就是程序性辩护，美国著名律师、哈佛大学法学院著名教授德肖维茨也将其称为反守为攻的辩护，即为了达到防御的效果而采取指控程序严重违法、要求宣告证据无效的进攻性手段，这样的辩护就是进攻性的辩护。刑事辩护的这些分布规律并不是出于学者的想象，而是来源于我国刑事诉讼制度的改革和发展，既然刑事诉讼程序大体分为了被告人不认罪案件的普通程序与被告人认罪案件的特殊程序，我们就必须顺势而为，总结刑事诉讼改革给辩护带来的新规律、新空间。

（一）对抗性辩护的基本注意点

对抗性辩护有哪些基本注意点呢？

第一，对抗性辩护应当注意把握分寸，注意“政治问题法律化”“社会问题专业化”“复杂问题技术化”。实践中发生的案件表面看来是违反了刑法的规定，符合犯罪构成要件，还可能涉及证据问题和程序问题，但每个案件的背后都存在复杂的社会、经济、政治、宗教等因素，辩护律师的思维方式要注意把政治问题转化成法律问题，用犯罪构成要件、罪名、量刑的幅度和种类、证据的证明力、证据能力、证明标准、非法证据排除、程序性制裁等一系列法律语言表达观点和思想。有的案件牵涉复杂的社会问题，例如，涉及社会分配不公或者社会中的矛盾无法得到及时化解，甚至有的被害方、社区乃至社会公众都对引发犯罪行为负有一定责任，如此复杂的社会问题虽然也可以加以指出，但是最终一定要走专业化道路，用专业的语言表达辩护思想。复杂问题技术化意味着再复杂的问题都要通过专业技术的角度加以表达，避免在对抗性辩护中走向对抗的白热化。对此，甘肃省一位律师为一起涉嫌颠覆国家政权案件的辩护堪称经典，《刑事辩护的艺术》一书的“政治问题法律化”章节引用了这份辩护词。众所周知，颠覆国家政权罪是刑法分则第一章“危害国家安全罪”中的罪名，其中牵涉大量的政治问题和社会问题，这位律师在辩护中没有对案件进行政治评价，而是坚守法治主义的辩护立场，对政治性案件往法律层面进行转化，根据我国刑法所确立的犯罪构成要件，论证煽动颠覆国家政权罪不能成立，最终兰州市中级人民法院做出裁定，准许检察机关撤回起诉，被告人最终被无罪释放。书中还介绍了关于本案辩护的更多细节和经验，可以说这份辩护词是律师对对抗性辩护把握分寸、掌握火候，达到炉火纯青程度的典例。

第二，对抗性辩护应当注意把握对抗的节奏和强度，不过分激怒公诉方。律师在辩护时不要以制服对方、压制对方作为整个辩护活动的目的，刑事辩护的目的只在于说服掌握实质裁判权的机构和个人。

第三，对抗性辩护应注意实体辩护与证据辩护相结合。证据是支撑每个对抗性辩护论点的基础，律师所提的每一条实体性辩护意见，都要有证据加以支持，即使做构成要件辩护和量刑情节辩护，也都要有证据支撑。曾经一度出现过笼而统之的“构成要件辩护”，律师围绕犯罪构成四要件给法官“上课”，对案件证据绝口不提，完全忽略对案卷材料、证据的分析，这种辩护注定无法说服法官，也已经时过境迁了，现在需要的是用证据来支持自己的辩护观点。

第四，对抗性辩护的两个典型是无罪辩护和程序性辩护，它们的对抗性极强，可谓对抗性辩护皇冠上的两颗明珠。但是，律师一定要慎重使用无罪辩护和程序性辩护，常言道“与其伤其十指，不如断其一指”，要慎重地选择辩护的角度，尽全力进行攻击，力求每发必中。如果律师选择进行无罪辩护，就要拿出绝对有把握的理由，不惜一切代价在合法、合理的范围内全力出击，争取获得成功。程序性辩护同样如此，当下程序性辩护滥用的现象越来越普遍，一个律师如果将其作为惯常的辩护手段，对手里所有案件都进行程序性辩护，那么这种辩护一定难以成功，因为在案卷材料中确实时常出现不规范之处，但其中大部分都不是严重的程序违法行为，而只是程序瑕疵，过分纠缠于程序瑕疵，不仅无法达到程序性辩护的效果，并且非常容易与检察官和法官形成对立，使辩护效果更加难以实现，因此一定要围绕重大的程序问题来提出程序性辩护，具体方法将在下文详述。

（二）协商性辩护的两种模式

1.认罪认罚案件的量刑协商

我们如何掌握协商性辩护的两种模式，以及其中的思维方式和辩护要点呢？上文提到认罪认罚从宽案件中的量刑协商筹码的例子，这些协商筹码最后帮助辩方在这起贩毒案件中大获全胜。由于认罪认罚从宽制度刚刚确立不久，很多律师可能还来不及总结辩护经验，其实认罪认罚从宽案件的辩护有几个要点需要引起高度重视：

第一，认罪认罚从宽案件的核心阶段是审查起诉阶段，侦查阶段只是表达愿意认罪认罚的意愿，法庭审判阶段则是对认罪认罚的自愿性、真实性以及合法性进行确认和审查，绝大多数的案件中法院都会采纳检察机关的量刑建议，司法实践的经验表明只有审查起诉阶段才是认罪认罚从宽程序的核心阶段，该阶段也就成为认罪认罚从宽案件辩护的重中之重。值班律师制度的设立之所以难以成功，就是因为在审查起诉这一核心阶段没有聘请律师的嫌疑人只能获得值班律师的帮助，而值班律师很难一对一地提供服务，没有授权委托书或指定援助函，不受职业伦理的有效约束，一位值班律师可能一天见证十几名嫌疑人签署具结书，第二天开始这些嫌疑人却再也见不到这位值班律师，在这种模式下值班律师显然不能提供有效的法律帮助。

第二，审查阶段作为律师介入认罪认罚案件辩护的重点阶段，其中最核心的环节是量刑协商。量刑协商主要发生在检察官听取犯罪嫌疑人、辩护人的意见环节，虽然我国刑事诉讼法允许检察官单独听取嫌疑人或辩护人的意见，但在福建等地的改革实践中检察官已经允许嫌疑人和律师同时到场，共同召开协商会议，这样一种听取意见的环节才是控辩协商的核心。

第三，在量刑协商过程中，认罪认罚案件的协商性辩护要求拿出专门的证据、事实、法律作为“杀手锏”和“协商的筹码”，从中体现的是一种谈判的艺术。在这场谈判中，要想达成协议、挤干量刑的水分、为委托人赢得最大的利益，辩方必须得有强而有力的砝码和筹码。

实践中常见的砝码包括：一是事实不清、证据不足，没有达到法定证明标准，被告人根本不构成犯罪。上述贩毒案就属于得不到其他证据印证、孤证不能定案情形，面对一个连事实都不成立的案件，律师便可以据此向检察官要求量刑进一步从宽，否则就可以做无罪辩护，论证案件明显有重大证据瑕疵，没有达到排除合理怀疑的标准和排他性的程度，嫌疑人不构成犯罪，这就可能直接导致检察官无法起诉，因而是最为有力的砝码。二是非法证据排除，即因为侦查人员有刑讯逼供、超期羁押、非法搜查等严重的违法行为而要求排除相关非法证据。三是重大程序瑕疵，例如，贩毒案中毒品编号、数量不一致，没有及时进行鉴定，无法保证检材的同一性，见证人不在场或不合格等都属于普遍存在的一些取证程序瑕疵。四是存在情节类似但是量刑较轻的案例。律师如果能够找到两三个情节相类似的案例，其量刑都比检察官提出的刑期更为宽缓，就可以凭借这些具有说服力的案例与检察官展开协商。五是作为一项重大的制度改革，上级检察院对认罪认罚从宽程序的适用率下达了考核指标，要求至少达到70%，个别地方甚至要求达到80%，由于最高人民检察院要求全国地方检察院的适用率要达到70%，而地市级以上检察院很难达到这个数字，因而会给所辖基层检察院制定更高的标准，两级检察院的数据折中后才能达到70%的标准。在这种考核机制下，检察官面临极大的压力，律师帮助说服委托人认罪认罚本身就是一个重要的砝码，控辩双方在此求得一个契合点，既然认罪认罚是双方共同追求的目标，那么想让律师说服委托人认罪认罚，检察官就需要将量刑达到使委托人心动的程度，这才是谈判的逻辑。

概括来看，认罪认罚案件协商性辩护的协商筹码本质上就是以下几个要素：首先，运用以战止战的思维，拿出“杀手锏”；其次，所拿出的砝码足以使检察官的指控不成立或者受到严重的削弱；再次，如果检察官能够提交足够宽大的量刑建议，律师就把砝码撤回，不提交这些辩护意见；最后，通过撤回砝码赢得让人心动和满意的量刑方案。以上就是谈判和协商的整个心理过程，可谓虚虚实实，虚实结合。我曾经带着学生到北京一看守所调研，期间法院在看守所的会议室举行速裁程序观摩庭，庭审结束后在座谈时检察官感叹很多律师连砝码都提不出来，当下提出的量刑建议既然受不到任何有效的制约，检察官自然没有任何理由一再降低量刑建议。因此，在为认罪认罚从宽案件辩护时，一定要在审查起诉阶段这一控辩协商最宝贵的阶段内为委托人提供强有力的砝码，即使是值班律师在为嫌疑人提供法律帮助时也要做到这一点，使量刑降下来。

2.刑事和解案件的和解协议

刑事和解制度的核心有二：一是真诚悔罪；二是向被害人进行高额赔偿。我国的刑事附带民事诉讼逐渐陷入困境，其原因就在于附带民事诉讼赔偿的范围只限于犯罪行为造成的物质损失，而死亡赔偿金、伤残赔偿金、精神损害赔偿等款项在大多数法院都得不到支持，被害人实际获得的赔偿数额微乎其微。于是被害人便有了和解的愿望和动力，因为刑事和解的赔偿金不受物质损失范围的约束，只要双方达成协议，被害人便可以获得几十万甚至上百万的高额赔偿，与此同时，被告人也可以得到更为轻缓的刑事处罚，这对被告人和被害人来说都是利益兼得的结果。因此，律师无论是作为被害人的代理人还是被告人的辩护人，凡是在有被害人的案件中，刑事和解都应当是辩护的基本技巧。

具体来说，在刑事和解这样一种协商性辩护中，第一，应最大限度说服委托人接受和解方案，尤其是为被告人辩护时，要说服被告人通过和解以及赔偿换取宽大的刑事处理。根据刑事诉讼法及相关司法解释规定：对达成和解协议的案件，人民法院应当对被告人从轻处罚；符合非监禁刑适用条件的，应当适用非监禁刑；判处法定最低刑仍然过重的，可以减轻处罚；综合全案认为犯罪情节轻微不需要判处刑罚的，可以免除刑事处罚。此外，对于犯罪情节轻微，不需要判处刑罚的，检察机关还可以在审查起诉阶段就作出不起诉的决定。可见，刑事和解案件具有极大的宽大处理空间。

第二，在很多情况下被害人可能不愿意接受和解，尤其是在命案等双方矛盾激化的案件中，被害人或者情绪激动、坚决要求严惩加害人，或者提出不尽合理的赔偿数额，这些情况下辩护人直接跟被害人进行谈判往往难以取得理想的效果。此时应该及时将费用交给司法机关，表达自己和解以及赔偿的诚意，并希望司法机关继续做被害人的工作。即使不能达成刑事和解，被告人也应愿意进行赔偿，因为虽然刑事和解的从宽幅度更大，但在附带民事诉讼中只要主动赔偿、愿意接受调解，这本身也是一个从轻量刑情节。

第三，被告人应及时履行协议。在《刑事审判参考》第1176号指导案例黄静诈骗案中，被告人与被害人达成赔偿协议，并获得被害人谅解，但协议达成当日被告人只交付了部分款项，余款则约定分三期付清，因而赔偿协议并未在判决前及时全面履行，据此，审理法院认定被告人不符合“当事人和解的公诉案件诉讼程序”的规定,不能对其减轻处罚。从中我们可以看出,被告人要想根据刑事和解的规定获得减轻处罚,不仅要达成和解协议,而且要及时全面履行协议内容,只有全部兑现赔偿金额才能取得减轻处罚、免除处罚等更为宽大的刑事处理,这可以被称为及时履行协议原则,在刑事和解案件的辩护中极其重要。

四、实体性辩护与程序性辩护

实体性辩护和程序性辩护是我国刑事辩护的基本分类。其中,实体性辩护是运用刑法所规定的构成要件和量刑幅度展开的辩护,其目的在于为委托人寻求最大限度的出罪和宽大量刑结果。程序性辩护是一种通过诉讼程序上的交涉和对抗为委托人争取最佳利益的辩护形态。其中,根据辩护的方式和所要追求的目标,实体性辩护又可细分为“无罪辩护”、“量刑辩护”和“罪轻辩护”三种形态;程序性辩护则可分为“广义的程序性辩护”、“狭义的程序性辩护”以及“以追求量刑减让为目的的程序性辩护”。

(一)无罪辩护

无罪辩护是我国律师普遍高度重视的辩护形态。无罪辩护经常被视为“刑事辩护皇冠上最亮丽的一颗明珠”,也是体现律师辩护最高专业水准的辩护形态。

从所要实现的诉讼目标来看,无罪辩护是以彻底推翻公诉方指控的罪名、说服法院作出无罪判决为目的的辩护形态。

从前面的案例中可以看出，律师首先要做的是论证公诉方指控的受贿罪不能成立，并要说服法院作出被告人不构成受贿罪的裁判结论。律师一旦提出无罪辩护意见，即与公诉方处于完全对立的状态，那种最典型的控辩双方平等对抗、法院中立裁判的格局才真正出现。

根据律师运用的辩护方法和手段，无罪辩护可分为实体上的无罪辩护与证据上的无罪辩护这两个基本类型。前者是指被告方根据刑法犯罪构成要件或法定的无罪抗辩事由，论证被告人不构成指控罪名的辩护活动。例如，被告方根据刑法对特定罪名所设定的主体、主观方面、客观方面等要求，来说明被告人不构成特定罪名的辩护活动，就属于这类无罪辩护。又如，被告方根据刑法所确立的正当防卫、紧急避险或者“但书”“豁免”等条款，来论证被告人不应承担刑事责任的辩护活动，也具有实体上的无罪辩护的性质。

与实体上的无罪辩护不同，证据上的无罪辩护是指被告方综合全案证据情况论证公诉方没有达到法定证明标准的辩护活动。通过这种辩护活动，被告方既可能挑战公诉方证据的证明力或证据能力，也可能说明公诉方的证据没有达到“事实清楚”“证据确实、充分”的最高证明标准，裁判者对被告人实施犯罪行为存在合理的怀疑。在2014年福建省高级人民法院对念斌案的审理中，辩护律师就在论证被告人供述笔录、证人证言笔录、鉴定意见等控方证据不具有证明力的基础上，认为公诉方证据相互之间存在重大矛盾、诸多证据无法得到其他证据的印证、间接证据无法形成完整的证明体系、综合全案证据来看无法排除合理怀疑，并成功地说服法院作出了“事实不清、证据不足”的无罪判决。

（二）量刑辩护

在很多辩护案例中，辩护律师向法院提出了多种量刑情节，论证被告人的行为没有造成较大的社会危害，其主观恶性不深，且有过较大的社会贡献，因此建议对被告人适用缓刑。这就属于一种量刑辩护活动。可以说，量刑辩护建立在对被告人构成犯罪不持异议的基础上，通过提出若干法定或酌定的量刑情节，来论证应对被告人作出从轻、减轻或者免除刑罚的裁决。

从所要追求的目标来看，从事量刑辩护的律师并未试图推翻公诉方的有罪指控，而只是追求对被告人有利的量刑结果。在这类辩护活动中，被告方与公诉方并不处于完全对立的地位，而对指控的犯罪事实的成立存在某种合意。在对被告人构成某一罪名没有异议的前提下，辩护律师所追求的只是对被告人的宽大量刑结果，如建议法院从轻处罚、减轻处罚或者免除刑罚。在前面案例中，律师所追求的就是从轻处罚结果。

从所使用的辩护手段来看，辩护律师主要是通过提出并论证特定的量刑情节，来论证被告人具有可被宽大处理的量刑理由。这些量刑理由既有面向过去的量刑事由，如主观恶性不深、社会危险性不大、有悔改表现、事出有因、对社会作出过较大贡献等，也有面向未来的量刑事由，如具有帮教条件、可以回归社会、具有矫正可能性等。通过论证被告人具备这些量刑事由，辩护律师可以在量刑情节与量刑辩护意见之间建立合理的联系，并为说服法院作出宽大的量刑处理奠定基础。自2010年以来，最高人民法院领导了一场量刑规范化改革运动，强调通过量刑方法的数量化和量刑程序的诉讼化来约束法官的自由裁量权。辩护律师可以针对公诉方提出的量刑建议，提出一些新的量刑情节，并通过确定案件的基准刑，来对这些量刑情节的调节比例作出评估，从而提出一种较为合理的量刑方案。这种对量刑情节作出数量化评估的辩护方法，也为量刑辩护确立了一种新的思路。

（三）罪轻辩护

在辩护事件中，律师除了论证被告人不构成受贿罪、建议法院从轻量刑以外，还提出了被告人构成非国家工作人员受贿罪的辩护意见，并得到法院的采纳。这种论证被告人不构成某一较重的罪名而构成另一较轻罪名的辩护，被称为“罪轻辩护”。

罪轻辩护与无罪辩护和量刑辩护有着密切的联系。首先，这一辩护形态建立在辩护律师认定公诉方指控罪名不成立的基础上，因此包含了对较重罪名的无罪辩护活动。其次，罪轻辩护包含着“先破后立”的论证过程，辩护律师需要论证被告人构成另一较轻的罪名。最后，这种罪轻辩护的目标并不是说服法院作出无罪的裁决，而是说服法院将重罪改为轻罪。相对于较重罪名而言，较轻的罪名本身在量刑幅度上就轻于较重罪名，甚至还有可能适用较为宽大的刑罚种类。因此，通过这种将重罪改为轻罪的辩护活动，辩护律师最终可以说服法院降低量刑的幅度，或者适用较为宽大的量刑种类。

司法实践中还有两种类似的罪轻辩护：一是将公诉方指控的犯罪数额予以降低的辩护活动；二是将公诉方指控的多项罪名中的部分罪名加以推翻的辩护活动。前者的最典型例子是在贪污、贿赂、盗窃、走私等案件的辩护中，律师论证公诉方指控的部分犯罪数额不成立的辩护。例如，在公诉方指控被告人受贿100万元的案件中，律师论证其中的50万元受贿数额不能成立。通过这种辩护，被告方试图达到否定部分犯罪事实、说服法院作出从轻处罚的效果。在后一种辩护活动中，辩护律师通过论证公诉方的部分指控罪名不成立，从而达到降低刑法量刑幅度的效果。例如，检察机关指控被告人构成贪污罪、受贿罪和挪用公款罪，辩护律师认为被告人不构成贪污罪，并从实体或证据角度进行了论证，最终说服法院判决认定被告人仅仅构成受贿罪和挪用公款罪。

在司法实践中，罪轻辩护体现了一种现实主义的辩护理念，是一种“两害相权取其轻”的辩护策略。考虑到我国法院很少作出无罪判决，因此律师有时不得不放弃无罪辩护的思路，而选择一种更容易为法院所接受的辩护策略。又因为我国法院不是对公诉方指控的罪名作出是否成立的裁判，而可以在对公诉方起诉事实加以认定的基础上，对公诉方指控的罪名作出变更，因此，律师在不同意公诉方指控罪名的情况下建议法院选择另一较轻的罪名，这既容易博得法院的支持，也可以减少与公诉方的对立和冲突。刑事司法实践的经验表明，律师要说服法院接受被告人无罪的观点，可能是非常困难的，但要说服法院将重罪改为轻罪，却是较为容易的。

当然，罪轻辩护有时也会引起一些争议。从外观上看，这种辩护容易让人产生律师“摇身变成公诉人”的印象，因为另一个较轻的罪名并不是由检察官提出申请的，而是由辩护律师建议法院判处的，律师确实是这个新罪名的倡导者。有时候，就连被告人或其近亲属本身，也可能对律师的这种辩护策略产生抵触情绪，并因此对辩护律师的忠诚度产生怀疑。但是，律师只要坚持两条职业底线，就可以对上述争议成功化解。首先，律师必须在推翻原罪名的前提下提出一个较轻的新罪名，并且该罪名要与原有罪名具有内在的关联性。所谓“较轻的新罪名”，必须是在法定量刑种类和量刑幅度上更为宽大的新罪名。最典型的例子是将贪污罪或受贿罪改为巨额财产来源不明罪，将抢劫罪改为抢夺罪，将走私、贩卖、运输、制造毒品罪改为非法持有毒品罪，等等。律师既不能提出一个更重的新罪名，也不能提出一个与原有罪名毫无关联的新罪名。其次，律师的罪轻辩护思路要征得被告人及其近亲属的同意，为此需要履行告知、提醒、说服、协商、讨论的义务，取得后者的支持和理解。律师不得在不告知、不提醒、不协商、不讨论的情况下，擅自作出这种罪轻辩护。否则，就有可能作出损害委托人利益的举动，以至于违反忠诚义务。

从说服法院作出宽大量刑的角度来说，罪轻辩护在死刑案件中可能有更大的存在空间。在那些可能适用死刑的案件中，法院只要认定公诉方指控的罪名成立，即很可能对被告人判处死刑。要挽救被告人的性命，避免被告人受到死刑判决，律师唯有论证公诉方指控的罪名不能成立，说服法院改判另一法定最高刑不是死刑的轻缓罪名，才能达到预期的目的。例如，律师可以论证被告人不构成贪污罪或受贿罪，而构成挪用公款罪或巨额财产来源不明罪；律师可以辩称被告人不构成抢劫罪，而构成抢夺罪；律师可以说服法院不采纳被告人构成贩卖毒品罪的意见，而裁定成立非法持有毒品罪；等等。通过说服法院作出将重罪改为轻罪的判决，律师最终可以达到与量刑辩护相似的辩护效果，甚至在有些案件中，这种罪轻辩护的成功可以使被告人获得比在量刑辩护中幅度更大、效果更加明显的宽大量刑。

（四）广义的程序性辩护

广义的程序性辩护是指辩护律师代表委托人就案件的诉讼程序问题发表辩护意见，要求法院确保被告人获得应有的程序保障和诉讼权利。其基本模式是通过提出程序性诉讼请求，要求法院采纳本方的程序性申请，作出有利于被告人的决定，提供有利于被告人的程序保障，维护被告人的合法权益。广义的程序性辩护可以包括申请证人出庭、申请专家辅助人出庭、申请回避、申请变更管辖、申请二审法院开庭、申请法院组成七人合议庭审理案件、申请取保候审、申请变更强制措施等数十种具体的程序性辩护活动，律师可以通过提交相应的申请书的方式来启动这些辩护。

湖南省一位律师就善于将程序性辩护转化为专门的诉讼文书，而且附有相关的理由、证据或者线索，这样的程序性辩护才具有专业性。近期这位律师向衡阳市石鼓区人民法院提交申请书，申请该法院组成由三名法官，再加上四名陪审员组成的七人合议庭审理案件，在其后的庭前会议中法院同意了申请，向辩护人送达《变更合议庭组成人员告知书》，改为由七人合议庭审理案件。我国刑事诉讼法规定审判组织以独任制或者合议庭的形式组成，是由法院依职权作出的决定，未给予被告人及其辩护人申请特定合议庭组成形式的选择权，而这位律师援引的法律依据是2018年《人民陪审员法》第16条和第17条，其中规定了应由人民陪审员和法官组成七人合议庭进行的第一审案件范围，包括“其他社会影响重大的案件”，并且规定了第一审刑事案件被告人申请由人民陪审员参加合议庭审判的，人民法院可以决定由人民陪审员和法官组成合议庭审判。据此，律师以辩护人的身份帮助被告人申请七人合议庭开庭审理。任何法律给被告人及辩护人提供的制度保障，都可以作为正当的权利加以行使，由此便可大大拓展辩护的空间。

近年来关于变更管辖的申请也开始大量出现，在《刑事辩护的艺术》一书中介绍了两个典型案例，第一个案例是柳州市中级人民法院审理的走私案，该案是由柳州市公安局侦查终结后移送柳州市检察院审查起诉并提起公诉的，辩护律师在开庭时提出管辖异议，认为根据刑事诉讼法的相关规定，柳州市公安机关无权对涉嫌走私普通货物罪的案件行使立案侦查权，本案应由海关侦查部门管辖。但是，本案的全部立案、侦查案卷材料都来源于柳州市公安局，明显违背国家刑事司法管辖规定，属于违法越权办案的非法产物，一律不能作为指控被告人犯罪的证据使用，请求法院依法将全部侦查证据予以排除，柳州市中级人民法院采纳了律师的辩护意见，该案最终由检察机关撤回起诉。

第二个案例王庆军案，是一起公安机关在本地相关单位的推动下强行行使立案管辖权的案件，案件一开始涉及山东和湖北两地企业的股权纠纷，湖北企业在民事诉讼招致败诉的情况下，以山东企业涉嫌犯罪为由，向山东当地公安机关报案，公安机关作出了不立案的决定。在此情况下，湖北企业直接向武汉公安机关报案，后者进行了违法立案管辖，完成了整个侦查行为。在检察机关提起公诉时，法院以本案犯罪地、被告人居住地均在山东，本院没有管辖权为由将案件退回检察机关，案件最终被退回武汉公安机关。武汉公安机关在补充侦查后，增加了两个新的罪名，再次将案件移送检察机关审查起诉。在这一过程中，律师始终坚持认为武汉公安机关违法行使立案管辖权，导致整个侦查程序严重违法，由此可以获取的证据应被归于无效，而且山东当地公安机关已经作出不立案的决定，说明本案不构成任何犯罪。迫于重重压力，也由于律师进行了认真有效的辩护工作，武汉检察机关没有顺从公安机关的意见，而是通过层层请示，获得最高人民检察院有关移交有管辖权的检察机关的批复，案件被移交给山东省检察院，后者最终撤销案件，被告人获得了无罪处理。

最近还有一位浙江律师也正在提出管辖异议，其所代理的案件在一审法院开庭审判后被移交给上级法院请示汇报，上级法院经过组成合议庭审理，并经上级法院审判委员会讨论后下达案件处理结论的指示，一审据此作出裁判结论后被告人上诉到该上级法院，二审期间甚至仍然由担任请示汇报程序中合议庭成员的那三位法官组成合议庭审理。本案辩护律师打的是管辖之战，由于案件已经过上级法院的审判委员会讨论，因此不是通过申请某位法官回避所能解决的问题，二审法院实际上对本案已经没有管辖权，只有通过异地管辖才能解决这一程序性争议。这起案件目前仍在进行当中，无论案件最终的结果如何，辩护律师敢于斗争的勇气值得敬佩，因为如果没有勇于斗争的律师，这些严重违反国家管辖制度和两审终审制，剥夺当事人上诉权的行为，就永远无法被遏制。

（五）狭义的程序性辩护

狭义的程序性辩护包括非法证据排除以及二审法院撤销原判、发回重审两种情形，是通过指出侦查人员、审判人员实施了违反法律程序的行为，要求法院排除非法证据或者撤销原判、发回重审等宣告相关诉讼行为无效的辩护，这种程序性辩护带有对抗性，德肖维茨教授将其称为最好的辩护，又称为反守为攻的辩护，即通过提出对方违反刑事诉讼法的指控，要求宣告违法行为所得来的证据或者一审判决无效。狭义的程序性辩护在实践中大量出现，除了二审程序以外，在最高人民法院死刑复核期间也极为常见，而且已经出现了最高人民法院采纳律师程序性辩护意见的案例，《刑事审判参考》刊登的指导案例中有超过20个案例都是在最高人民法院死刑复核期间由于律师提出程序性辩护，最终不予核准死刑，将案件发回重审。其中常见的类型包括：第一，剥夺被告人辩护权。例如，在死刑案件中没有给被告人指定辩护人，又如，未成年人案件中由于未成年被告人拒绝接受指定辩护，中级人民法院就没有为其指定辩护人，这些案件都属于违反法律规定的诉讼程序中的“剥夺或者限制了当事人的法定诉讼权利，可能影响公正审判”的情形，在二审程序中法院应当裁定撤销原判，发回原审人民法院重新审判；在死刑复核程序中则应当裁定不核准死刑，发回重新审判。第二，审判组织的组成不合法。最常见的情形是死刑案件没有经过审判委员会讨论，在《刑事审判参考》第1232号指导案例高朝能贩卖、运输毒品案中，一审法院未经审判委员会讨论即作出死刑判决，属于审判组织的组成不合法，二审法院应当裁定撤销原判，发回重审。还有的地方出现非员额法官参加合议庭，不仅参与法庭审理，还在裁判文书中署名的案件，这显然属于审判组织不合法的情形，二审法院同样应当裁定撤销原判，发回重审。第三，关键证据未经当庭质证。如法院经过庭外调查取得的新证据，或者法院在受理案件后自行委托鉴定的鉴定意见，未经过法庭调查程序进行质证而直接作为定案的根据，上级法院应当将案件发回重新审判。

（六）以追求量刑减让为目的的程序性辩护

程序性辩护的第三种类型是通过程序辩护达到量刑减让的效果。狭义的程序性辩护追求的是证据无效、判决无效等宣告无效的结果，但还有的程序性辩护达到的却是量刑宽大处理的效果，即作为一种辩护策略，通过指出程序违法要求法院宽大量刑，实现量刑的减让。最为典型的例子发生在毒品犯罪领域，在最高人民法院发布的三次毒品犯罪审判工作座谈会会议纪要中明文规定，三种诱惑侦查手段不判处死刑。第一种是犯意引诱，是指行为人本没有实施毒品犯罪的主观意图，而是在特情诱惑和促成下形成犯意，进而实施毒品犯罪的，对这些被告人应当依法从轻处罚，无论涉案毒品数量多大，都不应判处死刑立即执行。第二种是数量引诱，即行为人本来只有实施数量较小的毒品犯罪的故意，在特情引诱下实施了数量较大甚至达到实际掌握的死刑数量标准的毒品犯罪的，此时应当依法对被告人从轻处罚，即使毒品数量超过实际掌握的死刑数量标准，一般也不判处死刑立即执行。第三种是双套引诱，也就是行为人在特情既为其安排上线，又提供下线的情况下实施毒品犯罪，处刑时可予以更大幅度的从宽处罚或者依法免予刑事处罚。一些律师非常善于运用这三种诱惑侦查手段的从宽处罚条款，通过指出侦查人员存在重大的程序违法，滥用警察圈套和诱惑侦查手段，其目的既不是宣告委托人无罪，也不是将证据排除，而是不判处委托人死刑，实现量刑的减让，成功挽救委托人的生命。

除此之外，实践中有的程序性辩护未必能发挥预期的效果，但是能够将其作为一种战略威慑手段，其基本逻辑是通过指出侦查人员、审判人员严重违反法律程序要求法院宣告相关行为无效，如果达不到这一目的，便转化成量刑协商的筹码，达到挤干量刑水分，进一步降低量刑幅度的效果。实践中，最高人民法院将这种因存在程序违法而予以宽大量刑的做法称为“留有余地的判决”。留有余地的判决本身作为一种裁判的思维方式存在一定的问题，例如，在事实不清、证据不足的情况下法院也不宣告被告人无罪，而是采取量刑从宽的方式处理。但是如果通过程序性辩护能够使量刑得到宽大，那么也不失为一种维护委托人利益的方式，可以取得良好的辩护效果，纵然是无心插柳柳成荫，这种辩护经验也值得我们重视。

五、积极辩护与消极辩护

许多律师在辩护实践中容易产生这样一种思维，即虽然律师查阅并研究了公诉机关移送到法院的案卷材料，但是在辩护过程中却抛开控方的案卷笔录，选择另起炉灶，不仅在会见被告人时制作会见笔录，还自行搜集了多份证明被告人无罪或者罪轻的新证据。这些新证据既没有交给法院，也没有在庭前会议中被纳入法庭调查范围，更没有经过当庭质证，此时这些新证据只能被称为证据材料，因为我国刑事诉讼长期形成的现状是公诉方随案移送的案卷笔录，除少数被作为非法证据排除的以外，都会当然地成为刑事诉讼证据，但被告方提交的证据材料却一定要在开庭前提交法院，让法院纳入法庭调查的范围，否则法庭上根本不会把被告方新提交的材料作为证据进行举证质证。即使律师搜集的证明被告人无罪的证据被允许进入法庭，也只是重新构建了一个辩护方讲述的故事，而另一边公诉方案卷材料构成的证据体系到底能否证明被告人有罪，是否达到排除合理怀疑的证明标准，毫无疑问更应该是律师关注的焦点。律师的这种思维方式涉及积极辩护与消极辩护的问题。

所谓积极辩护是以己之矛攻子之盾，通过论证新的证据事实和观点主张，证明公诉方的指控不成立，而消极辩护就是以子之矛攻子之盾，即在公诉方的证据体系内论证指控不成立。如何从辩护角度把握好积极辩护与消极辩护这对十分重要的概念，主要有三点思维方式：

第一，对公诉方的证据体系要整体把握，要“先破后立”。辩护律师想要整体把握公诉方的证据体系，需要向检察官学习阅卷技巧，现在很多律所都拥有检察官履职经历的律师，得益于此，这些律师都有着专业的职业精神和技能，尤其是具有超一流的阅卷技巧。所谓先破后立，就是要整体把握公诉方的证据体系，了解公诉方证据体系中有利于被告人的证据和不利于被告人的证据的分类情况，以及论证被告人构成犯罪的方式和论据：通过打掉公诉方的若干单个证据，使其失去证明力或不具有证据能力，将公诉方的证据排除于用以定案的根据之外，实现“先破”；只有将公诉方的证据体系攻破之后，才能提出新的证据，证明新的主张和事实，实现“后立”。

在无法对公诉方的证据体系造成任何挑战的情况下就提出新的证据事实和主张，将很难说服法官，因为案件如果出现公诉方与辩护方各执一词，双方又都有自己的证据体系加以支持，形成公说公有理、婆说婆有理的状态，在大多数这种情况下，律师是不能说服法官采纳己方观点的，法庭会天然地倾向于采信公诉方的证据体系，律师要想真正实现辩护的效果，就必须率先破解对方的证据体系，再提出自己的证据事实主张来说服法官使其接受。在这一过程中，阅卷是律师必须熟练掌握的基本能力，阅卷就是了解公诉方的证据体系和证据锁链的过程。只有通过阅卷，律师才能论证部分证据不符合证据法的要求，打掉证据锁链中的薄弱环节；只有在破解了对方的证据体系之后，律师方能形成己方的观点、提出积极的辩护。

第二，要推翻公诉方指控的犯罪事实，需要制造合理怀疑，论证其他可能性的成立，要“欲破先立”。通过分析大量的案例发现，律师凡是做事实不清、证据不足，达不到证明标准的辩护，只要光从以下三个角度切入，这样的辩护就肯定不能得到采纳：一是在辩护意见中动辄找出很多公诉方证据的疑点，二是在辩护意见中动辄罗列案件事实不合情理之处，三是动辄寻找证据之间的矛盾。其实，几乎每个案件或多或少都会存在疑点和不合情理、矛盾之处，这并不足以说明案件事实不清、证据不足，无论是福建念斌案、浙江张氏叔侄二人案，还是内蒙古呼格吉勒图案，这些案件最终得以改判无罪的共同理由是不能排除有其他可能性，这就意味着律师在开展证据辩护时一定要设法找到这种不能排除的其他可能性。张氏叔侄二人案和呼格吉勒图案都无法排除其他人作案的可能性，念斌案由于排除了口供和鉴定意见，因而最终导致无法排除其他可能性，不能得出系念斌作案的唯一结论，就连最高人民法院再审的聂树斌案判决书中都将本案是否另有他人作案存疑作为改判聂树斌无罪的理由之一。

以上例子都说明在证明标准的辩护中动辄列举许多疑点，

不合情理、矛盾之处等是很难有说服力的，这类辩护最核心的地方首先在于找到其他人作案的可能性或被告人没有犯罪的可能性，其次是找到大量案件证据所支持的合理的疑问，其实这些有证据支持的合理的疑问也就相当于不能排除的其他可能性，因为所谓排除其他可能性，本质上就是排除合理怀疑，而不能是简单地提出矛盾和疑点。在黄新涉嫌故意杀人案中，辩护律师在阅卷后找出两处足以说明不能排除其他人作案的可能性的合理怀疑：一是从死者体内检出并非黄新所留的“大量精子”，说明被害人有可能是在从黄新离开到有人发现被害人之间的2个多小时内被他人所害；二是案件关于死亡时间有四份相互矛盾的鉴定意见，按照法医学文献推定的死亡时间与鉴定书关于被害人死亡时间的鉴定结论之间存在明显矛盾，对于这些合理的怀疑，现有证据无法给予合理排除，郑州市中级人民法院据此直接宣告黄新无罪。本案同时载入《最高人民法院公报》和《刑事审判参考》，堪称证据辩护领域的经典无罪判决案例。

第三，在公诉方的证据足以证明一个犯罪构成要件成立的情况下，要证明被告人无罪，辩护方需要提出新的证据，证明新的事实成立，并承担一定的证明责任。在公诉方的证据足以证明一个犯罪构成要件成立的情况下，如果辩护律师只是单纯强调事实不清、证据不足，或者被告人还是单纯辩解自己不构成犯罪，而不能提出任何新的证据，证明任何新的犯罪事实，那么这种辩护和辩解将不会取得任何效果。

例如，一个已经接受贿赂款的贿赂案件，被告人可以辩解称钱款是对方偿还的欠款，但如果不进行举证，证明双方存在借贷关系的事实，这样的辩解没有任何效果，因为只要收受钱款的事实成立就足以构罪，如果要提出新的主张和抗辩，就必须承担举证责任。类似的例子还有已经用欺骗手段获得了银行的巨额贷款，被告人此时辩解称不构成骗取贷款罪，就需要拿出新的证据证明没有欺骗行为或者没有造成重大损失、情节不严重。有一位辩护律师就在骗取贷款案中举出了新的证据，证明被告人已经与银行签订还款协议，双方同意分期还清本息，因此银行不存在重大损失，本案没有达到情节严重的构成要件，被告人不构成犯罪。如果没有新证据来证明新的事实，显然无法推翻公诉方指控的证明体系。在贪污案件中，最常见的犯罪手段是用假发票入账，在公诉人有证据证明被告人是国家工作人员，且以假发票入账的方式将单位钱款据为己有，此时被告人可能辩解说相关款项用于给领导送礼、给基层扶贫、给单位同事发抚恤金等事项，因而不便开发票，只能以假发票冲账，但如果被告人及其辩护人没有任何证据证明辩解的主张，那么只要利用职务之便以假发票冲账报销，贪污罪当然就能够成立。只要公诉方能证明犯罪构成要件已经成立，此时辩方欲提出新的主张，就一定要拿出证据来承担证明责任，其在本质上是一种无罪抗辩事由，在这个贪污案件中辩护律师就找了六名证人证明涉案单位的小金库里的钱款确实用于给几名下级发放抚恤金，因无法入账只能用假发票冲抵，虽然以假发票入账本身是违规的，但是有真实的发放抚恤金的行为，而没有将公款非法占为己有的事实，这就是提出了一个有证据加以证明的新事实，实现了无罪抗辩。

要破解公诉方的证据体系，一定要先打掉公诉方的证据体系，再提出新的观点，做到“先破后立”；要证明案件事实不清证据不足，不能动辄列举疑点，不合情理、矛盾之处，要想跟法官对话一定要“欲破先立”，用证据来论证存在其他不能被排除的可能性，案件不具有排他性；在一些贪污、受贿和金融类案件中，当公诉方证明了犯罪行为成立的情况下，要想论证无罪并提出新的主张，一定要承担举证责任。

六、对人之辩与对物之辩

刑事诉讼发展至今可以分成对人之辩和对物之辩两大类。对人之辩是为了追究被告人刑事责任而提出的诉讼，主要是由检察机关提起的公诉，其中又可以分为定罪之诉和量刑之诉，相应地，在无罪辩护和量刑辩护中展开的是对人之辩。对物之辩是由检察机关代表国家追缴涉案财物，主要是没收违法所得。刑法规定的违法所得包括三大类，即犯罪所得及其孳息、犯罪工具、违禁品。我国刑法体系中只有罚金和没收财产属于财产刑，并且是附加刑，没收违法所得既不属于主刑，也不属于附加刑，因而不是刑罚的一种，针对涉案财物所做的辩护于是就不同于传统刑事诉讼中的对人之辩，在理论上可以将对涉案财物追缴展开的法律帮助活动称为对物之辩。

2012年《刑事诉讼法》建立“嫌疑人、被告人逃匿、死亡案件的违法所得没收程序”，初步确立了缺席案件的对物之辩，如在任润厚案件中，被告人因病死亡无法到场，律师所展开的就是缺席案件的对物之辩。实践中还有被告人对席案件的对物之辩，也就是在被告人到场的绝大多数刑事案件中，律师在追缴被告人涉案财物的过程中所提供的法律帮助活动，可以称为被告人对席案件的对物之辩。缺席案件的对物之辩已由刑事诉讼法明文规定为五种特别程序之一，对席案件的对物之辩目前仍没有得到明文规定，在这类涉案财物追缴程序中被害人和利害关系人难以参与进去，被告人的辩护人也只能一身兼二任，在进行对人之辩、担任辩护人的同时代理涉案财物追缴程序。在对物之辩中，有三条思维方式值得引起重视。

（一）缺席案件的对物之辩

在任润厚违法所得没收申请案这类缺席案件的对物之辩中，律师应从以下几个角度来把握参与的方式。一是在此类案件中，律师开展的不是传统意义上的辩护，而是接受利害关系人的委托担任诉讼代理人。在检察机关提交违法所得没收申请书之后的6个月公告期内，利害关系人可以提出异议，对涉案财物主张民事权利，利害关系人既可以是被告人的近亲属，也可以是被告人的朋友、商业伙伴等其他利害关系人或者善意第三人，对涉案财物主张各种民事权利的人都可以提出异议，论证相关财产并不是应予没收的违法所得，而是自己的合法财产。此时律师接受利害关系人的委托担任诉讼代理人，所开展的是维护利害关系人合法财产权的法律帮助活动。二是此类诉讼在本质上是一种民事诉讼，因此案件的证明标准是高度可能性标准，也就是说公诉方证明涉案财物系违法所得需要达到高度可能性标准，利害关系人要主张权利则必须承担举证责任，证明自己对涉案财物享有合法的民事权利也需要达到高度可能性标准。三是辩护律师可以通过开展缺席案件对物之辩来拓展辩护的空间，一方面为逃匿、死亡的犯罪嫌疑人、被告人的近亲属提供诉讼代理业务，另一方面为善意第三方提供诉讼代理业务。善意第三人是指在民事交易过程中本着合法交易的目的，在对犯罪行为不知道也没有理由应当知道的情况下合法地占有了犯罪所得财物的人，善意第三方需要承担相应的举证责任。其实律师所收取的每一笔诉讼费都面临这样一种风险，当这笔费用可能属于赃款赃物时，律师就需要论证自己属于善意第三方、民事交易合法有效。例如，上海某律师就遭遇了担任非法吸收公众存款案件辩护人所收取的代理费用被公安机关冻结，欲将其作为涉案财物予以追缴的情况。事实上，如果善意第三方的合法交易行为得不到有效保护，对涉案财物的追缴予以无限延伸，那么正常的民事交易秩序就会被彻底破坏，导致每个人的合法财产权都可能受到侵害。

（二）对席案件的对物之辩

律师在开展对席案件的对物之辩时应当有所分工，例如，当有两位律师介入时，可以由一位律师侧重于开展无罪辩护、量刑辩护等对人之辩，另一位律师应当侧重开展针对涉案财物追缴的对物之辩。之所以要分工进行，是因为如果不把涉案财物追缴作为一项独立的业务，那么律师的业务空间会大大萎缩，并且也无法有效维护委托人的合法权益。对物之辩既是一项独立的业务，也是一项收费的依据，还是一项维护委托人合法权益的重要标志。例如，某律所开展业务的成功经验，就是在代理刑事案件时既要为当事人提供无罪辩护、量刑辩护、程序辩护等传统的辩护业务，又要有一部分律师为当事人提供涉案财物追缴的代理业务，与辩护业务进行有机结合。当然，如果在开展对物之辩时要签订风险代理协议，采取胜诉酬金制，则要注意合理规避相关的法律风险。

（三）涉众型经济犯罪案件

所谓涉众型经济犯罪案件，是指基于同一法律事实、利益受损人数众多、可能影响社会秩序稳定的经济犯罪案件，包括但不限于非法吸收公众存款，集资诈骗，组织、领导传销活动，擅自设立金融机构，擅自发行股票、公司企业债券等犯罪。涉众型经济犯罪案件的投资人及被害人动辄成千上万人，可能分布全国各个省、自治区、直辖市，一旦处理不当就有可能引发社会动荡和群体性事件，目前最高人民法院和各省高级人民法院已经对此建立了专门的制度，其中被害人代表人制度尤其值得辩护律师关注。由于被害人人数众多，不可能都参与到诉讼活动中，所以我国办理非法集资案件的司法解释规定被害方可以推选代表人参加诉讼，推选不出代表人的，人民法院可以指定代表人，而被害人代表人可以委托律师担任其诉讼代理人。被害人代表人制度意味着律师业务得到进一步的拓展，律师可以作为被害方代表人委托的诉讼代理人，代理涉众型经济犯罪案件。此类案件较为敏感，容易发生社会群体性事件，代理律师既要有高超的法律技巧，也要有一定的政治智慧，在一定程度上也可以帮助平息可能爆发的重大社会矛盾，因此正是律师可以大显身手的领域。

七、客户思维——与委托人关系的协调

我国律师业务从宏观上可以分为诉讼业务和非诉业务两大类，诉讼业务大体包括民事代理、行政代理、刑事辩护、仲裁

业务等，非诉业务的体系则更加庞大，包含的内容更为丰富，如合规业务、投融资与并购业务、公司证券业务、破产业务等。那么委托人与律师的关系在诉讼业务与非诉业务，以及民事代理业务与刑事辩护业务之间是否存在区别？多年来，在刑事辩护领域形成的观念是律师在刑事诉讼中独立开展辩护活动，具有独立辩护人的地位，不受委托人的意志左右，在观念上从未将刑事诉讼的委托人视为客户。我国的法庭布局虽然已经有所进步，实现了被告人的去犯罪标签化，但是辩护律师在法庭上仍然与委托人相距数米，相互之间无法正常交流。即便我国法庭目前还没有让辩护律师和委托人坐在一起，也不能否认委托人的客户身份，因为委托代理协议书上必须要有被告人的签名，否则被告人近亲属的委托是无效的，辩护律师第一次会见被告人就要确认诉讼代理关系，只有经过被告人确认，委托代理合同才能成立，毫无疑问，委托人应当是律师的客户。被告人中不是只有低学历、低收入的底层群体，高官、院士、企业家等群体也会成为被告人，这些具有知识、财富、地位的人既然能够成为律师的客户，那么底层群体和弱势群体作为委托人当然也能成为律师的客户。

（一）两部规范的变革

辩护律师之所以应该具有客户思维，跟两个法律条文的变化密切相关。一是2012年《刑事诉讼法》赋予了辩护人自案件移送审查起诉之日起，可以向犯罪嫌疑人、被告人核实有关证据的权利，这一具有里程碑意义的条款规定了辩护律师享有核实有关证据的权利，是刑事诉讼法在辩护领域质的突破。过去律师会见委托人不能携带证据材料，嫌疑人和被告人无法阅卷，不了解案件的案卷材料和证据，无法与辩护人对话和协商，如今律师可以带着案件证据复印件向嫌疑人和被告人进行核实。一方面，律师经过核实证据可以形成辩护思路；另一方面，嫌疑人和被告人了解了证据和案件情况，就有了跟律师讨论辩护方案的资格和能力。整个辩护过程绝不是律师的独角戏，而需要与作为客户的在押嫌疑人或被告人沟通、协商、对话，在客户有一定文化程度、固执己见的时候律师还要进行说服工作。否则，律师很容易在法庭上与被告人发生辩护观点的冲突。比如，律师做无罪辩护，而被告人当庭认罪；辩护人做有罪辩护，而被告人当庭翻供。这样就会出现法庭辩护过程中同室操戈的“失控”现象，这种冲突一旦发生，必然导致被告人的利益受到损害，刑事辩护的效果大打折扣，成为无效辩护。2012年确立辩护律师向在押嫌疑人、被告人核实有关证据的权利的同时，也给嫌疑人、被告人创造了了解案情的机会，由此其便可以与辩护律师讨论、沟通、协商辩护的思路、技巧和方案，辩护律师得以与被告人形成一种相互信任和协调一致的“战友”关系，形成一种统一的辩护策略。

二是2017年中华全国律师协会发布的修订后的《律师办理刑事案件规范》，对原有的“律师依法独立进行诉讼活动，不受委托人的意志限制”条款作出了重大调整，原来这种律师独立辩护的观点如今已不符合中国的实际。很难想象律师可以对自己的客户不管不顾，不与客户进行沟通和协商而进行独立辩护，民事代理律师和行政代理律师从来没有提出过独立代理的概念，非诉业务律师更是高度尊重客户的利益，与客户配合默契，只有我国的刑事辩护律师仍然对律师与委托人的关系定位有所分歧。在这一点上，2017年《律师办理刑事案件规范》

确立了如下条款：

第一，律师在辩护活动中，应当在法律和事实的基础上尊重当事人意见，按照有利于当事人的原则开展工作。该条款表达了两层意思：首先，将律师应当尽量尊重委托人的意愿写入条文；其次，律师绝对不能在工作中不利于委托人，也就是确立了一种忠诚义务，即辩护律师应当忠诚于委托人的利益，并尽量尊重委托人的意见。

第二，律师在辩护活动中不得违背当事人的意愿提出不利于当事人的辩护意见。所谓不利于委托人的辩护，是指委托人不认罪，律师做有罪辩护；或者委托人认轻罪，律师做重罪辩护。在这种辩护中，辩护律师成为第二公诉人，严重损害了委托人的利益，因而不被允许。对于律师来说，客户的利益至高无上才是第一职业伦理。

第三，辩护律师会见时应当与犯罪嫌疑人、被告人就相应阶段的辩护方案、辩护意见进行沟通。律师与当事人或者委托人就辩护或代理方案产生严重分歧，不能达成一致的，可以代表律师事务所与委托人协商解除委托关系。据此，律师通过充分沟通和协商，无法说服被告人接受自己的辩护思路，或者无法说服其采纳自己的诉讼协作安排的，可以解除与被告人的委托关系，退出案件的辩护工作。律师与委托人的关系和医生与患者的关系十分类似，医生会向患者事先说明治疗方案，患者在不同意手术方案或者不信任医生时可以另请高明，而在未经患者签署同意书明确同意手术方案的情况下，医生绝对不能开展手术。辩护律师与嫌疑人、被告人的关系也是如此，本条最大的突破就在于明确了律师与嫌疑人、被告人之间是委托代理合同关系，这种关系建立在双方互相信任的前提和基础之上，根据契约自由的基本原理，在双方不能达成一致意见时便可以解除合同关系。

（二）客户思维的三大要素

随着2012年《刑事诉讼法》和2017年《律师办理刑事案件规范》的修改，客户思维的组成要素逐渐成形，用一句经典的格言表达，客户思维的内涵就是“客户委托人是律师最好的助手”。

第一，律师应当把忠诚义务当作最高的职业伦理。忠诚义务包含两项要素。

一是忠实于委托人的利益，也就是不能做不利于委托人的辩护，律师应将不能违背委托人的利益、充当第二公诉人作为辩护活动的底线。例如，律师无正当理由不能中途拒绝辩护，这是严重违背委托人利益的行为，在各国都被严令禁止；律师应当保守职业秘密，对在执业活动中知悉的委托人的新的犯罪事实不能进行揭发，要保守客户的秘密，只要不是发现委托人准备或正在实施危害国家安全、公共安全等特定严重犯罪，即使揭发委托人的信息和事实有利于打击犯罪，律师也不能违背忠诚义务进行揭发；律师应当自觉遵守利益冲突禁止的规定，如果律师与案件存在利益冲突，比如在侦查阶段担任过同案另一被告人的辩护人，在审判阶段为委托人辩护的时候就会存在利益冲突，此时律师应当退出辩护，否则就会违反忠诚义务。

二是尊重委托人的意志。相互信任是委托关系建立的逻辑前提，在不与委托人沟通和协商，从而发生观点冲突的情况下是无法有效开展辩护工作的。需要注意的是，此处并非要求律师一味服从于被告人而完全丧失自己的专业技能和判断，而是强调要与被告人进行沟通和协商。从积极的方面来说，律师作为法律专业人员，应当通过与被告人沟通形成一种较为成熟和现实的辩护思路，并通过沟通来说服被告人接受这一辩护思路。从消极的方面来说，在无法说服被告人接受自己辩护思路的情况下，律师绝对不能按照自己的意志，将某一辩护思路强加给被告人，从而与委托人发生辩护观点的冲突。

第二，律师应当承担沟通协商的义务。律师向在押犯罪嫌疑人、被告人核实有关证据的过程就体现了沟通协商的义务，具体而言，其中包括四项具体义务。一是告知的义务，律师要告知其辩护思路，保证被告人对辩护方案的知情权；二是听取意见的义务，律师要在确保被告人全面理解辩护思路的前提下，征询其对这一辩护思路的意见；三是协商对话的义务，律师应与委托人就辩护观点进行反复沟通和协商，在被告人难以接受或者拒绝采纳这一辩护思路的情况下，律师还要尽到进一步的说服责任，劝说被告人接受这一辩护方案，尽可能达成共识；四是必要时发出警告的义务，当被告人坚持一个完全行不通的辩护方案时，律师可以在必要时发出警告。总之，沟通、协商、对话、警告，应当是律师在最终敲定案件辩护思路之前必尽的义务。

第三，律师应追求协同性辩护。所谓协同性辩护，就是辩护律师通过沟通、协商、对话和说服活动，使委托人接受律师的辩护思路，愿意服从辩护思路中的角色安排，与律师进行协调一致的辩护，以达到最佳的辩护效果。如果律师准备对案件进行无罪辩护，委托人就要予以配合，而不会当庭认罪，这样双方才能达成一致，共同应对公诉人的指控，此时委托人相当于辩方证人的角色，支持了辩护人的无罪辩护观点。如果律师准备做有罪辩护，委托人就应该真诚认罪悔罪，与律师协同展开协商性辩护，在刑事和解案件中进行高额赔偿，达成并及时全面履行和解协议，获得最大限度的刑罚减免；在认罪认罚案件中积极配合认罪认罚，并提供信息帮助律师获得协商的筹码，尽量挤干量刑水分，获得最大限度的量刑优惠。因此，被告人既是辩护权的享有者和行使者，同时也是特殊的证人，律师应与被告人协同一致，产生辩护的合力，取得最好的辩护效果。事实上，观察许多最终获得无罪判决的成功案例，就会发现这些案例存在一个惊人的相似，那就是辩护律师和客户相互尊重和信任，尤其是那些具有人格魅力的律师，能够凭借自身的智慧、经验、学识征服委托人，使委托人高度配合其辩护思路，双方形成合力，在法庭上充分展开辩护，达到共同的终极目的，说服法官接受本方的辩护观点。

第十章

检察官的思维方式

绘画：《巴黎大学博士们的聚会》。法国画家 Etienne Collault 创作于 1537 年。巴黎大学（Universite de Paris）是欧洲最古老大学之一，也是欧洲最早教授法学的大学之一。巴黎大学的前身是建于 1257 年的索邦神学院（College de Sorbonne），但更早可以追溯到 1150~1160 年一所由天主教修士建立的大学。

一、检察官面临的观念挑战

根据我国宪法和法律，检察机关是国家法律监督机关，负有维护宪法和法律统一实施的法定职责。与法院一样，检察机关所行使的检察权是我国司法权的有机组成部分。与此相对应，检察官作为接受检察机关委派行使检察职能的司法人员，也被定位为国家法律监督职能的行使者。为有效行使这一职能，法律授予其追诉犯罪和法律监督的双重使命，强调检察官既是追诉犯罪的“国家公诉人”，又是国家法律的“守门人”。尤其是在刑事诉讼活动中，一方面，检察官要遵守“国家追诉原则”和“起诉法定原则”，代表国家对符合条件的犯罪嫌疑人进行追诉活动，包括查获犯罪嫌疑人，收集犯罪证据，查明犯罪事实，在通过审查起诉认定案件符合公诉条件后，向法院提起公诉、支持公诉，并对“存在错误”的法院裁判提起抗诉；另一方面，检察官又要遵守“客观义务”，不将对被追诉人定罪量刑作为唯一的诉讼目标，更不得为达到追诉成功而不择手段，而应全面客观地收集证据，尊重事实真相，保证刑法得到准确的适用，确保刑事诉讼程序得到公正的实施。一些大陆法系国家的学者将法官和检察官分别视为

“坐着的司法官”和“站着的司法官”。我国一些高级检察官甚至认为检察官应承担“客观公正”的义务。

检察官所承担的上述两种义务，尽管在理论上得到一定程度的论证，但在司法实践中，却存在结构性的矛盾和冲突。一些来自检察机关的人士，虽然连篇累牍地论证检察官的“客观义务”、“诉讼关照义务”以及在实现司法正义中的“主导作用”，但他们很难否认一个基本事实：检察机关作为行使公诉权和部分案件侦查权的追诉机构，具有“国家原告”的身份，对犯罪嫌疑人提起公诉、说服法院作出有罪裁决以及有效行使国家刑罚权，这是检察官所要追求的基本诉讼目标。可以说，一旦提起公诉，没有一个检察官不追求定罪判刑之结果。我国检察机关内部的“绩效考核机制”，也有“惩罚出罪结果”“奖励入罪结果”的倾向，对于检察官提起公诉的案件，最终被法院作出无罪判决的，检察机关会作出对该检察官不利的考核评价。既然检察官在公诉过程中要竭力追求有罪的结局，那么，所谓的“客观义务”，所谓的“诉讼关照义务”，所谓的“维护司法正义”的责任，就都具有了内在的局限性，而难以成为检察官不惜一切代价所要追求的价值目标。马克思说过，在刑司审判中，将原告、辩护人和司法裁判者的角色集中在一个人身上，这是跟心理学的规律相矛盾的。拉德布鲁赫也指出，假如原告就是法官，那只有上帝才能充当辩护人。

多年以来，我国检察制度的发展就一直存在上述检察官诉讼角色的冲突。追诉犯罪的思维成为检察官的主流思维，而遵守客观义务的思维则属于较为“弱势”的思维，后者多多少少发挥了一些作用，也对检察官的追溯活动产生一定的制约，防止其过分偏离“有效实施法律”的目标。但在实际检察工作中，检察官为实现对被追诉人定罪量刑的目标，常常既无法保持其“客观公正”的地位，也难以对被追诉人、被害人、辩护人承担“诉讼关照义务”。

但是，随着2014年以来我国司法体制改革的推进，检察机关的职务犯罪侦查权“转隶”给监察部门，只保留了少部分针对司法人员职务犯罪的侦查权，在整个刑事侦查体系中已经变得极其微弱，检察机关在追诉犯罪方面的职能大大受到了削弱。与此同时，检察机关逐渐拥有代表国家提起民事公益诉讼和行政公益诉讼的权力，其在刑事诉讼之外维护国家和社会利益的作用受到更大的重视。随着检察机关内部职能的重新整合，检察机关对强制措施和刑事执行活动的诉讼监督职能也逐渐得到了强化。无论是逮捕和未决羁押必要性的审查，还是“少捕慎诉慎押”刑事政策的推行，都显示出检察机关越来越愿意当事实上的“预审法官”，越来越多地承担维护司法正义的诉讼职能。那种充满争议的“捕诉合一”改革的推行，使得那些行使公诉职能的检察官，客观上承担起审查批准逮捕的职能。这种“原告有权直接决定抓捕被告”的制度设计，使检察官的公诉职能与司法审查职能完全集中在一起，这更加使检察官的客观义务得到前所未有的强调。

无论是从事刑事追诉还是维护法律实施，检察机关都将自身定位为一种“办案机关”，也就是通过推动、维护和监督国家法律的实施来维护法治秩序。然而，多年以来，在国家整体司法改革的框架下，我国检察制度还发生着另一方面的改革。这一改革发端于20世纪的少年司法改革，经历了包括刑事和解制度、认罪认罚从宽制度等方面的改革，直至今日，又出现了涉案企业合规改革以及轻罪案件附条件不起诉改革。在这一

“谱系”的检察改革中，一系列有别于既往的改革课题被提出来，相关的制度创新相继出现，检察官的司法理念不得不发生重大的调整。过去那种要么强调“有效追诉犯罪”，要么重视“维护司法正义”的观念，已经无法适应新的制度变化。

20世纪80年代开始的少年司法改革，最早在法院系统得以启动，经过30余年的探索和演进，改革成果逐渐得到刑事诉讼法的吸收，最终促成了未成年人案件特殊刑事诉讼程序的形成。2012年《刑事诉讼法》修改完成后，随着附条件不起诉制度的确立，检察机关对于认罪且符合法定条件的未成年嫌疑人，可以设定6个月至1年的考察期，对其启动监督考察机制，并设立各类教育矫治项目，必要时引入社会力量和社会组织，对未成年嫌疑人进行有针对性的教育、矫正和治疗，促使其改变不良习惯，放弃错误的价值观念，增强心理自控能力，戒除特定的毒瘾、药瘾，防止再次发生新的违法犯罪行为。这种司法程序的核心，既不是武断地实现国家刑罚权，也不是简单地维护国家法律的有效实施，而是贯彻教育、感化和挽救相结合的刑事政策，实现对未成年嫌疑人违法犯罪行为的有效预防。

在少年司法改革之后，我国20世纪90年代出现了刑事和解制度改革。最初，在那些诸如轻伤害、交通肇事、寻衅滋事等轻罪案件中，对于被害方与加害方经过协商和给予一定民事赔偿并达成和解协议的，司法机关通常会作出较为宽大的刑事处理。后来，这一制度被扩大适用到包括故意杀人、重伤、抢劫、强奸等重大刑事案件之中，甚至在一些符合法定条件的死刑案件中，也得到了较为审慎的适用。在刑事和解制度改革过程中，检察机关发挥了重要的引导作用。一方面，对于那些较为轻微的刑事案件，被害方与加害方在侦查或审查起诉阶段达成和解协议的，检察机关可以根据案件的具体情况，直接作出“和解不起诉”的决定。另一方面，对于那些较为重大的刑事案件，双方达成和解协议的，检察机关则可以提出较为宽大的量刑建议，促使法院从轻或者减轻处罚。与传统的刑事诉讼程序不同，刑事和解蕴含着“修复社会关系”“化解社会矛盾”“减少社会对立”等方面的价值理念，检察官在这一程序中既要接受协商性司法的理念，也要积极促成双方的和解，追求“社会和谐”的目标。

2014年，我国开始了一场大规模的司法体制改革运动。作为这一改革的重要内容之一，认罪认罚从宽制度经过两轮的立法部门授权改革实验，最终在刑事诉讼法中得到确立。尽管至今仍然存在一定的争议，但认罪认罚从宽制度的核心在于“刑事协商机制”，也就是检察官与被追诉方就定罪量刑问题展开商谈、对话、交涉的妥协，并据此形成量刑建议，法院一般应当据此作出量刑裁决，这种最低限度的刑事协商机制已经得到确立，并已经得到法律实务界和法学界的广泛承认。当然，这一刑事协商机制本身并不完善，还存在诸如控辩双方协商不对等、协商不充分以及被追诉人难以获得有效法律帮助等方面的问题，这一制度还存在进一步改进的制度空间。要保证刑事协商机制的有效运行，检察官应当在法律允许的框架内，与被追诉人及其辩护人、值班律师展开对话、交涉和商谈，必要时还可以进行“讨价还价”，作出适度的量刑减让，以换取被追诉方的认罪认罚。这种协商、妥协和对定罪量刑问题作出适度处分的理念，应当成为检察官所要接受并一体遵行的思维方式。

自2020年3月，最高人民检察院启动了一场“涉案企业合规改革”。通过这一改革，检察机关对于符合法定条件的涉案企业，可以启动合规检查考察程序，设定考察期，指派由合规监管人组成的第三方组织，督促企业开展合规整改，建立和完善专项合规计划，并接受合规整改验收评估。对于合规验收合格的涉案企业，检察机关可以作出不起诉的决定，或者提出较为宽大的量刑建议。可以说，涉案企业合规改革的改革试点，引入了一种合规激励机制，检察官无论是否接受或者同意，都不得不服从一种新的诉讼逻辑：只要涉案企业认罪认罚、修复法益、接受监督考察并在考察期内成功地完成了合规整改，有效地达到预防相似犯罪行为再次发生的目标，检察官就可以对其作出宽大的刑事处理。在这一改革过程中，检察官的思维方式受到不同程度的挑战，那种通过合规整改来有效预防犯罪的观点，开始成为检察官的核心司法理念。

不仅如此，随着轻罪案件发生的比例逐年提高，我国刑事司法已经“进入轻罪的时代”。对于那些最高法定刑不超过3年有期徒刑的轻罪案件，检察机关开始进行从“治罪”到“治理”的政策转变。以醉驾类危险驾驶案件为例，近年来，越来越多的检察机关在对被追诉人采取“相对不起诉”和“建议适用缓刑”等宽大处理方式的同时，开始尝试引入“附条件不起诉”制度，设立监督考察机制，设立一些教育矫正措施，在一定考察期内责令被追诉人接受教育、矫正和治疗措施，并根据监督考察评估效果作出是否提起公诉的决定。与未成年嫌疑人一样，醉驾行为人一旦同意启动这一程序，就要参与各类带有教育矫正性质的考察项目，并在考察期内接受检察机关的监督考察。经考察认定行为人通过这一程序的，检察机关可以作出不起诉的决定。可以说，在轻罪案件中引起附条件不起诉机制，设立一系列教育矫治项目，并根据被追诉人接受监督考察的效果作出不起诉决定，意味着检察官已经开始参与轻罪案件的"综合治理"，消除行为人发生犯罪的原因，避免其再次发生违法犯罪行为。

通过简要梳理相关的检察制度改革，我们不难发现，每一场改革的发生，都孕育着一场法律观念和思维方式的革命。检察官在坚守传统的有效追诉犯罪、维护法律实施等法律目标的同时，应当与时俱进，树立新的价值观念，接受包括参与刑事协商、推动社会和谐、促进法益修复、开展教育矫正、追求有效预防犯罪以及参与社会综合治理等在内的理念，并对其思维方式作出相应的转变。这是新时期检察制度改革提出的必然要求。

二、刑事协商的思维

我国刑事诉讼法接受了大陆法系国家的法律传统，坚持实体真实主义和起诉法定主义，强调"有案必诉"和"有罪必罚"，不接受当事人处分主义的理念，既限制检察官的自由裁量权，也不允许控辩双方通过协商和妥协来决定案件的定罪和量刑问题。与此同时，传统的刑事诉讼制度还秉承对抗性司法的理念，强调被追诉人通过与检察机关的平等对抗，对司法裁判者形成有力的制衡，从而保证其获得公正的审判，并对案件的实体结局施加积极有效的影响。

但是，随着司法改革的持续推进，这种局面发生了重大变化。一种协商性司法的理念逐渐被确立在我国刑事诉讼制度之中，控辩双方可以通过一定程度的协商和妥协来影响或者决定案件的实体结局。最初，这一协商性司法理念出现在少年司法程序之中，检察机关对于那些认罪的未成年嫌疑人，在征得其同意的前提下，可以启动监督考察程序，令其接受教育矫正措施，并在监督考察合格的情况下，对其作出不起诉的决定。这已经有了一些协商性司法的成分。随后，在刑事和解制度中，被害方与加害方经过协商和妥协，加害方作出或者承诺作出民事赔偿，被害方则出具刑事和解协议书，承诺向司法机关建议对其宽大处理，检察机关或者法院则根据这一和解协议，对被追诉人作出宽大处理。这意味着检察机关可以根据双方经过协商达成的和解协议，要么作出不起诉决定，要么提出较为宽大的量刑建议。在认罪认罚从宽制度得到法律确立之后，一种发生在检察官和被追诉方之间的量刑协商，被正式确立在刑事诉讼制度之中。根据法律和司法实践，检察官在审查起诉环节应主持“听取意见程序”，也就是在提出初步量刑方案的情况下，听取被追诉人及其辩护人或值班律师就定罪量刑问题的意见，只有在双方“协商一致”的前提下，才能责令被追诉人签署认罪认罚具结书，并据此提出量刑建议。在一定程度上，量刑协商已经成为认罪认罚从宽程序的核心环节。

从理论上看，与对抗性司法不同，协商性司法则是一种通过控辩双方的协商和妥协来塑造诉讼结局的司法模式。这一司法模式建立在被追诉人自愿承认指控事实、放弃诉讼对抗的基础上，通过与检察机关的对话和协商达成某种诉讼协议，既选择一种合作性司法程序，也直接决定案件的实体结局。协商性司法最初体现在英美法系国家的有罪答辩程序之中，被视为一种在“对抗式诉讼程序的阴影下”形成的非正式诉讼程序。后来，在诸多因素的综合影响下，大陆法系国家也逐渐接受了协商性司法的理念，赋予被追诉人通过自愿认罪和参与协商来塑造案件结局的权利。我国认罪认罚从宽程序中的量刑协商，其实也属于一种引入协商性司法理念的法律产物。

量刑协商机制在我国法律中的确立，强化了被追诉人的诉讼主体地位，体现了一种以“结果控制”为标志的协商性程序正义理念。传统的对抗性司法程序赋予被追诉人“有效参与诉讼过程”的能力，从而使其获得对案件实体结局施加积极影响的机会。协商性司法程序则赋予被追诉人“直接塑造和决定案件结局”的权利，通过作出适度妥协和理性选择，来塑造出一种“对自己较为有利的实体结局”。通过引入协商性司法的理念，认罪认罚从宽制度赋予了被追诉人与检察机关进行平等协商的机会，使其具有自主选择有利诉讼结局的空间。与此同时，通过引入协商性司法的理念，我国法律为被追诉人确立了一种激励机制。传统的对抗性司法过于重视针对犯罪行为的严刑峻法，强调通过刑事处罚来实现犯罪的预防。在协商性司法理念的影响下，认罪认罚从宽制度引入了一定的市场交易要素，也就是在被追诉方就定罪量刑问题提出合理意见和证据材料的情况下，检察官可以作出适度的量刑减让，调整量刑方案，以鼓励被追诉人选择认罪认罚程序。

随着相关法律的不断完善和司法改革的持续推进，量刑协商机制在我国法律中具有越来越大的适用空间。尤其是那些被追诉人委托律师辩护的认罪认罚案件，辩护人通常都具有参与量刑协商的热情和愿望，也具有从事协商性辩护的专业技巧，他们会对检察官的量刑方案提出合理的质疑，或者提出新的事实和证据材料，要求检察官作出更大程度的量刑让步或者量刑优惠。对于这种新型的量刑协商机制，检察官普遍存在一个接受和适应的过程，需要进行思维方式的转变。

首先，检察官应树立“合作共赢”的观念，通过行使自由裁量权来作出适度的量刑减让，换取被追诉人的认罪认罚并选择相应的速决程序，从而获得较为确定的有罪判决，并确保案件得到快速裁判，避免案件久拖不决，防止陷入不必要的讼累。尤其是在被追诉方提出强有力“协商筹码”的情况下，如提出无罪证据，提出非法证据排除申请，提出类案裁判材料，提出刑事和解协议书，或者提出其他足以动摇原有量刑方案的，检察官应“审时度势”，对量刑方案作出适度调整，使其对被追诉方产生足够的吸引力，促使其接受新的方案，并促成双方的诉讼合意。

其次，检察官应秉承“自主自愿选择”的理念，确保被追诉人的知情权，使其获得律师的有效帮助，确保展开实质性的量刑协商，由此保证被追诉人自主自愿地接受检察官的量刑方案，尽量防止出现事后反悔或者提出上诉等情况的出现。在“听取意见程序”中，检察官应尽可能向被追诉人告知案件的证据情况，充分保证辩护人或值班律师的阅卷权，使被追诉方的知情权得到切实的保障。同时，检察官应尽力在同一时空范围内，听取被追诉人及其辩护人或值班律师的意见，允许被追诉人与辩护人或值班律师进行自由的交流和充分的协商。一定要保证协商的多方参与，避免检察官抛开辩护人或值班律师，与被追诉人单方面进行“协商”的做法。

最后，检察官应在法律允许的宽大幅度内，对被追诉方提出的合理意见尽量加以吸收和采纳，从而增强自身量刑方案的吸引力，积极促成量刑协议的达成。我国刑事诉讼法对于认罪认罚的宽大幅度作出了较为严格的限制，只是将其视为一种从轻处罚情节，且与“自首”和“坦白”等量刑情节不得重复评价。尽管如此，检察官仍然可以寻找对认罪认罚的被追诉人给予宽大处理的空间。尤其是那些在审查起诉乃至在侦查阶段就作出认罪认罚的嫌疑人，基于“阶梯性宽大处理”的原则，检察官可以提出更大的量刑优惠幅度。与此同时，对于被追诉人或者辩护人、值班律师提出强有力的协商筹码的，尤其是对检察官指控的罪名提出合理异议的，检察官也可以通过变更罪名、减少指控罪名等方式，对量刑作出较大幅度的减让。

三、公共利益考量的思维

在刑事诉讼中，检察官作为社会公共利益的守护者，在对某一案件是否提起公诉方面，除了要考虑案件是否符合实体构成要件、是否达到证明标准等“法定要求”以外，还应考虑起诉是否有利于实现社会公共利益的最大化，是否会带来损害公共利益的后果。尤其是在起诉案件会带来多方面的利益冲突时，检察官应当基于利益衡量原则，以不损害公共利益为原则，作出适当的价值选择。

传统的刑事司法强调对构成犯罪的嫌疑人提起公诉，使其受到定罪量刑，这在很多情况下都可能造成一种“机械司法”的后果，以至于带来对社会公共利益的损害。对于那些涉嫌犯有轻罪的嫌疑人，司法机关即便认定有罪，也至多科处短期自由刑，或者判处罚金等附加刑。但这种入罪和科刑的处理结果，却可能造成一些不利的后果，包括使行为人永久地保留“犯罪记录”，使其本人及其家庭承受多方面的刑罚附随后果，在政治、经济和社会等方面的资格准入方面受到歧视，以至于造就大量“反社会人员”，使其形成对社会的仇视、矛盾和对立。

随着附条件不起诉制度的确立，也随着涉案企业合规考察制度的改革探索，我国检察机关在“绝对入罪”与“无条件出罪”之间引入了第三种制度选择，也就是对特定嫌疑人适用一种“附带条件的出罪机制”。通过适用一定期限的监督考察机制，使未成年嫌疑人承担特定的负担和义务，接受必要的教育、矫正和治疗，使涉案企业在修复法益、降低犯罪所带来的社会危害程度的前提下，进行专项合规整改，建立专项合规计划。在未成年嫌疑人和涉案企业成功通过监督考察的情况下，检察机关对其作出不起诉的决定，使其得到程序出罪的机会。这种附条件不起诉制度的适用，可以发挥有效维护社会公共利益的功能。

无论是对未成年人适用附条件不起诉机制，还是对涉案企业适用合规考察机制，检察官应树立“公共利益考量”的基本思维。

首先，在决定是否启动监督考察程序方面，检察官应对案件进行“社会公共利益方面的检测”。检察官只有在经过对起诉所带来的公共利益与暂缓起诉所带来的公共利益进行衡量，认为后者更为重要或者两者相互抵消的情况下，才能作出启动监督考察程序的决定。例如，对于涉嫌轻罪的自然人，检察官应考虑行为人以前是否有犯罪行为，是否接受过监督考察项目，是否犯有轻微犯罪，是否有再次犯罪的可能性，等等。经过这些方面的社会公共利益衡量，只有当采取附条件不起诉方式更有助于实现公共利益的，检察机关才适用这种暂缓起诉程序。又如，对于涉嫌犯罪的企业，检察官应考虑企业是否承认犯罪事实，是否停止犯罪行为，是否对刑事追诉采取配合措施，是否采取了赔偿被害人、修复环境资源、缴纳罚款和违法所得等法益修复措施，是否存在系统性单位犯罪，是否具有进行合规整改的强烈意愿，是否进行了认真的合规内部调查，是否提交了切实可行的有效合规整改方案。尤其是，检察官应认真考察企业是否具有重大的“社会贡献”，即是否在吸纳就业、缴纳税金、赚取外汇、高科技创新、产品出口等方面具有突出的贡献，对其提起公诉是否会给当地经济带来较大的负面影响。唯有对涉案企业进行了上述多方面的“公共利益考量”，经过理性的利益权衡，才能作出是否启动合规考察程序的决定。

其次，在经过监督考察程序，是否对被追诉人作出不起诉决定方面，检察官也要考虑“公共利益考量”的因素，作出较为审慎的决定。对于涉嫌犯罪的未成年嫌疑人，检察官经过监督考察，责令其接受教育矫正措施，对于确有悔改表现，并消除了原有的犯罪原因的，可以作出不起诉的决定。这种基于教育矫正效果方面的考虑，就是进行公共利益考量的基本要求。与此同时，在对涉案企业进行合规考察过程中，检察官也要进行较为复杂的公共利益考量。一方面，检察官要考虑涉案企业合规整改的效果，评估其再次发生同类犯罪的可能性；另一方面，检察官也要考虑对企业提起公诉可能带来的负面后果，考虑对企业负责人提起公诉是否会给企业造成灾难性后果。检察官在对是否作出不起诉决定存在疑问时，应当将公共利益考量作为一项重要的衡量因素。假如对企业或相关负责人不提起公诉，更有利于企业的生存和发展，也更有利于企业改变商业模式和经营方式，实现生产经营的“去犯罪化”，那么，检察官就可以对企业和负责人作出程序出罪的决定。

四、促进法益修复的思维

众所周知，犯罪是一种严重侵犯法益的违法行为，具有程度不同的社会危害性。这是对犯罪人追究刑事责任的重要依据。传统上，检察机关之所以采取“有案必诉”“有罪必罚”的做法，就是基于惩罚犯罪、维护法益等方面的考虑。但是，在一些特定刑事案件中，假如被追诉人采取了诸如认罪悔罪、停止犯罪行为、配合刑事调查、积极赔偿、挽回损失等补救性措施，发挥了修复法益、减轻社会危害后果的作用，那么，检察机关是否还要不加区分地提起公诉呢？答案是否定的。目前，无论是对未成年人案件适用附条件不起诉，适用刑事和解，还是启动涉案企业合规考察程序，检察官越来越普遍地接受了“修复法益”的观念，并将其作为对被追诉人给予宽大处理的重要依据。我们可以涉案企业合规考察程序的适用为范例，对此作出简要分析。

通常情况下，检察官对涉案企业适用合规考察程序，要以涉案企业放弃诉讼对抗、进行诉讼合作为前提。之所以对涉案企业启动这一程序，是因为该企业作出了认罪认罚的承诺，认可了检察机关指控的犯罪事实和罪名，放弃了无罪辩护的机会，对所实施的犯罪作出愿意承担刑事责任的承诺。这是涉案企业修复法益的前提条件。假如对检察机关所指控的犯罪事实不予承认，对有关罪名不予接受，那么，涉案企业就不可能真诚地表达悔改之意，后续所采取的诸多补救挽损措施，就有可能出于趋利避害的功利考量，而不是“发自肺腑”地放弃犯罪行为，这些措施就有可能是临时的、随意的和应付的，而不可能产生真正修复法益的效果。基于这一考虑，涉案企业通过董事会或其他权威决策部门作出认罪认罚的意思表示，这是接受检察机关合规整改要求的前提，也是与检察机关进行诉讼合作的表现方式。

在承认犯罪事实的前提下，涉案企业停止犯罪行为，这是与检察机关进行诉讼合作的又一前提条件。对于一个企业而言，所谓停止犯罪行为，不单单是指终止危害社会的行为，还意味着该企业停止那种具有犯罪风险的经营活动，取消那种容易造成犯罪的商业模式，不再持续采取那种已经暴露出合规风险的交易或业务。例如，在不同的案件中，涉案企业停止那种“票货分离”的销售模式，撤销那种通过“串标”“围标”而进行的招投标活动，终止那种“虚报进出口货物数额”的进出口业务，放弃那种必然会污染环境的“产品生产”，改变那种无效的治污方式，采取委托专业机构处理污染物的交易模式，等等。唯有采取上述彻底终止涉罪的交易、经营、业务模式的行动，才能真正避免危害社会行为的再次发生。在合规考察程序中，检察官之所以责令企业终止那种有社会危害性的业务，停产停业，主要是出于避免犯罪行为再次发生，维护公共利益的考虑。

在传统的对抗性司法程序中，检察官通常要在刑事追诉活动中投入大量司法资源。尤其是在企业涉嫌虚开发票、污染环境、侵犯知识产权、非法经营、商业贿赂、串通投标等商事犯罪的情况下，涉案企业通常具有较强的反侦查能力，侦查机关在调查取证方面面临程度不同的困难，检察官在使案件达到法定证明标准方面，也经常面临诸多方面的难题。涉案企业一旦申请合规考察，作出合规整改的承诺，并采取积极配合刑事调查的举措，就可以使检察官不再将工作重点放在追求定罪结果上面，这不仅可以节省人力、物力和财力投入，而且可以在涉案企业的配合和支持下，发现更多的犯罪线索和犯罪行为，查处更多的直接责任人员。

在很多情况下，涉案企业的犯罪行为即便给被害人或被害单位造成了重大的经济损失，也不愿主动承担民事赔偿责任，从而造成了加害方与被害方矛盾的激化，甚至使被害方陷入程度不同的困境之中，给社会稳定带来不利影响。在涉案企业申请合规考察的案件中，检察官通常都会责令其积极赔偿被害人的损失，或者与被害人达成刑事和解协议，在真正解决赔偿被害人问题的前提下，与被害方达成和解和谅解。这对化解因犯罪而引发的社会冲突和对立，恢复那种为犯罪所破坏的社会关系，无疑具有积极的效果。可以说，那些申请合规考察的涉案企业，在与检察机关达成合作协议的前提下，又与被害方达成了刑事和解协议，这种双重和解协议的达成，对于减少犯罪的社会危害后果，消除潜在的危害社会稳定与和谐的因素，无疑具有积极的意义。

在涉案企业申请合规考察的案件中，检察官通常会责令其采取缴纳行政罚款、补缴税款、缴纳违法犯罪所得、修复环境资源等补救挽损措施，这无疑可以大大降低犯罪所造成的社会危害后果，产生明显的修复法益效果。通过缴纳罚款、税款和违法所得，涉案企业不仅放弃了“违法所得的利益”，而且甘愿接受法定的经济处罚；通过修复环境资源，涉案企业终止了危害社会后果的继续发生，使环境资源得以“恢复原状”，回到违法犯罪行为发生前的状态。上述这些法益修复措施，标志着涉案企业采取了切实有效的补救措施，减少乃至消除了犯罪行为所造成的危害社会后果。这足以显示，涉案企业成功地挽救了社会公共利益，对该企业继续追究刑事责任的必要性大大降低了。

在涉案企业通过上述多方面补救挽损措施，达到“修复法益”效果的情况下，检察官基于公共利益衡量的考虑，对其采取宽大刑事处理，确实具有现实的必要性和内在的合理性。但相对而言，那些涉案的直接责任人员，无论是直接负责的主管人员，还是其他责任人员，尽管也可能采取诸如认罪认罚等配合刑事调查的措施，但通常既不会达到如此明显的修复法益的效果，也不会从实质上降低犯罪的社会危害后果。涉案企业为修复法益而采取的措施，也只能成为对涉案企业宽大处理的依据，而不能成为对直接责任人员进行宽大处理的依据。尤其是在重大单位涉罪案件中，直接责任人员依法应被判处较重的刑事处罚，即便他们采取一些认罪认罚或其他补救性的措施，也不足以达到程序出罪的程度，因此，对于这些责任人员与涉案企业采取分案处理的方式，合理地评判各自的刑事责任，可能是更为合理的处理方式。

五、参与社会治理的思维（I）——有效的特殊预防

传统的刑事法理论强调刑罚的报应功能和预防功能，将刑事处罚作为特殊预防的手段。这种建立在惩罚和威慑基础上的特殊预防观念，越来越暴露出局限性和不合理性。这是因

为，对于涉嫌犯有轻罪的自然人来说，仅仅通过施加一定的刑事处罚，对预防再次发生犯罪行为通常是没有效果的。这是因为，被追诉人无论是未成年人、涉毒行为人、醉驾行为人、商店盗窃者，还是商业欺诈者、偷税逃税者，都存在一定的偏离主流价值观、麻醉品依赖、患有心理疾病等方面的问题。司法机关对这些行为人无论是判处短期自由刑，还是科处罚金等附加刑，都无法改变他们的行为习惯，矫正他们的价值观念，消除他们对药物或毒品的病态依赖。这些人回归社会以后，一旦遇有适当的机会和受到特定的刺激，仍然会继续实施类似的犯罪。与此同时，在单位涉罪案件中，假如对单位与责任人员不加区分地实施"严刑峻法"，也很难发挥有效遏制单位犯罪再次发生的效果。这是因为：一方面，很多企业都存在管理制度上的漏洞和隐患，其经营方式和商业模式具有先天的缺陷，甚至具有促成犯罪的"制度基因"，不消除这些漏洞、隐患和犯罪基因，司法机关纵然对单位进行严厉的定罪量刑，也难以防范犯罪的再次发生；另一方面，单位犯罪的发生，既有外在的环境诱因，也具有内在的结构性成因，司法机关纵然对主管人员和其他责任人员判处较重的刑事处罚，但假如不消除这些诱发单位犯罪的外在诱因和内在成因，那么，即便涉案企业更换了高级管理人员，也难以阻止类似犯罪的再次发生。在外部环境的诱惑、制度的放任和企业文化的激励下，新上任的管理层照样可能为追求高额利润或减少成本投入，而不惜以身试法甚至走上犯罪的道路。

检察机关通过适用附条件不起诉制度，引入了一种针对被追诉人的附条件监督考察机制，针对那些导致行为人实施犯罪行为的内生性原因，通过施加有针对性的监督考察措施，使行为人承担特定的义务，接受特定的矫正和教育，试图消除那些犯罪原因，从根本上达到“治病救人”的效果，实现有效的预防犯罪功能。一方面，针对涉嫌轻罪的自然人，检察机关责令其参加社区服务，向被害人、公益组织或者国家提供经济赔偿，接受各种教育措施和矫正治疗，接受心理康复治疗，这带有不同程度的惩罚性，使行为人付出一定的代价，遭受一定的痛苦，履行特定的义务。另一方面，对于轻罪行为人的教育、矫正和治疗措施，可以发挥“对症下药”的作用，消除导致犯罪发生的内在原因，有效预防行为人再次实施类似犯罪行为。比如，对于实施家庭暴力的行为人，通过心理康复治疗，消除其暴力倾向，使其逐步掌握控制情绪和掌控行为的能力，这可以在未来存在特定诱因的环境中，发挥预防个体再次实施暴力行为的效果。又如，对于涉嫌犯罪的未成年人，通过采取教育、治疗和帮助措施，督促其戒除毒瘾或药瘾，改变不良的人生观和价值观，改变原有的社会交往方式，逐步形成遵守规则和承担道德责任的行为习惯，这有利于行为人回归社会。再如，对于因醉酒驾驶而涉嫌犯罪的行为人，通过开设交通安全课程，促使其接受矫正不良驾驶习惯的培训，帮助其戒除病态的酒精依赖，形成遵守交通法规的价值观念和行为习惯，这对于防止其再次出现醉酒驾驶行为，是可以发挥积极作用的。

与适用于自然人的附条件不起诉相似，检察机关适用的企业合规考察机制，也带来了预防犯罪理念的重大变化。通过对涉案单位启动合规考察程序，督促其开展有针对性的合规整改，建立一套兼顾针对性和体系性的合规计划，从制度上消除诱发犯罪发生的内在结构性成因，发挥堵塞制度漏洞、消除管理隐患、克服企业治理结构缺陷的作用，建立一种依法依规经营的企业文化，从而实现有效预防特定犯罪再次发生的目的。但与此同时，对于在单位犯罪发生过程中负有直接责任的内部人员而言，也应将他们放到合规整改的制度框架之中，使其承担相应的责任，至少要被停职、调离或者撤职，必要时可以对其追究刑事责任，唯有如此，才能消除这些责任人员继续实施违法犯罪行为的可能性，实现单位犯罪的有效预防。

在未来的检察工作中，检察官在承担逮捕、公诉等诉讼职能的同时，应当树立参与社会治理的思维，发挥刑事诉讼程序的特殊预防功能。这一观念的核心在于，不应仅仅寄希望于严刑峻法，而应强调针对行为人特定的犯罪原因，尤其是发生犯罪的“内生性结构原因”，找到相对应的消除犯罪原因的监督考察路径，引入有针对性的教育、矫正、治疗、合规整改措施。唯有从实质上消除了造成犯罪发生的内生性结构原因，才能从根本上消除被追诉人再次犯罪的可能性。对于检察官而言，至少可以从事两种“伟大的改造灵魂工作”：一是通过改造未成年嫌疑人的灵魂，改变其行为方式和价值观念，帮助其戒除毒瘾药瘾，实现其行为模式的“去犯罪化”，预防其新的违法犯罪行为发生；二是通过改造涉案企业的商业模式和经营方式，改变其治理结构、管理方式和企业文化，帮助其摆脱对违法盈利模式的畸形依赖，实现其生产经营的“去犯罪化”，预防其再次发生相似的违法犯罪行为。

六、参与社会治理的思维（II）——一般预防的新思路

任何违法犯罪行为的发生，既有其内生性结构原因，也有

其外在的诱因。其中，内生性结构原因往往是造成特定行为人走上犯罪道路的原因，而消除这些原因，通常属于特殊预防的课题。外在诱因则是导致所有犯罪人实施犯罪的原因，而消除这些外在诱因，则是一般预防的基本思路。要达到一般预防的效果，我们不能仅仅诉诸刑事处罚的威慑效果，而应当更多地采取“对症下药”的措施，对造成犯罪发生的外部诱因予以消除。基于上述认识，检察官不应仅仅局限在从事逮捕、公诉等诉讼职能，还应通过一般预防的新思维，发挥社会治理的效果。

对于涉嫌实施犯罪的自然人而言，犯罪的外部诱因通常是多方面的，既有家庭、学校、社区、政府等方面的原因，也有行为人自身特殊人格、心理扭曲、价值观异常、不良嗜好、对毒品药物的依赖等因素的影响。对于那些涉嫌犯罪的企业而言，犯罪的外部诱因通常是外部监管失灵，企业长期“野蛮生长”，将违法经营视为获取巨额利润的捷径，甚至整个行业都是“潜规则大行其道”，企业违法经营方式得不到发现和惩罚，行政机关存在选择性执法现象，对违法行为普遍加以纵容。

在近年来的刑事司法改革中，检察机关已经关注到消除犯罪外部诱因的问题，并参与到社会综合治理中来。例如，对于那些实施犯罪的未成年嫌疑人，检察机关在启动附条件不起诉程序时，会责令行为人的监护人、学校、未成年人保护机构等承担更多观护责任，堵塞相关的制度漏洞，消除管理隐患，减少其他未成年人发生犯罪的机会。又如，对于那些实施经济犯罪的公职人员，检察机关通常会向国家机关发出检察意见，或者向企事业单位发出检察建议书，建议其建章立制，建立风险防控机制，预防再次发生内部人员犯罪行为。再如，对于那些涉嫌实施犯罪的企业，检察机关责令其提交自查报告，诊断发生犯罪的外部原因，如行政监管失灵，行业协会监督不力，全行业特定经营方式或商业模式存在普遍的违法违规现象，等等。

在发挥一般预防方面，检察机关在企业合规整改过程中已经初步形成了一些新的思路。检察官在办理这类案件过程中，应当本着社会综合治理的思维，探究造成企业犯罪的外生性环境诱因，并尽可能减少或者消除这些诱因，达到有效预防相似犯罪再次发生的效果。尤其是在涉案企业合规整改即将结束之前，检察官应结合涉案企业的合规整改报告和合规监管人的合规监督考察评估报告，对造成犯罪发生的外部诱因进行有针对性的治理。

首先，对于行政监管部门存在管理失灵的案件，检察官应本着“源头治理”的原则，做好合规整改的行刑衔接工作，确保相关监管部门做好合规整改的“接力者”，在检察机关合规考察程序结束后，监督企业持续开展专项合规整改工作，确保企业实现从“去犯罪化”走向“去违法化”的目标。例如，检察官可以遵行“合规互认”的原则，将企业开展合规整改的材料移交给行政监管部门，使其成为行政监管部门开展进一步合规整改的基础，以及成为行政监管对企业作出行政处罚的直接依据。又如，检察机关可以向行政监管部门提出检察意见，督促其改进行政管理方式，堵塞监管漏洞，从制度上预防类似违法犯罪的再次发生。再如，检察官还可以利用第三方合规监督机制委员会这一平台，联合相关监管部门对涉案企业开展同步合规考察，使其同时向检察机关和监管部门提交专项合规整改方案，并接受检察机关和监管部门的双重合规考察和合规评估验收。这种同步合规考察机制的探索，可以发挥最佳的合规整改效果。

其次，对于行业协会存在管理失职的案件，检察官应遵行“全行业治理”的原则，依托行业协会这一平台，取得相关监管部门的支持和配合，对行业性的违法犯罪现象进行全面治理。检察官可以根据我国行业协会的实际情况，督促其发布专项合规指引，发挥合规指导作用；建议其引入强制合规机制，将建立合规管理体系变成相关企业的一项义务，对不履行这一义务的企业，可以采取处罚措施；必要时还可以试行合规激励机制，对于建立有效合规管理体系的企业，可以在市场资格准入、年度考核、参加投标、获取银行贷款等方面，给予适当的奖励或优惠政策，从而促使企业增强建立合规管理体系的积极性和主动性。

七、维护社会和谐的思维

传统刑事诉讼较为重视“有案必诉”和“有罪必罚”，强调在发现事实真相的基础上及时准确地适用刑法，惩罚犯罪行为人，防止无罪的人受到刑事追究。与此同时，随着人权保障理念的兴起，对被追诉人加强权利保障、维护正当程序的理念日益兴盛，保证追诉人获得有效辩护，保障辩护律师充分参与诉讼程序，维护司法的公平正义，也逐渐成为刑事诉讼的重要理念。但是，无论是惩罚犯罪还是保障人权，都是站在国家与被追诉人之间的法律关系的角度作出的基本价值判断。这一判断忽略了被害人的利益，既无力保障被害人获得民事赔偿的诉求，也难以满足被害人参与刑事追诉的愿望。

刑事和解制度的兴起，就是加强被害人权利保障的一种结果。在西方国家，20世纪后半叶就兴起了“恢复性司法改革运动”，强调满足被害人的多方面需求，推动被害方与加害方的直接对话、协商和妥协，从而实现恢复社会关系的目标。我国20世纪90年代以来出现的刑事和解改革运动，则以满足被害方民事赔偿需求为突破口，促使被害方与加害方达成刑事和解协议，使被害方在得到民事赔偿的前提下提出宽大刑事处理的要求，而司法机关则根据案件情况适度承认这一协议的合法性，对满足被害方要求的加害人作出宽大处理，检察机关甚至可以据此作出“和解不起诉”的决定。通过推行刑事和解，检察机关最大限度地实现了被害方与加害方矛盾的化解和社会关系的修复，避免了矛盾和冲突的激化，防止双方因矛盾激化而实施新的犯罪行为，最大限度地实现了社会和谐的目标。

目前，在那些有被害人的刑事案件中，刑事和解协议的达成几乎成为检察机关对被追诉人作出宽大处理的必要条件。例如，在未成年嫌疑人选择附条件不起诉的案件中，检察官凡是对其适用监督考察机制的，通常都会责令其与被害方达成刑事和解协议，这是启动监督考察机制的前提条件。又如，在认罪认罚程序中，被追诉人自愿认罪认罚，检察机关在决定启动这一程序时，也会将其对被害方作出民事赔偿或者与被害方达成刑事和解协议作为前提条件。再如，在对涉案企业启动合规考察程序时，涉案企业是否对被害方作出民事赔偿，并得到后者的谅解，通常也被视为一种“法益修复”措施，意味着涉案企业采取了降低犯罪社会危害程度的措施，这通常被检察机关视为启动合规考察程序的前置性条件。

那么，检察官在办案过程中，究竟应如何坚持维护社会和谐的思维呢？简单来说，坚持这一思维，要求检察官放弃“国家利益至高无上”的观念，将被害方的利益和需求置于重要地位。一方面，检察官应尽量满足被害方获得民事赔偿的愿望，使其在物质和精神上都得到适当的补偿，既防止其生活和工作陷入困境之中，也尽可能维护公平正义的原则。另一方面，检察官也不应“为赔偿而赔偿”，而应促使被追诉人向被害方赔礼道歉，并作出真诚悔罪谢罪，尽量获取被害方的谅解，与后者达成谅解协议书。这既可以防止激化矛盾，避免新的违法犯罪行为的发生，也可以减少不必要的申诉信访，降低发生社会公共事件的可能性。

一言以蔽之，要发挥刑事司法的多种功能，检察官一定要做好被害人的工作，在满足其合法要求和合理愿望的前提下，获取其支持，征得其同意，避免其提出异议。唯有如此，诸如附条件不起诉、刑事和解、认罪认罚和合规监督考察等各种新的制度，才可以得到更为广阔的实施空间。

第十一章
涉案企业合规改革的困境和出路

这尊正义女神雕塑位于英国牛津大学博德利图书馆（Oxford' s Bodleian Library）的五柱塔上。博德利图书馆是牛津大学主要的图书馆，建于1602年，它的规模在英国仅次于大英图书馆，是英国五家接受法定送存的图书馆之一，也是欧洲最古老的图书馆之一，钱钟书将此馆称为“饱蠹楼”。

企业合规改革发端于2020年，经过近三年的探索和试点已经成为我国影响深远的重大司法改革课题。2020年3月，最高人民检察院检察理论研究所在全国6家基层检察机关以科研课题的形式开展涉案企业合规制度改革研究，后逐渐成为一项涉案企业合规改革试点项目。最高人民检察院于2021年3月将第二轮改革试点范围扩大到10个省级检察机关。不同于前一轮发生在基层检察院的制度试验，第二轮合规不起诉改革由省级检察院主持、决策、监督和把关，统筹批准本省范围内的试点案例和改革方案，并由地市一级检察院和基层检察机关具体实施。

根据最高人民检察院的统计，在2020年3月至2021年3月的两期企业合规改革试点中，10个试点省市检察机关共办理企业合规案件766 件，非试点省市检察机关主动根据本地情况在试点文件框架内探索推进相关工作，办理企业合规案件223件。2021年6月3日，最高人民检察院联合司法部、财政部等九部委颁布《关于建立涉案企业合规第三方监督评估机制的指导意见（试行）》（以下简称《意见》），正式将两类案件纳入改革范围：一是公司企业涉嫌的单位犯罪案件，二是公司内部的企业实际控制人、经营管理人员、关键技术人员等实施的与生产经营活动密切相关的犯罪案件。

通过第二轮企业合规改革，一些地方检察机关逐渐将涉嫌犯罪的大型企业和重大单位犯罪案件纳入改革的范围，开始针对大中型企业和小微企业探索差异化的合规整改方案，建立第三方机制委员会制度，引入由合规监管人组成的第三方组织，引入合规整改的行刑衔接机制，探索行业合规从事后合规走向事前合规，进行企业违法违规行为的“源头治理”。2022年4月，最高人民检察院在总结改革经验的基础上，将合规改革试点范围扩大到全国所有地方检察机关。

作为一场以推动涉案企业经营“去犯罪化”、有效预防犯罪活动为宗旨的司法改革试验，合规不起诉改革被认为有利于社会公共利益和市场经济发展，得到了社会各界的广泛认可和普遍支持。但是，随着合规改革的深入推进，检察机关在创造多项成功经验的同时，也遇到了一系列亟待解决的制度难题，甚至面临诸多方面的理论困惑和争议。在以下的讨论中，我将分析合规不起诉改革的最新动向，并对六个困扰合规改革的瓶颈问题提出观点，并进行理论上的论证。

一、合规不起诉改革的动向

随着合规改革的逐步推行，最高人民检察院相继推出三批改革试点案例，同时发布了两份重要改革文件。第一份文件是2021年6月实施的《意见》。《意见》明确了第三方监督评估机制管理委员会的机构设置，规定由检察机关会同相关行政监管部门，共同组建第三方机制委员会，对企业合规考察过程发挥监督、指导、评估、验收的作用。《意见》还确立了由合规监管人组成的第三方组织，正式在企业合规改革中引入专业的监管力量。第二份文件是2022年4月发布的《涉案企业合规建设、评估和审查办法（试行）》（以下简称《办法》），该文件取得两个重大突破：一是确立了有效合规体系建设的基本标准，二是建立了合规整改的验收和评估机制。《办法》规定了涉案企业制定的专项合规计划，应当能够有效地防止再次发生相同或者类似的违法犯罪行为，犯罪预防成为企业合规改革的重要目标。

值得关注的是，《办法》还确立了涉案企业合规整改的"相称性原则"，即涉案企业合规整改的具体方案，包括企业合规机构设置、人员配备、资源保障、合规体系建设等方面，要与企业面临的合规风险、企业规模、业务范围、行业特点等相适应和成正比，对中小微企业和大型企业的合规有效性标准设置应区别对待。相称性原则在企业合规整改领域被称为帝王条款。英国2011年的《反贿赂法指南》确立了有效合规六项原则，第一项原则就是相称程序原则，要求企业在制定反贿赂程序时，需要对公司整体进行风险评估，以便使这些程序与公司的性质、规模以及复杂程度相适应。法国《萨宾第二法案》在规定企业合规义务和有效合规标准时，相称性原则也是基础性理念之一。相称性原则被写入我国企业合规改革文件可谓意义重大，数十人的小微企业和上千人的大型企业在合规整改方面具有有效预防犯罪的共同目标，但具体实现路径必须有所区别，不能一视同仁。这将对犯罪学学科产生深远的影响。过去的犯罪学以自然人为基础，如今以有效预防企业犯罪作为合规整改基本目标，意味着需要加强企业犯罪学研究，包括企业犯罪现象论、企业犯罪原因论、企业犯罪控制论，等等，对过去的犯罪学知识结构具有挑战性。

根据最新的发展动向，最高人民检察院已经开始推动将企业合规改革纳入刑事诉讼立法的议事日程，组织专家团队起草了《刑事诉讼法》修正案，初步设想是：在现行《刑事诉讼法》增设一章“单位刑事案件诉讼程序”，包含十余个条文，将企业合规不起诉改革的成功经验，以特别程序法律条文的形式吸收到《刑事诉讼法》中，使其成为国家的基本法律规范。预计这项改革可能由全国人大常委会以《刑事诉讼法》修正案的形式写入国家法律，或者以授权最高人民检察院改革试点的方式在全国部分地区正式开展改革试点，并在条件成熟时将其确立在《刑事诉讼法》之中。未来，《刑事诉讼法》一旦完成修改，将带来两个积极效果：一是为合规不起诉改革正式确立合法性基础，迄今为止仍有质疑认为该项改革缺乏法律依据，《刑事诉讼法》的修改将合规不起诉上升为国家正式法律制度，赋予改革充分的合法性基础；二是企业合规改革的基本经验将被确立为法律条文。例如，改革中出现的企业附条件不起诉制度、合规监管人的法律地位、合规考察期的设定、合规监督考察的方式、有效合规的基本标准，以及合规验收听证会制度、合规行刑衔接制度，等等，都将写入《刑事诉讼法》。

但是，完成立法不等于改革的终止。需要警惕“法律一修改，改革就停滞”的现象。例如，最早发端于上海的少年司法制度改革是自生自发、自下而上的改革，经过二三十年的改革探索取得了长足的进步，形成了较为成熟的制度模式。2012年《刑事诉讼法》修改将少年司法改革纳入法律，专章规定未成年人刑事案件特别诉讼程序，但将未成年人附条件不起诉的范围限制在可能判处1年有期徒刑以下刑罚的特定罪名。改革一旦落实到《刑事诉讼法》中，这些条文不仅对改革的进一步拓展没有发挥推动作用，甚至在很多方面起到限制作用。又如，刑事和解制度改革当年轰轰烈烈地在全国各地开展，形成若干种制度模式，2012年《刑事诉讼法》修改时将刑事和解作为特别程序写入法律，对刑事和解的适用范围和适用条件作出了严格限制，此后刑事和解再难以产生制度突破。类似地，认罪认罚从宽制度改革也经历了各地百花齐放、百家争鸣的改革探索，2018年《刑事诉讼法》修改后，认罪认罚从宽制度被吸收进《刑事诉讼法》，继续改革的空间也就不复存在了。合规不起诉改革才刚刚推行2年左右，实践中出现了大量亟待解决的理论问题，存在较为激烈的争议。未来的立法在吸收那些较为成功的经验的同时，必须为检察机关推行进一步重大改革试验留下足够的空间。

任何改革都意味着制度的创新和突破。之所以会出现改革，就是因为原有的制度已经过于保守和滞后，不仅不能满足社会需求，反而对整个社会的政治、经济、文化发展产生了阻碍作用。但与此同时，任何制度创新都不是一蹴而就、快速完成的，而需要经过较长时间的探索、实验和磨合过程。改革者应该有足够的耐心，在较长时间的改革探索中进行制度的尝试，甚至进行必要的试错，然后经过科学的评估和实证研究，才有可能发现那些真正具有生命力的制度。当前我们尤其需要一场“法律发现运动”，其基础是将法律当作生命有机体，而不是按照人的主观意志随意设立的一套书面规范。就好像一颗有生命力的种子播下去以后，经过合适的土壤、水分、养分、阳光等多种因素的滋养，才有可能成长为参天大树。法律也是如此，制度的成长需要长时间的精心培育和试验试错，才有可能转化为一种具有生命力的制度。我认为，改革决策者对企业合规不起诉的探索不要急于过早收官，而应该给地方检察机关更多的制度探索机会。

例如，上海市普陀区人民检察院刚刚处理了全国第一例数据合规不起诉案件。此前改革中涉及的主要是虚开增值税专用发票、污染环境、侵犯知识产权、非法经营、安全生产事故、走私，以及串通投标等常见的单位犯罪案件。2022年4月，普陀区人民检察院办理的数据合规不起诉第一案，则涉及非法侵入计算机信息系统的犯罪行为。某网络科技有限公司在未经授权许可的情况下，为运营需要，由公司首席技术官陈某某指使多名技术人员，通过数据爬虫技术，非法获取某外卖平台数据，造成某外卖平台直接经济损失4万余元。本案的涉案企业合规整改不同于传统案件，而需要针对网络安全的数据保护合规管理体系，如果没有网络安全领域的专业技术知识和相关行政监管部门的介入，涉案企业难以建立一套有效运行的数据保护合规管理体系。

又如，广州市人民检察院办理的某国有公司虚开增值税专用发票案，按照相关司法解释确立的定罪量刑标准，本案涉案金额符合数额巨大的条件，可对直接责任人判处10年以上有期徒刑或者无期徒刑，无论如何也不能对自然人作出不起诉处理。广州市检察机关探索将案件一分为二，进行分案处理，将责任人单独向法院提起公诉，对符合合规整改条件的涉案企业单独启动合规监督考察程序，设置几个月的合规考察期。分案处理机制开始在重大单位犯罪合规案件中出现，引起激烈的争议。根据传统单位犯罪理论，单位犯罪原则上实行双罚制，单位构成犯罪是对责任人进行刑事处罚的基础。如果将单位犯罪案件一分为二，责任人被起诉定罪量刑，涉案企业则通过合规整改验收获得不起诉处理，导致单位无罪，责任人却被判有罪，这在刑法单位犯罪理论上存在重大争议。随着改革深入推进，此类案件逐渐增多，对传统理论的冲击越来越大，理论界和实务界一致认为企业合规改革才刚刚开始。改革暴露的前沿问题与传统刑法理论、刑事诉讼理论、公司治理理论之间的矛盾，远远没有得到解决。在理论上没有任何成熟方案、制度建设上也仍在不断探索的当下，修改《刑事诉讼法》可能为时尚早。

当前改革面临的重大挑战还有小微企业的有效合规整改问题。改革试验对象包括大量小微企业，最高人民检察院发布的第二批企业合规典型案例中的“张家港S公司销售假冒注册商标的商品案”，涉案企业是一家只有3名员工的微型企业。最高人民检察院将其作为小微企业适用企业合规改革的成功案例，但对于只有3名员工的小微企业，合规整改小组组长由丈夫担任，首席合规官由妻子担任，开展合规整改的意义是十分有限的。一旦企业负责人再次实施犯罪，在公司内部没有任何有效的制衡力量。合规的生命在于预防犯罪，让合规部门对所有业务活动进行有效合规审查，行使一票否决权，这在有些小微企业的合规整改中可能是难以完成的任务。

上海市金山区人民检察院在全国第一次提出简式合规和范式合规相区分的概念。小微企业治理结构简单，经济能力有限，没有建立复杂合规管理体系的可行性和必要性，适宜实行“简式合规”，用比较简单的方式进行合规整改。相反，大中型企业合规整改应采用“范式合规”，建立完整的现代化合规管理体系。当然，目前范式合规仍然停留在概念层面，大型企业的合规建设始终缺乏成熟的标准，如合规章程、合规政策、员工手册如何制定，合规机构以合规管理委员会还是合规领导小组的形式设置，受董事会直接领导还是由经理层管理，董事长和总经理如何发挥作用，以及是否要引入国际标准的防范体系、监控体系、应对体系等问题，都没有改革文件加以具体规定，缺乏统一的标准和模板。

总之，企业合规改革对于政治、经济和社会发展都具有重大意义，但同时也要认识到改革才刚刚起步，有效合规管理体系十分复杂，其本质不是建立一套形式化的书面管理制度文件，合规是公司治理结构的一场革命，其根本目标是通过有效合规整改，堵塞管理制度漏洞，消除管理隐患，解决治理结构缺陷，实现经营模式和商业模式的去犯罪化，有效预防再次发生同类犯罪。合规管理体系是舶来品，我们对合规不起诉和有效合规整改的认识还处于起步阶段，我国在2005年前后才在金融监管领域最先引入合规管理体系，由金融监管部门发布金融企业合规指引，主要在证券、保险、商业银行、反垄断等监管领域中得到普遍适用。检察机关开展企业合规改革不过2年，2021年以来的大规模改革探索只有1年时间，许多检察机关和检察官对企业合规才刚刚开始有所认识，没有足够的时间投入改革试验，一系列理论困惑和实践难题无法得到解决。因此，当务之急应当是给予检察机关更宽裕、更从容的改革探索机会。

二、重大单位案件的分案处理机制

实践中，对法定刑在3年有期徒刑以上刑罚的重大单位犯罪案件无法适用相对不起诉，而只能适用企业附条件不起诉。此时如果启动合规考察程序，则需要对案件进行分案处理，将企业和责任人相分离；如果不启动合规考察程序，则应当将企业与责任人一并提起诉讼。重大单位犯罪案件的分案处理机制成为企业合规改革面临的一大理论挑战和实践难题。

最高人民检察院在2020年最初探索企业合规改革时，所处理的案件都是轻微单位犯罪案件，即责任人法定刑在3年有期徒刑以下刑罚的案件。这些案件本来就可以适用相对不起诉制度，因此一般采用"双重不起诉"的方式，对涉案企业和责任人一并作出相对不起诉处理，不存在制度上的障碍。但是，"双重不起诉"的案件办理方式引发了两大质疑。第一，可能判处3年有期徒刑以下刑罚的轻微单位犯罪案件，即使单位不进行合规整改，也可以被不起诉处理。单位依据积极退赃、积极补缴税款、赔偿被害人、认罪认罚等情节本身就可以获得不起诉的处理结果，合规整改似乎没有实质意义。第二，企业合规改革的适用范围和实际效果十分有限，那些涉嫌3年有期徒刑以上刑罚的重大单位犯罪案件无法被纳入合规考察程序，无法成为合规整改的对象。实际上只有涉嫌重大单位犯罪的大型企业才有合规整改的必要，这些企业存在的管理漏洞、制度隐患和治理结构缺陷，达到了足以轻易导致违法犯罪行为发生的程度。企业犯罪的原因包含外在诱因和内在诱因两种：外在诱因是指促使犯罪发生的外部环境，如市场监管不力、行业犯罪成风等；而内在诱因是指企业内在的结构性问题，如企业的治理结构、管理模式、商业模式存在隐患，导致企业具有"犯罪基因"。一些企业的经营模式和商业模式就是犯罪模式，例如，有的企业任意倾倒废水，或者将废水处理以低廉的价格转包给其他单位，纵容承包单位任意倾倒废水，造成环境污染事件，这些行为本身就构成犯罪。如果我国的合规不起诉改革只局限在轻微单位犯罪和中小微涉案企业的范围内，那么这场改革的意义并不大。

2021年以后，越来越多的市级人民检察院开始参与改革，将涉嫌走私犯罪、虚开增值税专用发票犯罪、串通投标犯罪等重大单位犯罪案件纳入改革对象。这种做法催生了分案处理的程序机制。在可能判处3年有期徒刑以上刑罚的重大单位犯罪案件中，无法对企业和责任人一并作出相对不起诉处理，只能对责任人单独起诉，对企业单独启动合规整改程序。这导致一个单位犯罪案件最终通过分案处理形成两个案件：单位犯罪的责任人被提起公诉，判处10年以上有期徒刑；单位经过合规整改和验收程序建立有效合规计划，最终被检察院宣告不起诉，获得无罪处理。这就是实践中针对重大单位犯罪案件的分案处理机制。

分案处理机制引发了诸多质疑。第一，有观点认为分案处理违反单位犯罪的基本理论。根据我国单位犯罪双罚制的基本原理，单位构成犯罪是追究责任人刑事责任的基础。在分案处理的案件中，单位被检察院作出不起诉决定，获得无罪处理，而司法机关却对责任人定罪判刑，显然违反了双罚制的基本原理。第二，也有观点认为针对法定刑在3年以上的重大单位犯罪案件，不应该对单位适用相对不起诉。我国相对不起诉制度的适用对象是犯罪情节轻微、依照刑法可以免除刑罚的轻微犯罪案件，而分案处理适用的案件法定刑都在3年以上，甚至可能是需要判处10年以上有期徒刑的重大单位犯罪案件。

在这类案件中，不仅不应当对责任人适用相对不起诉，也不应当对单位适用相对不起诉。由于合规整改不是法定减轻或免除处罚情节，即便企业进行合规整改、合规体系建设被验收合格，也不足以成为对其作出不起诉决定的依据。这种观点将相对不起诉与附条件不起诉等同，认为在重大单位犯罪案件中不能适用相对不起诉，也就不应当适用附条件不起诉。第三，还有观点认为分案处理容易导致放纵犯罪的后果。以前述广州市发生的虚开增值税专用发票案件为例，该案涉案企业导致国家税收流失10亿余元，这种骇人听闻的巨额国家税款流失会造成较为严重的社会危害后果，如果企业凭借合规整改就能够获得不起诉决定，则将造成巨大的放纵犯罪风险。甚至有人尖锐地指出，如果这种重大单位犯罪案件都被无罪处理，会使单位犯罪形同虚设，刑法有关单位犯罪的规定将名存实亡。这显然与我国创设单位犯罪的初衷不符，会对刑法的统一实施造成一定的负面影响。

面对这些质疑，应当明确分案处理是一个程序安排，其目的是实现单位责任和责任人责任的相对分离，而我国早有承认这种责任分离的立法先例。第一，我国《刑法》规定了10个单罚制单位犯罪罪名，在这些罪名的处理中，只追究责任人责任而不追究单位责任。第二，根据最高人民法院《全国法院审理金融犯罪案件工作座谈会纪要》等司法解释的规定，检察机关只起诉责任人的单位犯罪案件，法院不得拒绝受理，也没有必要将单位追加为被告人，应当对责任人定罪判刑。第三，我国《刑事诉讼法》司法解释明确规定，在单位被撤销的情况下，对单位犯罪的责任人仍然可以继续追究刑事责任，依旧按照单位犯罪的规定定罪量刑。由此可见，从刑法理论上看，单位具有独立的法律人格，单位责任与责任人责任可以相互独立。在许多案件中，企业并不是犯罪的策划者、指挥者和教唆者，而是由个别主管人员策划和实施了某种犯罪行为，其他管理人员或员工参与了犯罪活动。这些以单位名义实施犯罪的直接责任人员，往往是这类犯罪的主要受益者，而单位只获得了较少的间接利益。可以说，绝大多数涉罪单位的管理存在漏洞，制度存在缺失，治理结构具有缺陷，或者有重大的管理失职行为，才导致被内部管理人员或员工“钻了空子”。因此，程序法要实现分案处理的制度安排，需要实体法吸纳实践中形成的责任分离制度和案件办理经验，先在实体法中明确单位与责任人的责任分离，否则分案处理程序将缺乏实体法依据。

在分案处理的前提下，对企业进行非犯罪化处理有三个理论依据。一是水漾理论，该理论认为将企业起诉、定罪、判刑会造成严重的附随后果，包括企业被剥夺参与招投标的资格、被剥夺特许经营资格、被吊销营业许可证等，导致企业面临破产。这些附随后果会“水漾式”地牵连无辜利益相关者，使大量善意的第三方受到不平等对待，即公司内部少数人的行为，导致大量无辜的员工、股东、投资人、债权人、上游供应商、中游代理商、下游销售商的利益遭受重大损失。二是公共利益考量理论，该理论认为对企业轻易地进行起诉、定罪、判刑，从而导致企业倒闭，会使当地的税收遭受损失、造成大量失业和下岗问题，影响当地社会稳定，甚至削减当地上市公司数量，影响当地经济规模和经济增长。公共利益包括国家利益、社会公共利益和当地政府利益，基于保护公共利益的考量，应当给予符合条件的企业进行合规整改的机会。三是法益修复理论，该理论认为合规整改不是放纵犯罪，其本身带有惩罚性，可以作为定罪和判刑的替代品。在合规整改的过程中，企业需要认罪认罚、停止犯罪行为、积极配合调查、采取补救挽损措施，包括缴纳罚款、缴纳税款、上缴违法所得、赔偿被害人损失等，甚至有时还要修复犯罪所破坏的自然生态环境。企业经过合规整改，修复了受损法益，减轻了犯罪造成的社会危害后果，还通过建立有效合规管理体系实现了犯罪预防，这些因素叠加起来使合规成为替代定罪和判刑的惩罚性手段。

三、合规整改的差异化标准

所谓合规整改的差异化问题，就是要针对不同的企业和不同的案件类型设置有针对性的合规整改标准，建立差异化的合规整改程序、路径和方式。依据相称性原则，企业的合规整改方案不能整齐划一，而要与企业所面临的合规风险、企业规模、经营范围、业务类型等因素成正比。在此基础上，应当分别探索适用于中小微企业的简化合规体系和适用于大型企业的标准化合规体系，这成为企业合规改革面临的头号难题，最高人民检察院颁布的改革文件对此只是略有提及，但未能解决根本问题。

一些检察机关已经意识到应当对中小微企业和大型企业的合规整改采取差异化对待。合规整改的目标是一致的，都是有效预防相同或类似的犯罪发生，但合规整改的方式、合规考察的途径、合规考察的程序、合规有效性的评估标准等应当有所差异。目前各方争议的焦点在于小微企业的合规标准问题。以往法学界有观点认为中小微企业不应进行合规整改，但是目前企业合规改革2/3以上案件的适用对象都是小微企业。在浙江、江苏、广东、上海等地区，中小微企业被纳入合规整改的案例非常多，而对大中型企业适用合规整改的案件不足1/3。面对我国特有的国情和特殊的改革形势，需要正视小微企业的合规整改难题，而较为合适的解决策略就是对小微企业设定相对独立的合规考察标准。西方国家在制定合规考察标准时，就特别注意区分中小微企业和大型企业。2016年法国通过《萨宾第二法案》建立了强制合规制度：要求年营业额在1亿欧元以上、员工人数超过500人的企业必须建立合规管理制度，否则该企业及其高级管理人员就构成违法而面临处罚；那些没有达到营业额和员工人数标准的小企业则自愿建立合规管理制度，法律没有作出强制性要求，体现了针对大企业和小企业的区别对待。英国《反贿赂法指南》明文规定了六项合规标准包括相称程序原则，要求中小微企业采取与其规模、经营范围、合规风险相适应的简易化合规方案，与大型企业有明确区别。

根据一些地方检察机关的改革文件，需对中小微企业和大型企业差异化对待，形成若干差异化的合规指标。首先，合规组织体系应当有所差异。在大型企业的董事会下设合规管理委员会，由董事长、总经理等作为委员会成员；而对于没有董事会或董事会形同虚设的中小微企业，可以要求其建立合规工作领导小组，董事长、总经理等作为小组成员。以最高人民检察院首批企业合规改革试点典型案例“张家港市L公司污染环境案”为例，该企业拥有员工90余名，人民检察院最终认可了其建立的简化合规组织，即由董事长、总经理、办公室主任3

人组成合规工作领导小组，办公室主任兼任合规专员。大型企业则可以建立合规管理委员会。例如，江苏省某交通工程集团公司因涉嫌串通投标罪而被纳入合规考察程序，在检察机关的监督考察过程中，该集团在董事会之下设立合规管理委员会，董事长、总经理等是委员会的主要成员，纪委书记担任委员会主席，形成了一个权威的合规管理组织。在合规部门方面，大型企业可以建立合规部，招聘多名专职员工负责产品立项、财务管理等环节的合规审查工作。然而，对于只有几十名员工的小企业来说，没有建立合规部的条件，可以要求其聘请至少一名法务人员兼任合规工作，并在必要时聘请外部合规专家对企业风险事项进行合规审查，实现内外部合规人员相配合的工作机制。

其次，大型企业可能需要建立若干专项合规计划，解决反垄断、反腐败、招投标等多个领域的问题，但小企业建立一个有针对性的专项合规计划即可，如涉嫌虚开发票类犯罪建立税收合规计划，涉嫌污染环境类犯罪建立环保合规计划，不宜扩大合规整改范围。

最后，大企业和中小微企业的合规考察也应当有所不同。对于中小微企业，3至6个月的合规整改期已经足够，由企业在此期间聘请一名法律顾问，一般就能落实合规整改的要求，定期提交合规整改报告。但是，对于大企业而言，合规整改的期限一般应长达1至3年，需要聘请多名外部合规顾问，检察机关需派遣合规监管团队对其合规整改效果进行指导和评估，才能彻底调整企业的治理结构、管理模式、商业模式、决策模式。大型企业的合规整改难度较大，仅建立一套管理制度体系难以发挥功效，还需要经过一段时间的磨合和试运行，才能将合规意识渗透入企业，成为企业治理结构和企业文化的有机组成部分。

四、合规监管人如何开展有效监管

如果说当年企业破产制度的推行催生出“破产管理人”这一职业的话，那么，近年来推行的企业合规改革则造就了“合规监管人”这一专业人员。所谓合规监管人是指接受检察机关或第三方机制委员会委派，对涉案企业合规整改进行监督、指导、报告和评估验收的专业人员。迄今为止，全国各地检察机关都发布了合规监管人名录，这些合规监管人有的来自高校、相关科研机构，有的来自律师事务所、会计师事务所、税务师事务所、工程师事务所等社会专业机构，也有的来自相关行政监管部门，如税务部门、环保部门、市场监管部门、安全生产监管部门等常见犯罪涉及的监管部门。检察机关一旦对某一涉企案件启动合规考察程序，就要遴选合规监管人，组建由若干个合规监管人组成的第三方组织。通常，标准的第三方组织由合规专家、专业机构人员、行政监管官员等三类专家组成，对涉案企业的合规整改活动进行监管。在合规考察期内，由其履行监督、指导、帮助、报告、评估等职责。由于检察机关缺乏合规监管的人力和物力条件，实践中几乎把合规监管权力全部交给第三方组织。在一部分案件中，第三方组织的合规监管人展现了专业能力和敬业精神，合规监管工作的效果良好，这些案件也成了典型案例。但是也有个别监管人缺乏专业和敬业精神，在合规监管期间“走过场”，甚至与涉案企业产生利益牵连，认为合规监管就是帮企业“躲过一劫”，通过起草若干份文件就能换来检察机关的不起诉决定，这给改革带来了功利化、“盆景化”、形式化的风险。个别地方的检察机关承受了当地党委、政府要求保护纳税大户和上市公司的压力，被迫把不符合合规整改条件的企业纳为合规整改对象，在数月的合规考察期结束后，合规整改工作难免呈现不尽如人意的状况，甚至异化成“为放过一个企业，走一遍合规整改过场”。

合规监管人不能实现有效监管的根源在于对有效合规的研究和认识不足。许多合规监管人误以为只要帮助企业制定合规文件、搭建组织架构、组成合规管理团队、安排合规管理人员，就能使整个合规管理体系有效运转。实践中，合规监管人一般会要求企业发布合规章程或合规政策，把法律的禁止性规定、需要承担的后果、责任的归属等事项写入员工手册，依据合规手册定期培训员工，搭建合规管理委员会，设置首席合规官和合规部，安排合规人员对产品和业务进行合规审查，等等。经验表明，合规监管人在短短数月的合规监管期内只能帮助企业搭建这样一套合规管理体系，等待检察院验收通过后作出不起诉决定。但是，这样的合规监管流程存在两个潜在风险：第一，企业被决定不起诉、获得无犯罪记录证明之后，就会缺乏将文件化的合规管理体系嵌入公司治理流程的动力；第二，合规管理体系在未经充分试行、调整、验证的情况下，难以发挥预防犯罪的功能，合规监管人受到合规考察时间和专业能力的限制，无法完成后续工作。

为解决这些困境，我们应从根本上改变对有效合规标准的认识。域外已有一些值得借鉴的经验，美国1991年修改的

《联邦量刑指南》，增加了“组织量刑指南”一章，明确了有效合规的“1个目标，7项标准”，奠定了美国有效合规的基本理念。合规的目标是有效预防犯罪、形成依法依规经营的企业文化，合规监管也应当追求这一目标。有效合规计划包含三个标准：一是合规计划制定的有效性，即企业制定的合规文件、搭建的组织体系有针对性；二是合规计划实施的有效性，又称为执行的有效性，是指制定的合规计划在预防犯罪、监控犯罪、事后应对犯罪三方面保持有效；三是合规计划结果的有效性，即合规计划确实达到了有效预防犯罪的结果。相应地，合规监管人有三个角色，应当分别作为合规计划设计环节的监督者、合规计划运行环节的指导者、合规整改验收环节的评估者开展工作。在第一阶段，合规监管人需审查企业的合规自查报告，确定企业已经查明导致犯罪发生的根本原因，并针对犯罪原因制定合规计划。这一阶段主要通过书面审查方式进行，我国合规监管人已经普遍能够开展这项工作。在第二阶段，合规监管人应当审查涉案企业制定的合规计划是否能够有效运行。合规计划是否能识别、监控、应对违法违规事件，是否嵌入了生产、经营、人事、财务等各个管理流程，保证每一个重大决策和项目都经过合规性审查。只有确立合规优先于业务、合规优先于经营的理念，合规计划才能真正发挥作用。在第三阶段，在合规考察结束之前，合规监管人还要科学评估合规计划的效果，确定其能有效地预防犯罪。在实践中，合规监管人可以通过访谈、随机抽查业务（如在100项业务中抽查10项）、穿透式审查（如检查某项业务全流程的合规痕迹和记录）、开展随机试验（如凌晨3点拨打举报电话）等方式开展验收工作，现有的评估方法已经较为成熟，合规监管人应当充分发挥监督指导的作用，体现专家水准。

五、既放过企业，又放过责任人？

我国合规不起诉当前最大的争议问题就是企业和自然人的双不起诉问题。如最高人民检察院公布的试点典型案例所示，我国采取了一种全世界独一无二的做法，即通过合规整改既放过企业又放过责任人，合规整改可以成为对个人宽大处理的依据。这与欧美国家放过企业、严惩责任人的做法相异。对此，应当认为合规整改是对企业作出宽大处理的依据，而不应成为宽大处理个人和使企业家出罪的手段。但是检察机关及部分刑法学者坚持认为既要放过企业，也要放过责任人，主要理由有三个：第一，不放过企业家，企业就要垮掉。在我国，特别是对于一些中小微企业，不放过企业家，企业就无法继续生存，基于保护企业的考量，只能同时以合规为由放过企业和企业家。第二，合规具有双重的犯罪预防功能，既能预防单位犯罪，也能预防个人犯罪。在许多案件中，企业经过合规整改建立合规管理体系，降低了单位内部发生犯罪的可能性，不仅单位构成犯罪的可能性变小了，单位责任人员实施犯罪的可能性也变小了，因此对责任人进行宽大处理的风险较小。第三，一些单位责任人在合规整改的过程中作出了贡献，通过认罪认罚、采取补救措施、积极配合合规监管等方式推动企业实现有效合规管理，这种贡献成为宽大处理这些责任人的依据。

各界反对双不起诉的理由主要有两点：第一，合规的本质是企业合规而不是企业家合规。合规只能预防企业犯罪，没有预防内部人员犯罪的功能，所以合规只能成为对企业宽大处理的依据，以防止企业承担定罪所带来的附随后果，防止集体利益、国家利益、公共利益受损。第二，企业合规是企业的集体行为，导致个人被宽大处理的因果链条不存在。根据单位集体意志理论，合规是企业以整体名义作出的管理决策，其受益者应该是企业，而不是那些把单位“拉下水”的始作俑者。

根据各地检察机关改革试点的实践情况，我国对此主要存在两种处理方法：第一种是区分案件情节的无理由从宽。在3年有期徒刑以下刑罚的轻微单位犯罪案件中实施双不起诉，只要企业实现合规整改，就宽大处理企业责任人；在3年有期徒刑以上刑罚的非轻微单位犯罪案件中进行分案处理，对实现合规整改的企业作出不起诉决定，对企业责任人适用缓刑，而对法定刑在10年以上的企业责任人则只能从宽量刑。第二种是以企业责任人在合规整改中的积极作用为由进行宽大处理，这是理论上值得研究的新动向。

例如，一个涉案企业被确定为合规整改对象，而企业的总经理和副总经理作为两名责任人被采取取保候审措施，合规考察期内他们积极帮助企业退赃、补缴税款，帮助企业进行合规体系建设，在合规整改中发挥了积极作用。基于这一点，办案检察院认为两名责任人在完成企业合规整改的过程中作出了重大贡献，当企业合规整改验收合格时，既宽大处理企业，也宽大处理这两名有功的责任人。对此可以提出一种“合规关联性理论”，即想让合规成为宽大处理企业责任人的根据，必须具备两个正当理由：第一，责任人确实在合规整改中发挥了积极作用，作出有效的实质性贡献；第二，合规确实能有效预防单位犯罪，案件的责任人和企业管理人员、员工未来再次实施犯罪行为的可能性均有所降低。当两个理由兼具时，对企业责任人进行宽大处理就具有一定的正当性。当然，相关研究才刚刚起步，还需进一步深化。

六、如何有效开展合规行刑衔接

在合规改革过程中，检察机关一旦对涉案企业作出合规整改验收合格的结论，并作出不起诉的决定，就面临如何确保企业合规管理体系具有可持续性的问题。检察机关一旦作出出罪决定，就无法继续通过合规考察发挥激励的作用，对企业合规整改的约束力将大大降低。涉案企业作为一种以营利为目的的商业组织，在获得“无犯罪记录证明”之后，其市场准入资格就会得到恢复，企业可能会失去继续投入大量人力、物力、财力来开展合规管理体系建设的动力。可以说，在合规整改验收合格、检察院作出不起诉决定后，让企业的合规管理能够持续发挥作用的唯一办法就是让行政监管部门接力，继续督促涉案企业开展合规整改活动，从而建立较为可行的企业合规行刑衔接机制。

目前，我国检察机关的行刑衔接主要有三种模式。第一种是合规互认模式，即推动刑事司法机关和行政监管机关之间对合规结果的互相承认。检察机关在合规整改结束、作出不起诉决定后，将企业反映合规整改情况的相关资料移交给有关行政监管部门，推动行政监管部门承认企业合规整改的成果，并基于合规整改成果作出宽大的行政处罚决定。第二种是检察意见模式，即检察机关向行政机关提出检察意见，建议行政机关继续加强对涉案企业的合规整改监督工作，督促企业继续完善合规计划，提升对违法违规活动的预防效果。第三种是行业合规模式，如在商业贿赂、串通投标等领域，检察机关经常在解决一个涉企案件后发现全行业面临着共性问题。此时，检察机关会向有关行政监管部门发出行业检察建议，让这些部门督促没有涉案的同类企业改造经营模式、商业模式、治理结构等，建立专项合规计划。这主要是行政机关从行业监管的角度，督促企业普遍建立合规管理体系，发挥行业合规治理的作用。然而，这三种行刑衔接模式实属当前改革情况下的无奈之举，其中至少有三个尚未解决的问题：

第一，专项合规体系的行刑衔接难题。在3至6个月的合规考察期内，检察机关责令企业建立专项合规管理体系，如环保合规体系、税收合规体系、知识产权保护合规体系、招投标合规体系等。但在短暂的考察期结束后，这个合规管理体系是否应当进一步延伸到行政合规领域是尚未解决的问题。检察机关关注的是刑事合规，以督促企业实现犯罪预防为目的；而行政机关关注的是行政监管合规，以预防行政违法为目的。我国的企业犯罪大多是行政犯，100个行政违法案件中能转化为刑事犯罪的不足10个，检察机关只关心这10个犯罪行为的预防，而行政监管部门却要关心100个行政违法行为的预防。专项合规计划的行刑衔接需要从刑事合规扩展至行政监管合规，违法违规行为的预防范围大幅扩展。

第二，多项合规计划的衔接难题。如果检察机关在合规整改时发现企业还存在若干个其他专项合规风险，就涉及是否需要继续建立多个专项合规计划的问题。例如，检察机关发现企业既有逃避税收的风险，还有侵犯知识产权和污染环境的风险,而在短暂的合规考察期之内,只能要求企业针对犯罪风险点建立单个专项合规计划,而无法扩展建立多个专项合规计划。那么,在合规考察期届满后,检察机关是否可以再联系若干相关行政监管部门,要求他们监督企业进行更大风险范围的合规管理体系建设,建立多个专项合规计划,仍然是有待解决的问题。

第三,合规行刑衔接缺乏刚性制约的难题。检察机关与行政机关既没有行政领导关系,也不存在强有力的监督关系,缺乏有效督促行政机关进行合规监管的手段。检察机关在提出检察意见或检察建议后,如果行政机关不采纳,检察机关没有有效的制约办法。目前,有些试点地区的检察院为了加强行刑衔接机制的刚性,发明了公益诉讼制约路径,如果行政机关不听取检察机关的意见或建议,拒绝继续监督涉案企业加强合规整改,检察机关就可以对行政机关提起行政公益诉讼。一旦提起公益诉讼,行政机关的行政违法或者行政不作为行为就会成为检察机关的控告对象。这种行政监督方式尚处于试验阶段,具体效果仍需实践验证。

图书在版编目（CIP）数据

法律人的思维方式 / 陈瑞华著. -- 3版. -- 北京：法律出版社, 2023（2024.3重印）
ISBN 978-7-5197-8327-3

Ⅰ. ①法… Ⅱ. ①陈… Ⅲ. ①法学－文集 Ⅳ. ①D90-53

中国国家版本馆CIP数据核字(2023)第176075号

法律人的思维方式（第三版）
FALÜREN DE SIWEI FANGSHI（DI-SAN BAN）

作　　者：陈瑞华
责任编辑：屈　瑶
装帧设计：贾丹丹
出版发行：法律出版社
编辑统筹：学术·对外出版分社
责任校对：王　丰　郭艳萍
责任印制：胡晓雅
经　　销：新华书店
开　　本：A5
印　　张：11.75
字　　数：248千
版　　本：2023年12月第3版
印　　次：2024年3月第2次印刷
印　　刷：天津嘉恒印务有限公司
书　　号：ISBN 978-7-5197-8327-3
定　　价：88.00元

销售电话：010-83938349　客服电话：010-83938350　咨询电话：010-63939796
地　　址：北京市丰台区莲花池西里7号(100073)
网　　址：www.lawpress.com.cn
投稿邮箱：info@lawpress.com.cn
举报盗版邮箱：jbwq@lawpress.com.cn
凡购买本社图书，如有印装错误，我社负责退换。电话：010-83938349